AFS08323

Klaus Stern (Hrsg.)

Zukunftsprobleme der Europäischen Union

R.I.Z.-Schriften 7

Schriften des
Rechtszentrums für Europäische und
Internationale Zusammenarbeit (R.I.Z.)

herausgegeben von
Norbert Horn, Köln
Jürgen F. Baur, Köln
Klaus Stern, Köln

Band 7

Walter de Gruyter · Berlin · New York

Zukunftsprobleme der Europäischen Union

Erweiterung nach Osten oder Vertiefung oder beides?

Herausgegeben
von
Klaus Stern

W DE G

1998

Walter de Gruyter · Berlin · New York

Das R.I.Z. wird als wissenschaftliche Einrichtung der Universität zu Köln finanziell von der Gemeinnützigen Hertie-Stiftung, Frankfurt a. M., getragen.

⊚ Gedruckt auf säurefreiem Papier, das die US-ANSI-Norm über Haltbarkeit erfüllt.

Die Deutsche Bibliothek – CIP-Einheitsaufnahme

Zukunftsprobleme der Europäischen Union : Erweiterung nach Osten oder Vertiefung oder beides? / hrsg. von Klaus Stern. - Berlin ; New York : de Gruyter, 1997
(R.I.Z.-Schriften ; Bd. 7)
ISBN 3-11-015887-6

© Copyright 1997 by Walter de Gruyter & Co., D-10785 Berlin
Dieses Werk einschließlich aller seiner Teile ist urheberrechtlich geschützt. Jede Verwertung außerhalb der engen Grenzen des Urheberrechtsgesetzes ist ohne Zustimmung des Verlages unzulässig und strafbar. Das gilt insbesondere für Vervielfältigungen, Übersetzungen, Mikroverfilmungen und die Einspeicherung und Verarbeitung in elektronischen Systemen.
Printed in Germany
Druck und Bindearbeiten: WB-Druck, Rieden am Forggensee
Einbandentwurf: Angela Dobrick, Hamburg

Inhaltsverzeichnis

Einführung

KLAUS STERN

Vor 50 Jahren wurden zwei bahnbrechende Reden gehalten, die für Europa von grundlegender Bedeutung waren, auch wenn sich die Perspektiven, die in diesen Reden aufgezeigt wurden, zum Teil erst Jahrzehnte später verwirklichten: *James Byrnes*, der amerikanische Außenminister, kündigte in Stuttgart die Änderung der amerikanischen Politik für Deutschland und für ganz Europa an. An die Stelle einer Politik des Appeasements und des Arrangierens mit *Josef Stalin* sollte eine Politik der Eindämmung der Sowjetunion in ihrem Expansionsdrang treten. Wenig später forderte *Winston Churchill* in Zürich zur Bildung der Vereinigten Staaten von Europa mit Deutschland und Frankreich als Kernstaaten auf. *Churchills* Vision nahm zunächst Gestalt an im Europarat, dann in der Montanunion und später in der Europäischen Wirtschaftsgemeinschaft und jetzt in der Europäischen Union.

Diese Verbindungen galten aber alle nur für das westliche Europa. Wer Budapest, Prag und Warschau kennt, weiß, daß er Hauptstädte besucht, die zu Europa gehören. Ohne sie ist Europa nicht vollendet. Aber es dauerte noch Jahrzehnte, bis Osteuropa nach Europa politisch zurückgekehrt ist.

Der Europarat hat mittlerweile 40 Mitglieder; ihm gehören alle Staaten des ehedem sog. europäischen Ostblocks an. Polen, Ungarn, die Slowakei, Tschechien, Slowenien, Rumänien, Bulgarien und die drei baltischen Staaten haben darüber hinaus in den letzten beiden Jahren Beitrittsanträge für die Aufnahme in die Europäische Union gestellt, vor ihnen bereits die Türkei, Zypern, Malta und die Schweiz. Das Europa der Fünfzehn wird also größer und damit vor schwierige innere und äußere Probleme gestellt werden. Sind Voraussetzungen und Folgen dieser Erweiterung hinreichend bedacht worden? Hat die Erweiterung Vorrang oder Nachrang gegenüber einer Vertiefung der Gemeinschaft oder ist beides zugleich möglich? Diese Fragen sind das Thema der heute beginnenden Konferenz des 1995 gegründeten Kölner Rechtszentrums für europäische und internationale Zusammenarbeit.

Es ist mir eine große Freude und Ehre, ranghohe Teilnehmer aus fast allen ostmitteleuropäischen Ländern und aus Deutschland hier begrüßen zu können. Besonders glücklich bin ich, daß alle auswertigen Teilnehmer wohlbehalten in Köln eingetroffen sind. Ich heiße besonders willkommen aus Ungarn die Herren Präsidenten des Verfassungsgerichtshofs Professor

Sólyom und Minister a.D. Professor *Mádl*, aus Slowenien den Präsidenten des Staatsrats Professor *Kristan*, aus Polen die Professoren *Banaszak* und *Wyrzykowski*, aus Kroatien Dr. *Rodin*. Zu gern hätte ich aus Tschechien Verfassungsrichter Professor *Holländer* begrüßt. Aber ihn hat leider eine Lungenentzündung auf das Krankenbett geworfen.

Sie und meine beiden deutschen Kollegen *Georg Brunner* und *Matthias Pechstein* aus Köln bzw. Frankfurt/Oder haben bereitwillig die angetragenen Referate übernommen. Dafür bin ich Ihnen außerordentlich dankbar. Aus erster und sachkundigster Hand können wir so unterrichtet werden. Mein herzlicher und ganz besonderer persönlicher Dank gilt Frau *Hošková*, die kurzfristig für Herrn Kollegen *Holländer* eingesprungen ist und die tschechische Stimme zu Wort bringen wird. Wir alle wissen es in einem hohen Maß zu schätzen, daß Sie sich praktisch ohne Vorbereitung Ihrer schwierigen Aufgabe unterziehen.

Sie werden den Referenten aus der Slowakei vermissen. Leider mußte Professor *Švec* von der Universität Preßburg dringender Rektoratsgeschäfte wegen kurzfristig absagen. So bedauerlich dies ist, hat es doch ein gutes: Staatsminister *Dr. Hoyer* vom Auswärtigen Amt, der deutsche Regierungsbeauftragte für die sog. Maastricht II-Verhandlungen, steht uns nur am Dienstagnachmittag zur Verfügung. Sein Referat kann also eingeschoben werden. Das Schlußreferat fällt dann Herrn Kollegen *Pechstein* zu, so daß die deutschen Professoren unsere ausländischen Gäste gewissermaßen wissenschaftlich einrahmen.

Mein Gruß gilt in gleich herzlicher Weise allen weiteren Teilnehmern, seien sie aus dem In- oder aus dem Ausland. Ich freue mich ganz besonders, daß unsere polnischen, ungarischen und slowenischen Freunde die weite Anreise nicht gescheut haben. Ich hoffe sehr, daß die Konferenz ihre Mühe entschädigen wird. Mit großer Freude registriere ich, daß viele Kölner Kollegen den Weg von der Universität in die Hardefuststraße gefunden haben, darunter die beiden Mitdirektoren des Zentrums, die Kollegen *Baur* und *Horn*. Wir rechnen ganz besonders mit Ihrem ausgeprägten zivil-, wirtschafts- und europarechtlichen Sachverstand in der Diskussion. Gleiches gilt für die Kollegen *Geiger* aus Leipzig, *Müller-Graff* aus Heidelberg, *Sachs* aus Düsseldorf und *Tettinger* aus Bochum. Besonders freue ich mich, daß der Präsident der Gesellschaft für Rechtspolitik, Staatsminister Dr. *Otto Theisen*, unter uns weilt. Wir wissen, daß Sie der Integration Europas und vor allem Osteuropas Belangen durch mehrere Veranstaltungen nachhaltig Aufmerksamkeit geschenkt haben.

In der Präambel des Vertrages über die Europäische Union haben die damaligen 12 Mitglieder der Europäischen Gemeinschaft bekundet, daß sie die „europäische Integration auf eine neue Stufe heben“ wollen, „eingedenk der historischen Bedeutung der Überwindung der Teilung des europäischen Kontinents und der Notwendigkeit, feste Grundlagen für die Gestalt des zukünftigen Europas zu schaffen“. In diesem Geist haben sie den Vertrag zur „Verwirklichung einer immer engeren Union der Völker Europas“ geschlossen, „in der die Entscheidungen möglichst bürgernah getroffen werden sollen“ (Art. 4 Abs. 2 EUV). 1993 hat der Europäische Rat dies in Kopenhagen bekräftigt und betont, „daß die assoziierten mittel- und osteuropäischen Länder, die dies wünschen, Mitglieder der Europäischen Union werden können. Ein Beitritt kann erfolgen, sobald ein assoziiertes Land in der Lage ist, den mit einer Mitgliedschaft verbundenen Verpflichtungen nachzukommen und die erforderlichen wirtschaftlichen und politischen Bedingungen zu erfüllen“. Der Rat hebt damit auf Art. O EUV ab, der jedem europäischen Staat die Möglichkeit eröffnet, Mitglied der Union zu werden. Allerdings ist dieser Aufnahme ein nicht gerade einfaches und eher langwieriges Verfahren vorgeschaltet. Vor den Erfolg haben die Götter auch hier den Schweiß gesetzt.

Die Kompliziertheit des notwendigen Aufnahmeverfahrens überrascht nicht, wenn man sich zum einem vergegenwärtigt, welche Bedeutung die Unionsmitgliedschaft für den einzelnen Staat, seine Bürger und für die ganze Gesellschaft hat. Zum zweiten sollte man sich erinnern, daß die Erweiterung der 1957 gegründeten Sechser-Gemeinschaft auf neun Mitglieder 16 Jahre dauerte und um weitere drei Mitglieder wiederum ein weiteres Jahrzehnt. Bis es 1995 15 Mitglieder wurden, vergingen nochmals fast 10 Jahre.

Die Union ist eine Gemeinschaft, die in den rechtlichen, politischen und ökonomischen Grundbedingungen Homogenität verlangt, besonders in der Rechtsstaatlichkeit, Freiheitlichkeit und Demokratie der Verfassungen, in der marktwirtschaftlichen Wirtschaftsordnung und der wirtschaftlichen Leistungsfähigkeit sowie in der Bereitschaft, den „acquis communautaire“, d.h. die sich aus den Verträgen und den Rechtsvorschriften der Union ergebenden Rechte und Pflichten zu übernehmen. Darauf werden die Referate aus der jeweiligen Sicht der Beitrittskandidaten eingehen.

Die vorsichtige und schrittweise Prozedur des Aufnahmeverfahrens liegt in der Natur des integrativen Charakters der Union, der in Art. C EUV unter anderem mit dem Begriff des „einheitlichen institutionellen Rahmens“ wiedergegeben wird. Es steht außer Zweifel, daß dieser Rahmen mit einer

Erweiterung um möglicherweise 14 weitere Mitglieder, sollten alle Beitrittsanträge berücksichtigt werden, die Institutionen der Union verändern wird. Sind sie einer solchen Vermehrung in Parlament, Ministerrat, Kommission, Gerichtshof überhaupt gewachsen? Darauf wird vor allem Herr *Pechstein* antworten. Schließlich: Der Binnenmarkt vergrößert sich von 370 auf 480 Millionen Marktbürger.

Darum war es richtig, daß man zunächst Assoziierungsabkommen zwischen den beitrittswilligen Ländern und der Union abgeschlossen hat, deren Ziel in der Schaffung der notwendigen Bedingungen zum Beitritt liegt. Es ist wohl das erste Mal in der nunmehr fast 50-jährigen Geschichte der europäischen Integration, daß hiermit Verträge abgeschlossen worden sind, die Maßnahmen zur Angleichung auf vielen, d.h. über den wirtschaftlichen Bereich hinausgehenden Gebieten gewährleisten sollen. Sie regeln Zusammenarbeit etwa auch auf dem kulturellen Sektor und schaffen Gesprächsforen nicht nur auf Ministerebene. Außerdem hat die Kommission im Mai 1995 ein Weißbuch zur „Vorbereitung der assoziierten Staaten Mittel- und Osteuropas zur Integration in den Binnenmarkt der Union" veröffentlicht, das vor allem als Leitfaden für die Anpaasung der Kandidaten an die Rechtsvorschriften über den Binnenmarkt dient.

Allerdings: Weder die Abkommen noch das Weißbuch machen den Beitritt schon sicher oder rechtsverbindlich. Bestätigt wird aus der Sicht der Union nur das Beitrittsbegehren. Aber die Zielsetzung der Errichung einer Freihandelszone innerhalb der nächsten zehn Jahre und die Rechtsangleichung determinieren die Integrationsschritte. Die Beitrittsländer werden in Pflicht genommen, die umfangreichen Rechtsakte in ihren Ländern umzusetzen - eine gigantische Aufgabe, wenn man bedenkt, daß die europäischen Kernstaaten hierfür fast 40 Jahre gebraucht haben. Damit spielt der Zeitfaktor für den Beitritt eine wichtige Rolle. Ich möchte mich hier nicht an optimistischen oder pessimistischen Spekulationen beteiligen und Jahreszahlen nennen, sondern nur Schwierigkeiten und Komplexität der Aufgabe, aber auch ihre Einzigartigkeit betonen, faßt man den Endpunkt eines integrierten Europas vom Atlantik bis zur Grenze der ehemaligen Sowjetunion im Baltikum, in Polen und Ungarn ins Auge.

Niemand wird bezweifeln, daß die Union bei der Erweiterung vor der größten Herausforderung ihrer kurzen, aber durchaus erfolgreichen Geschichte steht. Zukunftsperspektiven stehen in zweierlei Hinsicht auf der Tagesordnung: Erweiterung, aber auch Vertiefung, wie sie das Programm der Regierungskonferenz für Maastricht II, die nach Art. N EUV geboten ist und im nächsten Jahr abgeschlossen sein soll, verkündet. Darüber wird uns Herr Staatsminister *Hoyer* am Nachmittag aus erster Hand unterrichten. Ich möchte dazu nur zitieren, was Kommissionspräsident *Santer* jüngst vor dem Europaparlament sagte: Die Regierungskonferenz ist keine Routinetagung, kein bloßer Meinungsaustausch, sondern die derzeit einzige Gelegenheit, die politische Einigung Europas zu festigen, damit die Union mehr als nur eine Wirtschafts- und Währungsunion wird und die Osterweiterung wirksam vorbereitet werden kann.

Die Agenda europäischer Fragen dieser Konferenz ist also groß, zumal wenn man defizitäre Bereiche wie Demokratisierung, Bürgernähe, Subsidiarität und ganz allgemein Akzeptanz der Union bei den Menschen, die gerade in neuerer Zeit zu wünschen übrig läßt, in Rechnung stellt. Die Gemeinsame Außen- und Sicherheitspolitik, die Innen- und Justizpolitik sind noch eher Rudiment, denn Realität. Die Währungsunion ist nach längst nicht gesichert.

Erweiterung und Vertiefung könnten in ein Spannungsverhältnis geraten. Dieses aufzuzeigen und eventuell zu lösen, wird ein Teil unserer wissenschaftlichen Betrachtung sein. Der andere Arbeitskomplex liegt bei den Länderberichten, die uns über die rechtliche und ökonomische Lage von wichtigen Beitrittskandidaten aufklären. Dabei wird in einem Rechtszentrum der juristische, vor allem verfassungsjuristische Part im Vordergrund stehen. Aber die wirtschaftlichen Aspekte können nicht ausgeklammert werden. Ich hoffe, daß neben den Referenten hierauf auch die Diskussionsteilnehmer eingehen, die zu Redebeiträgen lebhaft aufgefordert sind. Die Zeitspanne zwischen den Referaten ist im Tagungsprogramm großzügig bemessen worden. Auf diese Weise sollte es gelingen, die Integrationssitutation in den Ländern, die hier vertreten sind, hinreichend klarzustellen.

„Europa definiert sich neu“ war unlängst ein Zeitungsartikel überschrieben, der von einer Europa-Konferenz in Berlin berichtete. Ja, so läßt sich fragen, hat es sich schon einmal definiert? Gewiß, wir sprechen von Rechts-, von Kultur-, von Wertegemeinschaft, von geschichtlichem Erbe, von jahrtausendealten Traditionen. Können sie auf den Punkt gebracht werden? Gibt es eine europäische Identität? Bundespräsident *Herzog* sprach noch weitergehend von Europa als Friedens- und Freiheitsgemeinschaft, als Gemeinschaft der Demokratien, als Wirtschafts-, als Stabilitäts- und als Sicherheitsgemeinschaft. Ist das alles schon errreicht? Da scheint mir, ist noch viel zu tun, sollen die Ziele der Präambel des EU-Vertrages mit ihrem Bekenntnis „zu den Grundsätzen der Freiheit, der Demokratie, der Achtung der Menschenrechte und Grundfreiheiten sowie der Rechtsstaatlichkeit“ voll erfüllt werden. Als Wissenschaftler darf man mit großer Genugtuung registrieren, daß in Krakau jüngst in der Villa Decius eine Europa-Akademie errichtet wurde, die zu vergleichbaren Einrichtungen in Berlin, Wien, Budapest und Bukarest hinzutritt.

Es ist schon richtig, wenn ein Redner auf der eben erwähnten Berliner Konferenz ausführte: „Alle Epochen der europäischen Geschichte waren geprägt von kulturellen Mustern und Entwürfen, im Negativen wie im Positiven. Europa war und ist immer zugleich eine geographische und eine normative Größe" (*W. Weidenfeld*). Aber, so fügte ein anderer hinzu: „Es ist insbesondere kein bloßer romantischer Traum. Es ist auch ein Imperativ des Realismus" (*R. Herzog*).

Hier und heute sind vorzugsweise Juristen versammelt. Ihnen geht es um das Recht, um die Normen, die den jeweiligen Staat und seinen europäischen „Staatenverbund" formen, um den Begriff des Maastricht-Urteils des Bundesverfassungsgerichts aufzugreifen. Diese Normen zu schaffen und zu interpretieren, ist unsere ureigene juristische Aufgabe. Sie ist groß genug. Für diese Aufgabe tritt unser Rechtszentrum ein, und diese Konferenz will hierzu einen Beitrag leisten. Die „Omnipräsenz des Europarechts" (*F. Schoch*) ist im westlichen Europa jedermann bewußt; sie muß auch von den potentiellen neuen Mitgliedern zur Kenntnis genommen werden. Dabei wollen wir „alten" Europarechtler helfen. Darum sind solche gemeinsame Tagungen vonnöten. Daß wir sie veranstalten können, ist eines der Ziele unseres R.I.Z. und seines großzügigen Sponsors, der Gemeinnützigen Hertie-Stiftung, dem auch an dieser Stelle gedankt werden soll.

Zwei Seiten der Integrationsmedaille: Beitrittsfähigkeit und Aufnahmebereitschaft

GEORG BRUNNER

I. Einführung

Die von den Völkern Ostmitteleuropas ersehnte „Rückkehr nach Europa" (*V. Havel*) hat sich als ein langwieriger Prozeß erwiesen, der sich auf verschiedenen Ebenen vollzieht. Die rasche Einbeziehung in die demokratisch-rechtsstaatliche Wertegemeinschaft des Europarats und die schleppende sicherheitspolitische Beteiligung an NATO und WEU sind hier nicht das Thema. In unserem Zusammenhang geht es nur um die ursprünglich wirtschaftliche, inzwischen aber politische Dimensionen erreichende Integration in die seit dem 1. November 1993 bestehende Europäische Union, deren geplante Osterweiterung inzwischen einem „Pingpong der Hoffnungen und Befürchtungen"[1] gleicht.

Nach dem gegenwärtigen Stand der Dinge haben zehn ostmittel-, nordost- und südosteuropäische Staaten „Europa-Abkommen" genannte Assoziierungsverträge[2] mit den drei Europäischen Gemeinschaften und deren Mitgliedstaaten unterzeichnet und Beitrittsgesuche für die Aufnahme als Vollmitglied gestellt. Allerdings sind noch nicht alle Europa-Abkommen in Kraft. Als erste sind die am 16. Dezember 1991 unterzeichneten Assoziierungsverträge mit Polen und Ungarn am 1. Februar 1994 in Kraft getreten. Das gleichzeitig unterzeichnete Abkommen mit der Tschechoslowakei konnte nicht in Kraft treten, da sich dieser Bundesstaat zum Jahreswechsel 1992/93 aufgelöst hatte. So mußten mit den Nachfolgestaaten Neuverhandlungen aufgenommen

---

[1] So W. Weidenfeld, „Europa sucht nach seiner neuen Ordnung", FAZ v. 11.11.1996.

[2] Die deutschen Texte der Europa-Abkommen mit Bulgarien, Polen, der Slowakei, der Tschechei und Ungarn sind in der Textsammlung G. Brunner/K. Schmid/K. Westen (Hrsg.), Wirtschaftsrecht der osteuropäischen Staaten - WOS, 1991 ff, abgedruckt. Zu ihrem Inhalt vgl. H.-D. Kuschel, Das Europaabkommen der Europäischen Gemeinschaft mit Polen, in: Handbuch Wirtschaft und Recht in Osteuropa (hrsg. von St. Breidenbach), 1992 ff, PL 05 SYST (1995). Zu ihrer Einordnung in die nationalen Rechtsordnungen vgl. *W. Gärtner*, Zu Inhalt und unmittelbarer Anwendbarkeit der Europa-Abkommen der EG mit den ostmitteleuropäischen Staaten, ROW 1993, S. 332 ff.

werden, und die am 4. Oktober 1993 unterzeichneten Verträge mit der Tschechischen und der Slowakischen Republik konnten dann am 31. Januar 1995 in Kraft treten. An diesem Tag sind auch die Assoziierungsverträge mit Rumänien (Unterzeichnung am 1. Februar 1993) und Bulgarien (Unterzeichnung am 8. März 1993) in Kraft getreten. Am 12. Juni 1995 sind entsprechende Verträge mit den drei baltischen Staaten (Estland, Lettland, Litauen) und am 10. Juni 1996 mit Slowenien unterzeichnet worden. Diese vier Verträge befinden sich zur Zeit im Ratifizierungsprozeß. Die Umständlichkeit der Ratifizierungsprozedur ist übrigens der Grund dafür, daß zwischen der Unterzeichnung und dem Inkrafttreten ein relativ großer Zeitraum zu verstreichen pflegt. Die Assoziierungsverträge nach Art. 238 EG-Vertrag gehören in die Kategorie der sog. „gemischten Verträge", für die die Gemeinschaften nur zum Teil die Abschlußkompetenz besitzen und die deshalb auch der Ratifizierung durch die Mitgliedstaaten bedürfen. Die Europäische Gemeinschaft ist nach Art. 113 EG-Vertrag nur für den Abschluß von Handelsabkommen zuständig. Diese Kompetenz ist dann auch genutzt worden, um die Assoziierung möglichst rasch vorantreiben zu können, indem zugleich mit den Europa-Abkommen sog. „Interimsverträge" abgeschlossen wurden, durch die die handelspolitischen Teile des jeweiligen Europa-Abkommens schon vorher in Kraft gesetzt wurden.

Die Auswahl wie auch die Reihenfolge der für eine Assoziierung würdig befundenen osteuropäischen Länder ist übrigens verwunderlich. Wieso nach den klassischen Visegrád-Staaten sofort Rumänien und Bulgarien an die Reihe kamen, will nach den ökonomisch-politischen Leistungskriterien ebensowenig einleuchten wie die Hintanstellung Sloweniens und die Übergehung Kroatiens. Offenbar spielen im Selektionskalkül der Westeuropäer auch Gesichtspunkte eine Rolle, die mit den Eigenleistungen der Betroffenen nichts zu tun haben. Es ist deshalb nicht auszuschließen, daß bei der Zubilligung der begehrten Vollmitgliedschaft nicht nur sachliche Argumente Überzeugungskraft entfalten werden.

Doch wie steht es um die Aussichten auf eine Vollmitgliedschaft? Die Europa-Abkommen sind wohl als eine Vorstufe zur Vollmitgliedschaft konzipiert, doch eine Aufnahmezusage enthalten sie nicht. Auch ansonsten hat die EU lange gezögert, eine konkrete Beitrittsperspektive aufzuzeigen. Erst mit dem Essener Gipfel im Dezember 1994 und vor allem mit dem Madrider Gipfel vom Dezember 1995 hat sich der für die Beitrittskandidaten ärgerliche Nebel in einem Sinne gelichtet, der vom Europäischen Rat in Florenz im Sommer 1996 erneut bestätigt worden ist. Hiernach sollen Gutachter die Frage der Beitrittsfähigkeit prüfen und bis Mitte 1997 Empfehlungen zu der Frage aussprechen, mit welchen Staaten Beitrittsverhandlungen aufzunehmen seien. Die Beitrittsverhandlungen sollen sechs Monate nach Abschluß der Regierungskonferenz zur Revision des Maastrichter Vertrages aufgenommen werden, die am 29. März 1996 in Turin eröffnet worden ist und dem im Sommer 1997 fälligen Amsterdamer Gipfel Reformvorschläge unterbreiten soll. Sollte die Regierungskonferenz im ersten Halbjahr 1997 etwas mehr Entschlußkraft aufbringen als im Vorjahr, um den Zeitplan einzuhalten, könnte also für Anfang 1998 mit dem Beginn der Beitrittsverhandlungen gerechnet werden. Mit wem und wie die Verhandlungen aufgenommen werden, ist noch nicht restlos geklärt, aber so viel scheint sich abzuzeichnen, daß sie mit den ausgewählten Kandidaten gleichzeitig, aber getrennt eingeleitet werden sollen. Da die Einzelverhandlungen unterschiedlich verlaufen können, ergibt sich aus dieser Entscheidung die Möglichkeit unterschiedlicher Beitrittstermine, was auch sicherlich sachgerecht ist, weil der politische und wirtschaftliche Systemwandel in den einzelnen osteuropäischen Ländern sehr unterschiedlich fortgeschritten ist. Allerdings müssen die von den Außenministern *Charette* und *Kinkel* jüngst angestellten Überlegungen[3] aufhorchen lassen, die darauf abzielen, daß nach Abschluß der Regierungskonferenz eine ständige Konferenz zu Fragen der Erweiterung einberufen werden soll, um den Erweiterungsprozeß zu steuern und zu koordinieren. Dies mag an sich vernünftig sein, doch wenn man bedenkt, daß an der Konferenz neben den EU-Mitgliedern und der Kommission auch die Beitrittskandidaten teilnehmen sollen, so läßt sich die Möglichkeit nicht ausschließen, daß die für einen Beitritt weniger vorbereiteten Staaten die ihnen somit eingeräumte Bremser-chance auch nutzen werden, um die Erfolgsaussichten ihrer fleißigeren Schicksalsgenossen zu schmälern.

Da zu jeder Vereinigung mindestens zwei Partner gehören, hat auch die osteuropäische Integrationsmedaille zwei Seiten, die im folgenden näher beleuchtet werden sollen: die Beitrittsfähigkeit und die Aufnahmebereitschaft.

II. Beitrittsfähigkeit

Der Begriff der Beitrittsfähigkeit ist zwar nicht klar definiert, aber der Europäische Rat hat im Juni 1993 in Kopenhagen gewisse Kriterien entwickelt, die seither fortlaufend verfeinert werden. Zu ihnen gehören die Stabilität demokratischer und rechtsstaatlicher Institutionen, ein effektiver Schutz der

[3] Bulletin des Presse- und Informationsamtes der Bundesregierung Nr. 68 v. 3.9.1996.

Menschen- und Minderheitenrechte, eine funktionierende Marktwirtschaft sowie die Fähigkeit, im Wettbewerb auf dem gemeinsamen Markt zu bestehen und den Verpflichtungen in der Europäischen Union nachzukommen. Es obliegt den Gutachtern, diese generellen Kriterien zu konkretisieren und auf die Beitrittskandidaten anzuwenden. Eine entsprechende Fragebogenaktion der Kommission läuft auf Hochtouren, und die Kenntnis ihrer Zwischenergebnisse würde sicherlich genauere Aussagen ermöglichen, als im folgenden gemacht werden.

Dem folgenden Versuch einer Bestandsaufnahme der Beitrittsfähigkeit der zehn osteuropäischen Assoziationsländer[4] liegen drei Kriteriengruppen zugrunde: die wirtschaftlichen, rechtlichen und politischen Voraussetzungen.

1. Wirtschaftliche Voraussetzungen[5]

a) Strukturelle Reformen: soziale Marktwirtschaft

Was die strukturellen Reformen zur Schaffung einer funktionsfähigen sozialen Marktwirtschaft angeht, so ist zunächst festzustellen, daß die Liberalisierung von Preisen, Märkten und dem Außenhandel überall sehr schnell erfolgt und weit fortgeschritten ist. Größere Probleme bereitet die Schaffung eines freien Finanz- und Kapitalmarktes. Ein zweistufiges Bankensystem mit einer Zentralbank und selbständigen Geschäftsbanken ist zwar überall eingeführt, aber nur in den vier Visegrád-Staaten verfügen die Zentralbanken über eine gefestigte Unabhängigkeit vom Staat.[6] Die echte Bankenprivatisierung macht allerdings auch hier nur langsame Fortschritte, da der Staatsanteil an den Geschäftsbanken noch immer sehr hoch ist. Erschwerend kommt hinzu, daß der Bankensektor weit unterkapitalisiert ist und deshalb nur in geringem

---

[4] Ein bedeutsamer Beitrag zur vergleichenden Bestandsaufnahme nach dem Stand vom Herbst 1995 ist geleistet worden durch W. Weidenfeld (Hrsg.), Mittel- und Osteuropa auf dem Weg in die Europäische Union. Bericht zum Stand der Integrationsfähigkeit, 1995. Auch folgender Sammelband vermittelt wertvolle Einsichten: G. Brunner (Hrsg.), Politische und ökonomische Transformation in Osteuropa, 1996.

[5] Vgl. hierzu insb. *H. Brezinski*, Der Stand der wirtschaftlichen Transformation fünf Jahre nach der Wende, in: Brunner (Anm. 4), S. 131 ff, wo die Entwicklung in den potentiellen Beitrittsländern ohne die baltischen Staaten, aber unter Einbeziehung Rußlands analysiert wird.

[6] Vgl. hierzu *K. Schröder*, Bankenreformen in Mittelosteuropa, Osteuropa-Wirtschaft 1996, S. 129 ff, wo aber die baltischen Staaten nicht berücksichtigt sind.

Umfang Kredite zur Finanzierung von Wachstum und Strukturwandel zu vergeben in der Lage ist.

Die Schaffung einer privatnützigen Eigentumsstruktur ist das Ergebnis der Privatisierung, die in allen osteuropäischen Ländern nach der Wende als ein Hauptziel der ökonomischen Systemtransformation in Angriff genommen worden ist. Hierbei sind recht unterschiedliche Privatisierungskonzepte verfolgt worden.[7] Die „kleine" Privatisierung durch öffentliche Versteigerung von staatlichen Betrieben des Einzelhandels, des Handwerks, des Gaststätten- und sonstigen Dienstleistungsgewerbes an vornehmlich inländische Einzelpersonen und Personengesellschaften ist praktisch überall abgeschlossen. Die wichtigsten Unterschiede zeigen sich bei der „großen" Privatisierung der mittleren und großen, dazu meist maroden Staatsunternehmen. Vor die Wahl zwischen mehreren Privatisierungskonzepten gestellt, haben sich Ungarn und später Estland am konsequentesten für die kommerzielle Privatisierung entschieden, die bei der Veräußerung des staatlichen Wirtschaftsvermögens einen möglichst hohen Gewinn als Hauptzweck anstrebt. Die Volksprivatisierung ist zu einem Markenzeichen der Tschechoslowakei und nunmehr der Tschechischen Republik geworden, wo es dem seinerzeitigen Finanzminister und heutigen tschechischen Regierungschef, *V. Klaus*, in psychologisch geschickter Weise gelungen ist, im Rahmen seines Couponmodells die Befriedigung egalitär orientierter sozialer Erwartungen mit der Zielsetzung zu verbinden, durch weite Streuung des Aktienvermögens eine marktwirtschaftliche Gesinnung auf breiter Basis zu erzeugen. Weniger erfolgreich sind entsprechende Aktionen in Rumänien, Litauen und Bulgarien verlaufen. Eine Bevorzugung der Belegschaft des zu privatisierenden Unternehmens ist überall zu registrieren, aber nur in den Kombinationsmodellen Sloweniens und Polens hat die Belegschaftsprivatisierung ein beachtliches Gewicht erlangt. In den Zusammenhang der Schaffung einer privatnützigen Eigentumsstruktur gehört auch die Reprivatisierung, d.h. die Rückgängigmachung der früheren kommunistischen Enteignungen. Ansätze hierfür gibt es überall, aber nur in der Tschechoslowakei und Ungarn ist das Problem tatkräftig in Angriff genommen worden. Die beiden Länder haben dabei unterschiedliche Wege eingeschlagen: Während sich die Tschechoslowakei grundsätzlich für die Rückgabe der enteigneten Vermö-

[7] Näheres hierzu bei *G. Brunner*, Privatisierungsmodelle in Osteuropa, in: Staat - Wirtschaft - Steuern. Festschrift für Karl Heinrich Friauf, 1996, S. 591 ff. Vgl. auch *H. H. Glismann/K. Schrader*, Umwandlung von staatlichem in privates Eigentum, Osteuropa 1994, S. 25 ff, 142 ff.

gensobjekte entschieden hat, gibt es in Ungarn ausschließlich eine Entschädigung. Zu berücksichtigen ist schließlich die Privatisierung „von unten", d.h. die privaten Neugründungen von Unternehmen, denen durch die allgemeine Kapitalarmut freilich natürliche Grenzen gesetzt, die aber im Kleingewerbe durchaus bedeutsam sind.

Es ist nicht einfach, genaue Aussagen über den tatsächlich erreichten Stand der Privatisierung zu treffen. Es gibt zwar zahlreiche - und einander widersprechende - Angaben, aber sie beruhen auf unterschiedlichen Kriterien und Erhebungsmethoden, so daß eine Vergleichbarkeit kaum gewährleistet ist. Sicher ist nur, daß die Umwandlung eines Staatsunternehmens in eine Kapitalgesellschaft noch keine Privatisierung bedeutet, obwohl dies manche Statistiken glauben machen wollen. Erforderlich ist, daß die nach der Umwandlung vom Staat gehaltenen Gesellschaftsanteile in private Hände überführt werden. Aber zu welchem Prozentsatz? Und was ist überhaupt ein „privates" Wirtschaftssubjekt? Wie man auch diese und andere Fragen beantwortet, es dürfte kaum zweifelhaft sein, daß der Privatisierungsprozeß in der Tschechei, Ungarn, Polen und Estland am weitesten fortgeschritten ist, wo sich der Anteil des Privatsektors am Bruttosozialprodukt um 60 - 70% bewegt. Unbestritten ist auch, daß Bulgarien und Rumänien die Schlußlichter bilden, wo insbesondere die „große" Privatisierung kaum in Gang gekommen ist.

b) Leistungsergebnisse der Wirtschaft

Die Schaffung einer sozialen Marktwirtschaft ist natürlich kein Selbstzweck. Erwartet werden von ihr gesteigerte wirtschaftliche Leistungen und damit eine Vermehrung des allgemeinen Wohlstandes. Es liegt in der Natur der Sache, daß sich diese Ergebnisse erst mit einer zeitlichen Verzögerung einstellen können und der Bevölkerung bis zu diesem Zeitpunkt ein hohes Maß an Geduld und Opferbereitschaft abverlangt wird.

Zur Bilanzierung der bisherigen Leistungsergebnisse osteuropäischer Wirtschaften können zahlreiche Indikatoren herangezogen werden, über deren Gewichtung man dann trefflich streiten kann. An dieser Stelle sollen nur einige von ihnen benannt werden, um einen allgemeinen Eindruck über die ökonomische Situation der Beitrittskandidaten zu verschaffen.[8]

Der Zusammenbruch der überkommenen Planwirtschaft und die ersten marktwirtschaftlichen Reformen führten zunächst überall zu einem dramati-

[8] Umfangreiches Datenmaterial ist zu finden bei *Brezinski* (Anm. 5), S. 142 ff.

schen Rückgang des wirtschaftlichen Wachstums. Positive Wachstumsraten konnten erstmals 1993/94 registriert werden, aber das Produktionsniveau von 1989 konnte bis 1995 noch kein Land wieder erreichen. Am nächsten haben sich Polen und Slowenien an diese magische Grenze herangetastet, die sie möglicherweise 1996 überschritten haben werden.

Ähnlich sieht es im Bereiche der Investitionen aus, von denen das Wirtschaftswachstum in erster Linie abhängt. Die ausländischen Investitionen, auf die man ursprünglich große Hoffnungen gesetzt hatte, haben bislang nur eine marginale Rolle gespielt, obgleich die Prognosen positiver aussehen und von einer zunehmenden Vertrauenswürdigkeit der osteuropäischen Staaten zeugen. Das größte Vertrauen hegen die ausländischen Investoren nach wie vor in Ungarn, wohin 1990 - 1995 rund 40% aller in den osteuropäischen Assoziationsländern getätigten Investitionen strömten, aber der Abstand zu den übrigen Ländern verringert sich kontinuierlich, wobei namentlich Polen und die Tschechische Republik stark aufholen. Erfreulich entwickelt sich die westliche Investitionsbereitschaft auch im Hinblick auf Slowenien und Estland.

Die in kommunistischer Zeit unbekannte Arbeitslosigkeit gehört ohne Zweifel zu den unerfreulichsten Begleiterscheinungen der marktwirtschaftlichen Reformen. Sie nahm bis 1993 überall rapide zu, um sich seither auf einem Niveau zu stabilisieren, das zwar hoch, aber in Westeuropa durchaus normal ist. Signifikant über der Arbeitslosenquote im EU-Durchschnitt von 11,2% (1995) liegen Polen (15,3%), Slowenien (13,8%) und die Slowakei (13,1%), während die baltischen Staaten nur eine Arbeitslosenquote um 6% zu verzeichnen haben und die Tschechische Republik die Arbeitslosigkeit mit einer sich relativ konstant um 3% bewegenden Quote (1995: 2,9%) auf einem erstaunlich niedrigen Niveau zu halten vermag. Die Ursache der generell stagnierenden Arbeitslosigkeit ist in einer an sich erfreulich starken Zunahme der Arbeitsproduktivität zu sehen, die dynamischer ist als das Wirtschaftswachstum und die Investitionstätigkeit und folglich zur Freisetzung von Arbeitskräften führt.

Die Inflationsrate hat sich länderweise sehr unterschiedlich entwickelt. Sie nahm in Ostmitteleuropa 1990/91 und im Baltikum 1991/92 sprunghaft zu, in Polen und Slowenien 1990 auf über 500% und in den baltischen Staaten 1992 in vierstelligen Größenordnungen. Seither ist sie fast überall in beachtlicher Weise zurückgedrängt worden. Anhaltende Schwierigkeiten hat die Inflation in den beiden südosteuropäischen Ländern bereitet, wo Bulgarien das Problem bis heute nicht in den Griff bekommen hat, während es Rumänien 1995 erstmals gelungen ist, den Anstieg der Verbraucherpreise auf ein erträgliches Maß zu senken (1993: 295,3%; 1994: 136,8%; 1995: 28%). Am besten sind mit dem Preisanstieg die Tschechische Republik (1991: 56,7%; 1995: 9,1%) und die Slowakei (1991: 61,2%; 1995: 9,9%) fertiggeworden, und Slowenien hat nach Überwindung einer dramatischen Inflationsphase nunmehr die Rolle des Spitzenreiters bei der Senkung des Preisniveaus übernommen (1990: 550%; 1992: 201,3%; 1995: 8,6%).

Das Budgetdefizit stellt bis auf die Tschechische Republik und Slowenien überall ein schwer lösbares Problem dar, wenn auch die Entwicklungstendenz generell positiv ist. Mit einer Größenordnung um 6% ist es in Ungarn und Bulgarien besonders besorgniserregend. Entsprechend negativ ist - mit Ausnahme der Slowakei und Sloweniens - die Außenhandelsbilanz, obgleich sich neuerdings auch hier Konsolidierungstendenzen bemerkbar machen. Nach dem Zusammenbruch des RGW-Marktes gab es im Außenhandel naturgemäß ernsthafte Turbulenzen, aber sie sind inzwischen weitgehend erfolgreich überwunden. Die durchgehend anzutreffende Auslands-verschuldung ist ein weiteres Negativsymptom, das vor allem in Ungarn, aber auch in Bulgarien, Polen und Slowenien bedrückend ist, wobei im letzteren Falle allerdings zu bedenken ist, daß Slowenien auch unter einer anteilsmäßigen Schuldenlast des ehemaligen bankrotten jugoslawischen Bundesstaates zu leiden hat.

Die Reihe der einschlägigen Wirtschaftsindikatoren ließe sich beliebig vermehren, um das Bild noch buntscheckiger zu machen, als es sowieso schon ist. So viel ist jedenfalls nach diesem kurzen Überblick klargeworden, daß die einzelnen Beitrittskandidaten je nach Kriterium einen sehr unterschiedlichen Platz einnehmen können. Es ist ein beliebtes Spiel der diversen Wirtschaftsmagazine, durch Gewichtung ausgewählter Indikatoren im Rahmen eines mehr oder minder willkürlichen Punktesystems eine Rangordnung der betroffenen Länder zu präsentieren.[9] Ohne sich an diesem Spiel beteiligen zu wollen, kann jedenfalls festgestellt werden, daß sich im Kreise der ehemals kommunistisch beherrschten Staaten Osteuropas deutlich unterscheidbare Gruppen herausgebildet haben und die zehn Beitrittskandidaten zu den entwickelteren Ländern gehören. Die Spitzengruppe setzt sich aus der Tschechei, Slowenien, Ungarn und Polen zusammen. Bald danach folgen Estland und Kroatien, was erneut zeigt, daß der Ausschluß Kroatiens aus der Warteschlange der Assoziationsländer nicht durch ökonomische Überlegungen gerechtfertigt werden

[9] Für einen seriösen Versuch dieser Art vgl. *St. Barisitz*, Versuch einer Einstufung der mittel- und osteuropäischen Länder nach Kriterien des Reformerfolges 1993/1994, Osteuropa-Wirtschaft 1995, S. 168 ff.

kann. Die Slowakei, Lettland und Litauen stellen das Mittelfeld, während Rumänien und Bulgarien das Schlußlicht bilden.

c) Wirtschaftliche Verflechtung mit der EU

Je enger die wirtschaftlichen Beziehungen zwischen den Beitrittskandidaten und den EU-Ländern bereits sind, umso leichter erfolgt die volle Integration in den gemeinsamen Markt zum fraglichen Beitrittszeitpunkt. Wie bereits erwähnt, haben die einzelnen osteuropäischen Länder nach dem Zusammenbruch des RGW erhebliche Anstrengungen unternommen, um ihren Außenhandel umzustrukturieren und die Handelsströme von Ost nach West zu verlagern.[10] Sie waren dabei insofern erfolgreich, als sich der Anteil der EU-Staaten am gesamten Außenhandel der zehn Assoziationsländer seit der Wende bis 1995 von 30% auf 60% verdoppelt hat. Umgekehrt ist die Bedeutung des „Osthandels" für die EU-Länder freilich relativ gering geblieben, betrug er doch 1995 bloß 3,3%. Natürlich muß dabei länderweise stark differenziert werden. Im Westen spielt der Handel mit den Assoziationsländern für Österreich, Deutschland und Griechenland, aber auch Italien eine größere Rolle, während er für Frankreich oder Großbritannien von marginaler Bedeutung ist, von Portugal und Irland ganz zu schweigen. Auf der östlichen Seite sind die ostmitteleuropäischen Länder sowie Estland am stärksten mit der EU verflochten: der EU-Anteil an ihrem Außenhandel bewegt sich um zwei Drittel.[11] Größere Umstellungsschwierigkeiten hat Rumänien, das nur die Hälfte seines Außenhandels mit der EU abwickelt. Noch schwerer lösen sich Bulgarien, Litauen und Lettland aus der traditionellen Abhängigkeit von Rußland; für Bulgarien beträgt der EU-Außenhandelsanteil etwa ein Drittel und für die beiden baltischen Staaten rund ein Viertel.

Die Europa-Abkommen sollten einen maßgeblichen Beitrag zur Beschleunigung der wirtschaftlichen Verflechtung leisten. Sie zielen durch den schrittweisen Abbau der Einfuhrzölle und mengenmäßigen Einfuhrbeschränkungen auf die Errichtung einer Freihandelszone in einem Zeitraum von zehn

---

[10] Vgl. hierzu *H. Gabrisch*, Die Entwicklung der Handelsstrukturen der Transformationsländer, in: *Brunner* (Anm. 4), S. 193 ff; „Mehr Beschäftigung in der EU durch Außenhandel mit Transformationsländern", DIW-Wochenbericht Nr. 34/1996; jeweils mit Zahlenmaterial

[11] Wenn der EU-Anteil 1995 am tschechischen und slowakischen Außenhandel nur 45% bzw. 37% betrug, so ist dabei in Rechnung zu stellen, daß 25-30% des heutigen Außenhandels vor der Trennung der beiden Staaten zum 1.1.1993 Binnenhandel war.

Jahren ab. Diese Übergangszeit ist nach einem asymmetrischen Stufenplan angelegt, indem die Handelsschranken zum Westen hin schneller abgebaut werden als in umgekehrter Richtung, um den Assoziationsländern einen rascheren Zugang zum EU-Markt zu ermöglichen. Tatsächlich ist die Entwicklung entgegengesetzt verlaufen. Es sind mehr westeuropäische Waren in die osteuropäischen Märkte geströmt, als die osteuropäischen Länder zu exportieren in der Lage gewesen sind, was sich in zunehmenden Außenhandelsbilanzdefiziten und einer zum Teil dramatischen Zunahme der Auslandsverschuldung der Assoziationsländer niederschlägt. Die EU-Länder haben also vorerst in stärkerem Maße von der Marktöffnung profitiert als die angeblich Begünstigten. Die Ursachen sind vielfältiger Natur, und es ist nicht einfach zu sagen, ob die Entwicklung unvorhersehbar war oder von den Westeuropäern zu ihrem Vorteil bewußt einkalkuliert oder zumindest erhofft wurde. Die letztlich protektionistische Politik der EU hat jedenfalls ihren Beitrag zu ihr geleistet.

Zunächst ist festzustellen, daß die in den Europa-Abkommen enthaltene Asymmetrie sich in erster Linie auf Industrieerzeugnisse bezieht, auf welchem Gebiet sich die westeuropäischen Länder von Haus aus in einer stärkeren Position befinden. Die westliche Überlegenheit konnte durch die Asymmetrie offenbar nicht aufgefangen werden, unter anderem auch deshalb nicht, weil sich die Anpassungsschwierigkeiten der östlichen Wirtschaften als größer herausgestellt haben als ursprünglich erwartet. Zu diesem Punkt mag man noch sagen, daß die Osteuropäer selbst schuld daran sind, wenn sie sich dem rapide angestiegenen Wettbewerbsdruck nicht schnell genug anpassen. Dieser Einwand läßt sich aber dort nicht mehr halten, wo die EU-Länder aus egoistischen Motiven Bremsen eingebaut haben, um ihre Wirtschaften in protektionistischer Weise vor unliebsamer osteuropäischer Konkurrenz abzuschirmen. Dies betrifft die sog. „sensiblen Sektoren", nämlich Kohle und Stahl, Textilien und die Landwirtschaft, also genau die Bereiche, in denen die osteuropäischen Länder wettbewerbsfähig sind (Oder muß man heute schon sagen: gewesen wären?). Hier ist das Tempo des Abbaus der Handelshemmnisse in westlicher Richtung verlangsamt worden. Was die sechs bereits rechtswirksam assoziierten Länder angeht, so sind die letzten Fristen in bezug auf Kohle und Stahl Ende 1996 ausgelaufen,[12] während bei den Textilien noch bis Ende 1998 ge-

[12] Bei Stahlexporten sind die Zölle für die ostmitteleuropäischen Assoziationsländer (Polen, Slowakei, Tschechei, Ungarn) zum 31.12.1995 aufgehoben worden, während dies für die südosteuropäischen Assoziationsländer (Bulgarien, Rumänien) zum 31.12.1996 erfolgt ist. Im Bereich der Kohle sind die Zölle und Kontingente für die

wartet werden muß.[13] Immerhin ist das Ende der Durststrecke abzusehen. Im Agrarbereich ist nicht einmal dies der Fall, da in den Europa-Abkommen nur eine schrittweise Senkung der Abschöpfungen und eine allmähliche Erhöhung der begünstigten Einfuhrmengen, aber kein vollständiger Abbau der Handelsbeschränkungen während der zehnjährigen Laufzeit der Verträge vorgesehen ist. Als besonders skandalös erweist sich hier die Lage deshalb, weil die westeuropäischen Agrarexporte, die die an sich um 20-30 % unter dem EU-Preisniveau liegenden osteuropäischen Produkte auf den osteuropäischen Märkten verdrängen, in einer Höhe subventioniert werden, die sich die osteuropäischen Staaten überhaupt nicht leisten können.[14] Im Ergebnis dieser EU-Politik sind die ostmitteleuropäischen Länder, die bis 1991 Überschüsse im EU-Agrarhandel erwirtschaftet hatten, mit der einzigen Ausnahme Ungarns Nettoimporteure geworden.[15] Es kann wohl ohne Übertreibung behauptet werden, daß der westeuropäische Protektionismus maßgeblich zum Niedergang der osteuropäischen Landwirtschaften beigetragen hat, die erst 1995 erste Zeichen einer Erholung verzeichnen konnten.[16]

Nicht minder ambivalent sind die Regelungen zur Herstellung eines freien Personenverkehrs. Die für Unternehmen und Freiberufler bedeutsame Niederlassungsfreiheit im Sinne der Inländergleichbehandlung wird auf asymmetrischer Basis schrittweise durchgesetzt. Günstig ist dies vor allem für die Westeuropäer, weil sie sich hier in der stärkeren Position befinden. Anders sieht es bei der Freizügigkeit der Arbeitnehmer aus, weil die auch mit niedrigeren Löhnen zufriedenen und zu schwereren Arbeiten bereiten osteuropäischen Arbeitnehmer in Westeuropa bei den Gewerkschaften wenig willkommen sind und soziale Besitzstände gefährden könnten. Aus diesem Grunde ist diese

---

ostmitteleuropäischen Länder zum 31.12.1993, für die südosteuropäischen Länder die Kontingente zum 31.12.1994 und die Zölle zum 31.12.1995 aufgehoben worden. In einer privilegierten Position befinden sich Deutschland und Spanien, denen gegenüber die genannten Exportschranken erst zum 31.12.1996 gefallen sind; nur hinsichtlich der Zölle gegenüber Bulgarien und Rumänien verbleibt es bei der allgemeinen Frist.

[13] Für Textilexporte der ostmitteleuropäischen Länder werden die Zölle zum 1.7.1997 und die Kontingente zum 31.12.1997 beseitigt. Für die südosteuropäischen Länder gelten die Fristen vom 1.1.1998 bzw. 31.12.1998.

[14] Dies wird vielfach kritisiert, so z.B. *F.-L. Altmann/W. Andreff/G. Fink*, Die zukünftige Erweiterung der Europäischen Union in Mittelosteuropa, Südosteuropa 1995, S. 235 ff (255).

[15] Eingehende Analyse der Lage bei *J. Kiss*, Agriculture in the Visegrád Countries: Implications of EU Accession, Stiftung Wissenschaft und Politik - IP 2979, Okt. 1996

[16] *Z. Lukas*, Die Landwirtschaft der Oststaaten 1995, Osteuropa-Wirtschaft 1996, S. 93 ff.

Thematik in den Europa-Abkommen nur vage angesprochen und ansonsten den einzelnen Mitgliedstaaten zur bilateralen Regelung überwiesen worden. Diese verhalten sich wiederum aus sozialpolitischen Rücksichten sehr restriktiv, um ihre „Arbeitsmärkte" zu schützen, die den Namen „Markt" längst nicht mehr verdienen, weil sie von oligopolistischen oder gar monopolistischen Verbänden und nicht von Angebot und Nachfrage beherrscht werden.

2. Rechtliche Voraussetzungen

Die Schaffung der rechtlichen Infrastruktur einer sozialen Marktwirtschaft ist schon deshalb erforderlich, weil die marktwirtschaftlichen Strukturreformen nur auf diese Weise verwirklicht werden können. Die Aufgabe der rechtlichen Systemtransformation geht aber darüber hinaus, da die osteuropäischen Assoziationsländer ihre Rechtsordnungen dem Gemeinschaftsrecht schrittweise anpassen müssen.[17] Daß der 'acquis communautaire' mit dem Beitritt vollständig übernommen werden muß, ist allerdings kaum anzunehmen. Wahrscheinlich werden Übergangsfristen für eine schonende Anpassung sorgen. Jedenfalls wird die rechtliche Integration den Beitrittskandidaten um so leichter fallen, je mehr Europarecht sie bereits während der Assoziationsphase rezipiert haben. Die Europa-Abkommen sind auch darauf angelegt, diesen Anpassungsprozeß zu fördern.

a) Unmittelbare Verpflichtungen aus den Europa-Abkommen

Aus den Europa-Abkommen ergeben sich teilweise unmittelbare Verpflichtungen zur rechtlichen Integration. Dies gilt vor allem für das europäische Wettbewerbsrecht, das im Handel zwischen den EU-Ländern und dem jeweiligen Assoziationsland unmittelbar anzuwenden ist.[18] Die einschlägigen Bestimmungen des EG-Vertrags über das Kartellverbot (Art. 85), das Verbot des Mißbrauchs einer marktbeherrschenden Stellung (Art. 86) und das Verbot wettbewerbsverfälschender staatlicher Beihilfen (Art. 92) gelten unmittelbar. Als ein kleines westliches Entgegenkommen kann in diesem Zusammenhang gewertet werden, daß das jeweilige osteuropäische Assoziationsland in den

---

[17] Sehr instruktiv hierzu die umfassende Bestandsaufnahme in bezug auf die ostmitteleuropäischen Staaten *H.-H. Herrnfeld*, Recht europäisch. Rechtsreform und Rechtsangleichung in den Visegrád-Staaten, 1995.

[18] Art. 62 EAbk Ungarn, Art. 63 EAbk Polen, Art. 64 EAbk Tschechei, Slowakei, Bulgarien und Rumänien.

ersten fünf Jahren der Assoziationszeit als ein strukturschwaches Gebiet im Sinne des Art. 92 Abs. 3 lit. a) EG-Vertrag angesehen wird, in dem Beihilfen zur Förderung der wirtschaftlichen Entwicklung vergeben werden dürfen. Da die Staatskassen in Osteuropa leer sind, werden sich diese Subventionen in leicht überschaubaren Grenzen halten! Die Durchführungsbestimmungen zum europäischen Wettbewerbsrecht sollen jeweils von einem von den Gemeinschaften und dem Assoziationsland auf Ministerebene gebildeten Assoziationsrat innerhalb von drei Jahren erlassen werden, was bislang noch nicht geschehen ist. Trotzdem gilt das Gemeinschaftsrecht seit dem Inkrafttreten der Europa-Abkommen automatisch, mag man auch über die näheren Modalitäten seiner Anwendung gelegentlich rätseln.
Des weiteren sind die Assoziationsländer verpflichtet, in der ersten Phase der Übergangszeit, also innerhalb von fünf Jahren, auf dem Gebiet der gewerblichen Schutzrechte ein vergleichbares Schutzniveau zu gewährleisten, wie es in der Gemeinschaft besteht.[19] Da der Gemeinschaftsstandard insofern recht diffus ist, als nur punktuelle gemeinschaftsrechtliche Regelungen existieren und sich die Rechtsangleichung schwerpunktmäßig auf der Basis verschiedener multilateraler Abkommen vollzieht,[20] ist die Anpassungspflicht der Assoziationsländer zusätzlich dahingehend konkretisiert worden, daß sie bestimmten internationalen Übereinkünften, insbesondere dem Europäischen Patentübereinkommen von 1973, beitreten müssen.[21]

b) Rechtsangleichung

Von diesen konkreten Verpflichtungen ist die allgemeine Rechtsangleichung zu unterscheiden, die namentlich auf bestimmten, in den einzelnen Europa-Abkommen gesondert aufgezählten, Rechtsgebieten vorangetrieben werden soll. Sie ist in sog. „Bemühens-Klauseln“ angesprochen[22], deren Befolgung insofern im eigenen Interesse der jeweiligen Assoziationsländer liegt, als sie sich damit sukzessive dem ‘acquis communautaire’ annähern. Der beim Beitritt zu erwartende Schock soll durch eine vorweggenommene Rechtsangleichung abgemildert werden. Diese Rechtsangleichung kann naturgemäß nur im

[19] Art. 65 EAbk Ungarn, Art. 66 EAbk Polen, Art. 67 EAbk Tschechei, Slowakei, Bulgarien und Rumänien.
[20] Überblick bei *Th. Oppermann*, Europarecht, 1991, S. 367 f, 429 f.
[21] Zu den einzelnen Anforderungen vgl. *Herrnfeld* (Anm. 17), S. 146 ff.
[22] Art. 67, 68 EAbk Ungarn, Art. 68, 69 EAbk Polen, Art. 69, 70 EAbk Tschechei, Slowakei, Bulgarien und Rumänien.

Wege eines autonomen Nachvollzugs des Gemeinschaftsrechts bewerkstelligt werden, da in der Assoziierungsphase die europarechtlichen Verordnungen und Richtlinien noch nicht gelten. Für die osteuropäischen Länder fällt die Rechtsangleichung mit der ökonomischen Systemtransformation zusammen, so daß sie gut daran tun, die sowieso erforderlichen marktwirtschaftlichen Rechtsreformen unter Beachtung des Europarechts und in Anlehnung an diejenigen westlichen Vorbilder durchzuführen, die die gemeinschaftsrechtlichen Vorgaben schon am stärksten in sich aufgenommen haben. Neben den traditionellen Verbindungen empfiehlt sich auch deshalb eine Orientierung an den deutschen Regelungen. Sowohl im Rahmen der EU als auch auf nationaler Ebene sind zahlreiche, gelegentlich miteinander konkurrierende Beratungs- und Hilfsprogramme aufgelegt worden. Zum Teil wird hier in der Tat wichtige und nützliche Arbeit geleistet, wie etwa im Rahmen der Deutschen Stiftung für Internationale Rechtliche Zusammenarbeit. Von der EU werden aber teilweise große Geldsummen für Programme ausgegeben, von denen in erster Linie westliche Beraterfirmen und Anwaltskanzleien profitieren. Immerhin hat die EG-Kommission im Mai 1995 ein zweckdienliches „Weißbuch zur Vorbereitung der assoziierten Staaten Mittel- und Osteuropas auf die Integration in den Binnenmarkt der Union" vorgelegt, das im folgenden Monat vom Europäischen Rat in Cannes zustimmend zur Kenntnis genommen worden ist. Das Weißbuch umfaßt 500 Seiten, ist in 23 Rechtsgebiete gegliedert und enthält 800 ausgewählte (!) Rechtsvorschriften, deren Übernahme als vordringlich erachtet wird.

Schon aus diesen Zahlen geht hervor, welch ungeheure Arbeit den osteuropäischen Gesetzgebern abverlangt wird. Die klassischen Reformländer, Ungarn und Polen, wo schon vor der politischen Wende von 1989/90 beachtliche Rechtsreformen durchgeführt wurden, haben hier einen natürlichen Startvorteil besessen, aber auch die Tschechische Republik hat in kürzester Zeit nachgezogen. Die bisherigen Arbeitsleistungen können an dieser Stelle natürlich nicht ausführlich gewürdigt werden. Es soll nur ein kurzer Blick auf die wichtigsten Rechtsgebiete geworfen werden.[23]

So gut wie alle osteuropäischen Assoziationsländer verfügen heute über ein modernes Gesellschaftsrecht, das sie in jüngster Zeit nach klassisch-westli-

---

[23] Zur näheren Information dienen die deutschsprachigen Loseblattsammlungen: G. Brunner/K. Schmid/K. Westen (Hrsg.), Wirtschaftsrecht der osteuropäischen Staaten, 1991 ff; Handbuch Wirtschaft und Recht in Osteuropa, 1992 ff; Wirtschaftshandbuch Ost, 1994 ff; *W. v. Lingelsheim-Seibicke*, Handbuch für das erfolgreiche Ostgeschäft, 1977 ff.

chem Vorbild in einem besonderen Gesellschaftsgesetz oder im Rahmen eines Handelsgesetzbuchs kodifiziert haben. In der Reihenfolge ihres Inkrafttretens handelt es sich um folgende Gesetzeswerke:

- Ungarn: Gesetz Nr. VI/1988 über die Wirtschaftsgesellschaften i.d.F. der Neubekanntmachung v. 23.12.1991 (Magyar Közlöny 1991, S. 2917). In Kraft seit dem 1.1.1989.
- Tschechische und Slowakische Republik: zunächst ist mit Wirkung vom 1.5.1990 durch Einfügung eines neuen Teils 4/A in das Wirtschaftsgesetzbuch von 1964 durch Änderungsgesetz v. 18.4.1990 (Sbírka zákonů ČSFR Pos. 103/1990) und durch Erlaß des Gesetzes über die Aktiengesellschaften v. 18.4.1990 (Sbírka zákonů ČSFR Pos. 104/1990) eine provisorische Regelung geschaffen worden. Sie wurde ab 1.1.1992 durch §§ 56 - 260 des Handelsgesetzbuchs v. 5.11.1991 (Sbírka zákonů ČSFR Pos. 513/1991) abgelöst, das nunmehr in beiden Nachfolgestaaten fortgilt, aber durch den jeweiligen nationalen Gesetzgeber selbständig geändert wird.
- Rumänien: Gesetz Nr. 31/1990 über die Handelsgesellschaften v. 16.11.1990 (Monitorul Oficial Nr. 126-127/1990). In Kraft seit dem 17.12.1990.
- Bulgarien: Art. 63-280 Handelsgesetz v. 14.6.1991 (Dăržaven Vestnik Nr. 48/1991). In Kraft seit dem 1.7.1991.
- Slowenien: Gesetz über die Wirtschaftsgesellschaften v. 27.5.1993 (Uradnilist RS Nr. 30/1993, Pos. 1611). In Kraft seit dem 12.7.1993.
- Estland: §§ 79 - 504 Handelsgesetzbuch v. 8.3.1995 (Riigi Teataja I 1995, Nr. 26/28, Pos. 355). In Kraft seit dem 1.9.1995.

Allein Polen hat an seiner alten gesellschaftsrechtlichen Kodifikation in Art. 75 - 497 des Handelsgesetzbuchs v. 27.6.1934 (Dziennik Ustaw 1934, Nr. 57, Pos. 502) festgehalten und diese durch Änderungen den modernen Anforderungen angepaßt. Noch verbesserungsbedürftig ist das Gesellschaftsrecht von Litauen und Lettland, wo 1990 bzw. 1991 eher rudimentäre Teilregelungen der einzelnen Typen von Handelsgesellschaften erlassen wurden, von denen das Aktienrecht inzwischen durch neue gesetzliche Regelungen ersetzt worden ist.[24] Die dem deutschen Juristen geläufigen klassischen Formen der Perso-

[24] Die zur Zeit maßgebenden Rechtsgrundlagen sind für Litauen: Gesetz über die Personengesellschaften v. 16.10.1990 (Lietuvos Respublikos Aukščiausiosios Tarybos ir Vyriausybės Žinios - Vedomosti Verchovnogo Soveta i Pravitel'stva Litovskoj Respubliki

nengesellschaften (OHG, KG) und Kapitalgesellschaften (GmbH, AG, in Bulgarien, Rumänien und Slowenien auch KGaA) sind überall anzutreffen. Eine Ausnahme macht Litauen insofern, als hier anstelle der GmbH nur die „geschlossene Aktiengesellschaft“ zur Verfügung steht, die sich an der amerikanischen „close corporation“ orientiert. Als besonders europafreundlich haben sich Ungarn und Slowenien gezeigt, die mit der „Vereinigung“ (1967) bzw. der „Wirtschaftlichen Interessengemeinschaft“ (1993) eine Rechtsfigur vorgesehen haben, die aus Frankreich stammt (groupement d'intérèt économique, 1967) und als „Europäische Wirtschaftliche Interessenvereinigung“ mit Wirkung vom 1. Juli 1989 ins europäische Gemeinschaftsrecht übernommen worden ist.[25] Im übrigen erweist sich im Gesellschaftsrecht die Anpassung an die drei EG-Rechnungslegungs-Richtlinien als die anspruchsvollste Aufgabe der Rechtsangleichung. Die größten Fortschritte haben hierbei Ungarn und Polen erzielt.[26]

Es versteht sich von selbst, daß das aus kommunistischer Zeit überkommene Zivilrecht überall einer grundlegenden Reform unterzogen werden mußte, um dem privatnützigen Eigentum und dem Prinzip der Vertragsfreiheit den Einzug zu ebnen. Diese Aufgabe konnte ganz überwiegend durch Änderungen der vorhandenen Zivilgesetzbücher erreicht werden. Nur zwei baltische Staaten, in denen das überkommene Zivilrecht unter der Sowjetisierung besonders stark zu leiden hatte, haben sich für eine andere Lösung entschieden. Estland hat den Weg einer schrittweisen Neukodifizierung beschritten[27], während Lettland sein altes Zivilgesetzbuch vom 28.1.1937 wieder

1990, Nr. 31, Pos. 747); Gesetz über die Aktiengesellschaften v. 5.7.1994 (Valstybës Žinios 1994, Nr. 55, Pos. 1046; für Lettland: Gesetz über die Vertragsgesellschaften v. 5.2.1991 (Latvijas Republikas Augstâkâs Padomes un Valdîbas Ziňotâjs - Vedomosti Verchovnogo Soveta i Pravitel'stva Latvijskoj Respubliki 1991, Nr. 11/12, Pos. 71); Gesetz über die Gesellschaften mit beschränkter Haftung v. 1.2.1991 (ebda. 1991, Nr. 9/10, Pos. 64); Gesetz über die Aktiengesellschaften v. 18.5.1993 (ebda. 1993, Nr. 24/25, Pos. 457).

[25] Verordnung Nr. 2137/85 des Rates v. 25.7.1985 über die Schaffung einer Europäischen wirtschaftlichen Interessenvereinigung (ABl. 1985, Nr. L 199, S. 1).

[26] Ungarn: Gesetz Nr. XVIII/1991 über die Rechnungslegung (Magyar Közlöny 1991, S. 1155), mit einschlägigen Änderungen zur Einführung der Konzernbilanz durch Änderungsgesetz Nr. CVIII/1993 (Magyar Közlöny 1993, S. 1146). Polen: Gesetz über die Rechnungslegung v. 29.9.1994 (Dziennik Ustaw 1994, Nr. 121, Pos. 591).

[27] Am 9.6.1993 wurde ein Sachenrechtsgesetz (Riigi Teataja I 1993, Nr. 39, Pos. 590) und am 28.6.1994 der Allgemeine Teil eines Zivilgesetzbuchs (Riigi Teataja I 1994, Nr. 53, Pos. 889) verabschiedet.

in Kraft gesetzt hat.[28] Als ein wichtiges rechtspolitisches Problem der Schuldrechtsreform hat sich die Frage herausgestellt, ob man ein besonderes Recht der Handelsgeschäfte und damit ein Handelsgesetzbuch benötige oder das Konzept eines einheitlichen Zivilrechts zu bevorzugen sei, in das erforderlichenfalls punktuelle Sonderregelungen eingefügt werden könnten. Einen maßgebenden Einfluß im letzteren Sinne entfalten von den modernen westeuropäischen Kodifikationen der italienische Codice civile von 1942 und vor allem das seit 1970 bücherweise verabschiedete niederländische Zivilgesetzbuch. Obwohl die Frage noch nicht überall abschließend entschieden ist, scheint die Mehrheit der osteuropäischen Assoziationsländer dieser Lösung zuzuneigen. Ein vollwertiges Handelsgesetzbuch, in dem auch das Recht der Handelsgeschäfte ausführlich geregelt ist, hat zunächst nur die Tschechoslowakei erlassen (vgl. oben). Im bulgarischen Handelsgesetz vom 14.6.1991 wurde ursprünglich ein Teil III für die Handelsgeschäfte reserviert, der dann mit Wirkung vom 1.11.1996 nachgeliefert worden ist.[29] Das estnische Handelsgesetzbuch vom 8.3.1995 erweckt mit seinem Titel nur den Anschein einer Vollkodifikation; das Recht der Handelsgeschäfte ist in ihm nicht enthalten. Litauen hat kürzlich ein knappes Handelsgesetz verabschiedet, doch ist darin nur der Handelskauf geregelt.[30] Schließlich ist auf das alte rumänische Handelsgesetzbuch hinzuweisen, von dem das Handelsschuldrecht regelnde Teile noch fortgelten.

Praktisch neu geschaffen werden mußte das Insolvenzrecht, für das im Sozialismus kein Bedarf bestanden hatte. Die Schwierigkeiten waren hier deshalb besonders groß, weil es ein einheitliches und überzeugendes westliches Vorbild kaum gibt; vielmehr befinden sich die meisten westeuropäischen Insolvenzrechte selbst in einer Reformphase. Merkwürdigerweise haben sich gerade die rückständigsten südosteuropäischen Länder für ein modernes Konzept entschieden, in dem - wie nach dem französischen Insolvenzgesetz von 1985 (Loi relative au redressement et à la liquidation judiciaire des entreprises) und der deutschen Insolvenzordnung von 1994 - die Insolvenz als ein einheitliches Verfahren mit unterschiedlichen Gestaltungsmöglichkeiten zum

---

[28] Von den hier interessierenden Büchern wurde das Sachenrecht ab 1.9.1992 durch Gesetz v. 7.7.1992 (Latvijas Republikas Augstâkâs Padomes un Valdîbas Ziňotâjs - Vedomosti Verchovnogo Soveta i Pravitel'stva Latvijskoj Respubliki 1992, Nr. 29/31, Pos. 414) und das Schuldrecht ab 1.3.1993 durch Gesetz v. 22.12.1992 (ebda. 1993. Nr. 1/2, Pos. 28) in Kraft gesetzt.

[29] Änderungsgesetz v. 27.9.1996 (Dăržaven Vestnik Nr. 83/1996)

[30] Handelsgesetz v. 12.1.1995 (Valstybës Žinios 1995, Nr. 10, Pos. 204).

Zwecke der Sanierung und besseren Gläubigerbefriedigung im Zeichen der Gläubigerautonomie erscheint.[31] In diese Richtung gehen auch die neuen baltischen Insolvenzregelungen.[32] Demgegenüber haben die fortgeschritteneren ostmitteleuropäischen Länder an der traditionellen Zweispurigkeit von Konkurs- und Vergleichsverfahren festgehalten, wenn auch die beiden Verfahren stärker miteinander verzahnt worden sind. Dies gilt für die Neuregelung der Materie in Ungarn,[33] der Tschechoslowakei[34] mit den späteren, in unterschiedliche Richtung gehenden Novellen in den beiden Nachfolgestaaten[35] und Slowenien, wo noch die in der Endphase des jugoslawischen Bundesstaates beschlossene Reformgesetzgebung fortgilt.[36] Am deutlichsten ist die Zweispurigkeit in Polen ausgeprägt, wo das Konkurs- und das Vergleichsrecht in zwei getrennten, noch aus dem Jahre 1934 stammenden Kodifikationen enthalten sind,[37] zu denen in jüngster Zeit weitere Spezialregelungen hinzugekommen sind.[38]

---

[31] Bulgarien: Teil IV des Handelsgesetzes, eingefügt durch Gesetz v. 2.8.1994 (Dăržaven Vestnik Nr. 63/1994); Rumänien: Gesetz Nr. 64/1995 über das Verfahren der Umstrukturierung und der gerichtlichen Liquidation v. 20.6.1995 (Monitorul Oficial I Nr. 130/1995).

[32] Lettland: Gesetz über die Insolvenz und den Konkurs von Unternehmen und Gesellschaften v. 5.12.1991 (Latvijas Republikas Augstâkâs Padomes un Valdîbas Ziňotâjs - Vedomosti Verchovnogo Soveta i Pravitel'stva Latvijskoj Respubliki 1992, Nr. 2); Estland: Konkursgesetz v. 10.7.1992 (Riigi Teataja I 1992, Nr. 31 Pos. 403).

[33] Gesetz Nr. IL/1991 über das Konkursverfahren, das Liquidationsverfahren und die Abwicklung i.d.F. der Neubekanntmachung v. 17.8.1993 (Magyar Közlöny 1993, S. 6230).

[34] Gesetz über Konkurs und Vergleich v. 11.6.1991 (Sbírka zákonů ČSFR Pos. 328/1991).

[35] Tschechei: Änderungsgesetz v. 25.3.1993 (Sbírka zákonů ČSFR Pos. 122/1993); Slowakei: Änderungsgesetz v. 19.5.1993 (Zbierka zákonov SR Pos. 122/1993)

[36] Gesetz über den Zwangsvergleich, den Konkurs und die Liquidation v. 19.12.1989 (Službeni list SFRJ Nr. 84/1989) i.d.F. der slowenischen Neubekanntmachung v. 15.12.1993 (Uradni list RS Nr. 67/1993).

[37] Konkursrecht - Rechtsverordnung des Präsidenten der Republik v. 24.8.1934 i.d.F. der Neubekanntmachung v. 24.10.1991 (Dziennik Ustaw 1991, Nr. 118, Pos. 512); Vergleichsrecht - Rechtsverordnung des Präsidenten der Republik v. 24.10.1934 (Dziennik Ustaw 1934, Nr. 93, Pos. 836).

[38] So wurde 1983 ein „Konsolidierungsverfahren" zur Sanierung staatlicher Unternehmen eingeführt, das seit 1990 in Art. 65-70 des Gesetzes über staatliche Unternehmen v. 25.9.1981 i.d.F. der Neubekanntmachung v. 22.2.1991 (Dziennik Ustaw 1991, Nr. 18, Pos. 80) geregelt ist. Für staatliche Unternehmen und Handelsgesellschaften mit staatlicher Allein- oder Mehrheitsbeteiligung finden außerdem ein besonderes Sanierungsverfahren nach dem Gesetz über die finanzielle Umstrukturierung von Unternehmen und Banken v.

Schließlich sei auf das Wettbewerbsrecht im weiteren Sinne hingewiesen, das dem Schutz der Freiheit und der Lauterkeit des Wettbewerbs zu dienen hat und Elemente des Verbraucherschutzes in sich aufnehmen kann, wenn vor unlauteren Geschäftspraktiken nicht nur die Mitwettbewerber, sondern auch die Konsumenten bewahrt werden sollen. Die Einbeziehung des letztgenannten Aspekts wird nicht zuletzt durch die EG-Richtlinie Nr. 84/450 über die irreführende Werbung (ABl. 1984, Nr. L 250, S. 17), aber auch durch andere Gemeinschaftsbestimmungen zum Verbraucherschutz nahegelegt. Es ist bereits erwähnt worden, daß das europäische Wettbewerbsrecht für den zwischenstaatlichen Handel der Assoziationsländer mit der EU unmittelbar gilt, und es ist deshalb empfehlenswert, bei der Schaffung des für den innerstaatlichen Handel und den zwischenstaatlichen Handel außerhalb der EU geltenden nationalen Wettbewerbsrechts die europarechtlichen Regelungen mit zu berücksichtigen. So sind auch die meisten osteuropäischen Staaten verfahren, wobei sich - anders als in Deutschland mit der Trennung von UWG, GWB und Verbraucherschutzgesetzen - ein Trend zur einheitlichen Regelung des gesamten Wettbewerbsrechts bemerkbar macht. In diesem Sinne hat Ungarn, das schon 1984 ein Wettbewerbsgesetz verabschiedet hatte, 1990 und dann wieder 1996 ein einheitliches Wettbewerbsrecht geschaffen.[39] Diesem Beispiel sind Bulgarien 1991,[40] Litauen 1992,[41] Slowenien 1993[42] und Estland ebenfalls 1993[43] gefolgt. Auf der anderen Seite haben Polen[44] und die tsche-

---

3.2.1993 (Dziennik Ustaw 1993, Nr. 18, Pos. 82) Anwendung. Beide Verfahren werden vorzugsweise zu Privatisierungszwecken eingesetzt.

[39] Gesetz Nr. LXXXVI/1990 über das Verbot des unlauteren Marktverhaltens (Magyar Közlöny 1990, S. 2361); Gesetz Nr. LVII/1996 über das Verbot des unlauteren Wettbewerbs und der Wettbewerbsbeschränkung (Magyar Közlöny 1996, S. 3498).

[40] Gesetz zum Schutz des Wettbewerbs v. 2.5.1991 (Dăržaven Vestnik Nr. 39/1991).

[41] Wettbewerbsgesetz der Republik Litauen v. 15.9.1992 (Lietuvos Respublikos Aukščiausiosios Tarybos ir Vyriasybės Žinios - Vedomosti Verchovnogo Soveta i Pravitel'stva Litovskoj Respubliki 1992, Nr. 29, Pos. 841).

[42] Gesetz zum Schutze des Wettbewerbs v. 25.3.1993 (Uradni list RS Nr. 18/1993, Pos. 816).

[43] Wettbewerbsgesetz v. 16.6.1993 (Riigi Teataja I 1993, Nr. 47, Pos. 642).

[44] Gesetz zur Bekämpfung monopolistischer Praktiken v. 24.2.1990 i.d.F. der Neubekanntmachung v. 4.7.1995 (Dziennik Ustaw 1995, Nr. 80, Pos. 405); Gesetz zur Bekämpfung des unlauteren Wettbewerbs v. 16.4.1993 (Dziennik Ustaw 1993, Nr. 47, Pos. 211).

choslowakischen Nachfolgestaaten[45] an der getrennten Kodifikation des Rechts gegen Wettbewerbsbeschränkungen und des Rechts gegen unlauteren Wettbewerb festgehalten. Rumänien hat 1991 praktisch nur den unlauteren Wettbewerb und diesen auch in einer recht grobschlächtigen, durch verwaltungs- und strafrechtliche Sanktionen bewährten Weise geregelt und erst mit Wirkung vom 1. Mai 1996 ein umfassendes Gesetz gegen Wettbewerbsbeschränkungen vorgelegt.[46] In einem vergleichsweise rückständigen Zustand befindet sich noch das lettische Wettbewerbsrecht.[47]

c) Supranationale Öffnungsklauseln

Der Beitritt zur EU würde die Öffnung der innerstaatlichen Rechtsordnungen der Assoziationsländer für die supranationale Gemeinschaftsgesetzgebung voraussetzen. Diese Beitrittsvoraussetzung ist heute noch nirgends gegeben. Zwar zeichnen sich die neuen osteuropäischen Verfassungen[48] durch eine auffallende Völkerrechtsfreundlichkeit aus, und einige von ihnen statuieren sogar den Vorrang völkerrechtlicher Verträge vor den Gesetzen[49] (nicht aber der

---

[45] Der unlautere Wettbewerb ist zusammen mit Aspekten des Verbraucherschutzes in §§ 41 ff des tschechoslowakischen Handelsgesetzbuchs v. 5.11.1991 (Sbírka Žákonů ČSFR Pos. 513/1991) geregelt. Das tschechoslowakische Gesetz zum Schutze des Wirtschaftswettbewerbs v. 30.1.1991 (Sbírka zákonů ČSFR Pos. 63/1991) gilt nur noch in der Tschechischen Republik weiter, während die Slowakei mit dem Gesetz zum Schutze des Wirtschaftswettbewerbs v. 8.7.1994 (Zbierka zákonov SR Pos. 188/1994) eine eigene Regelung geschaffen hat.

[46] Gesetz Nr. 11/1991 zur Bekämpfung des unlauteren Wettbewerbs v. 29.1.1991 (Monitorul Oficial I Nr. 24/1991). Das Recht gegen Wettbewerbsbeschränkungen beschränkte sich zunächst auf Art. 36 des Gesetzes Nr. 15/1990 über die Reorganisation der staatlichen Wirtschaftseinheiten als Regiebetriebe und Handelsgesellschaften v. 7.8.1990 (Monitorul Oficial Nr. 98/1990), wo Kartelle und ein Mißbrauch marktbeherrschender Stellung global untersagt wurden. An die Stelle dieser unzulänglichen Bestimmung ist nunmehr das Wettbewerbsgesetz Nr. 21/1996 v. 8.4.1996 (Monitorul Oficial I Nr. 88/1996) getreten.

[47] Gesetz über den Wettbewerb und die Eindämmung monopolistischer Tätigkeit v. 3.12.1991 (Latvijas Republikas Augstâkâs Padomes un Valdîbas Ziñotâjs - Vedomosti Verchovnogo Soveta i Pravitel'stva Latvijskoj Respubliki 1991, Nr. 51, Pos. 564).

[48] Die Verfassungstexte in deutscher Übersetzung sind in der Loseblattsammlung G. Brunner (Hrsg.), Verfassungs- und Verwaltungsrecht der Staaten Osteuropas - VSO, 1995 ff, abgedruckt.

[49] So in den Verfassungen Bulgariens von 1991 (Art. 5 IV), Estlands von 1992 (§ 123 II), der Tschechischen Republik von 1992, aber nur hinsichtlich der Verträge menschenrechtlichen Inhalts (Art. 10) und wohl auch Sloweniens von 1991 (Art. 8).

Verfassung), aber die Souveränität gehört vorerst noch zu den in höchstem Ansehen gehaltenen Verfassungsgütern. So sehr dies nach den Jahrzehnten sowjetrussischer Fremdherrschaft verständlich ist, so deutlich ist man sich zumindest in den fortgeschritteneren Assoziationsländern darüber im klaren, daß dieser Zustand geändert werden muß. Sowohl in Polen[50] als auch in Ungarn[51] sind in den in der Beratung befindlichen Verfassungsentwürfen entsprechende supranationale Öffnungsklauseln vorgesehen, deren Notwendigkeit unter den maßgebenden politischen Kräften unumstritten ist.

Verfassungsrechtliche Schwierigkeiten könnten allein in Rumänien auftreten, auf dessen Verfassung von 1991 der vorherrschende übersteigerte Nationalismus voll durchgeschlagen hat. Das in Art. 1 Abs. 1 proklamierte Nationalstaatsprinzip[52] ist in die „Ewigkeitsklausel" des Art. 148 Abs. 1 einbezogen worden, so daß es nicht Gegenstand einer Verfassungsänderung sein kann. Die Übertragung von Hoheitsrechten auf eine supranationale Organisation dürfte wiederum mit dem Grundsatz der nationalstaatlichen Souveränität kaum zu vereinbaren sein. In Anbetracht des landesüblichen Umgangs mit Verfassungsbestimmungen kann dieses verfassungsrechtliche Beitrittshindernis indes wohl vernachlässigt werden. Politisch wird daran ein Beitritt gewiß nicht scheitern. Die rumänischen Verfassungsjuristen werden einen geeigneten Ausweg ohne Zweifel finden, notfalls in einer neuen Verfassunggebung, für die die geltende Verfassung naturgemäß nicht gilt.

---

[50] Art. 10 Abs.2 des von der Verfassungskommission der Nationalversammlung im Juni 1996 vorgelegten Verfassungsentwurfs lautet: „Die Republik Polen kann auf der Grundlage eines völkerrechtlichen Vertrages die Ausübung staatlicher Hoheitsrechte auf eine internationale Organisation oder internationale Organe übertragen."

[51] In Ungarn existiert noch kein ausformulierter Verfassungsentwurf, aber in der Beschluß-vorlage über die Regelungsprinzipien der neuen Verfassung, die vom Parlamentsausschuß für Verfassungsvorbereitung im Oktober 1996 vorgelegt worden ist, heißt es unter Ziff. 3 zu Teil I Kapitel II: "Die Verfassung soll es ermöglichen, daß ein Teil der Hoheitsrechte des ungarischen Staates durch völkerrechtlichen Vertrag auf eine internationale Organisation übertragen werden kann. Für den Abschluß eines solchen Vertrages ist ein mit qualifizierter Mehrheit gefaßter Parlamentsbeschluß erforderlich. Die Verfassung soll die Hoheitsrechte festlegen, die überhaupt nicht übertragen werden können und deren Übertragung durch eine Volksabstimmung zu bestätigen ist."

[52] „Rumänien ist ein souveräner und unabhängiger, einheitlicher und unteilbarer Nationalstaat."

3. Politische Voraussetzungen

In politischer Hinsicht setzt die Beitrittsfähigkeit voraus, daß sich die osteuropäischen Staaten in einem inneren Zustand befinden, der den Anforderungen an einen demokratischen Rechtsstaat entspricht. Dieses Erfordernis ist in den ab 1993 abgeschlossenen Europa-Abkommen insofern niedergelegt, als jeweils in Art. 6 „die Achtung der Grundsätze der Demokratie und der Menschenrechte“ als „Richtschnur der Innen- und Außenpolitik der Vertragsparteien und wesentliche Bestandteile der Assoziation“ bezeichnet wird.

a) Verfassungsrechtliche Lage

Blickt man in die seit der Wende verabschiedeten Verfassungen der Assoziationsländer, so braucht man an ihrer Qualität als demokratische Rechtsstaaten nicht ernsthaft zu zweifeln, mag man auch hier und da kleinere Schönheitsfehler entdecken. So ist es gewiß nicht sehr freiheitlich, wenn nach Art. 11 Abs. 4 der bulgarischen Verfassung politische Parteien auf ethnischer oder konfessioneller Grundlage schlechthin verboten sind. Indes wird dieses Anzeichen mangelnder Toleranz dadurch kompensiert, daß im parlamentarischen Leben Bulgariens die „Bewegung für Rechte und Freiheiten“, die die Interessen der türkisch-moslemischen Minderheiten wahrnimmt, tatsächlich eine bedeutende Rolle spielt und ihr Verbot vom Verfassungsgericht abgelehnt worden ist.[53] Bei der Lektüre der vagen und ambivalenten Bestimmungen der rumänischen Verfassung kann man vielfach daran zweifeln, ob sie dem rechtsstaatlichen Bestimmtheitsgrundsatz genügen. Schließlich ist es störend, daß Polen noch immer keine rechtsstaatlich-demokratische Vollverfassung hat und sich namentlich die Grundrechte, so wie sie sich in der Verfassung von 1952/76 nach punktuellen Änderungen darbieten, in einem recht desolaten Zustand befinden. Immerhin hat die Verfassungskommission der polnischen Nationalversammlung im Juni 1996 den lang ersehnten Verfassungsentwurf vorgelegt, und man kann nur hoffen, daß dieses klassische Reformland den inzwischen eingetretenen Rückstand bald aufholt.

---

[53] Entscheidung des bulgarischen Verfassungsgerichts Nr. 4 vom 21.4.1992 (Dăržaven Vestnik Nr. 35/1992). Die Pikanterie der Entscheidung lag darin, daß von den 12 Verfassungsrichtern sechs für und nur fünf Richter gegen ein Verbot wegen Verfassungswidrigkeit waren, während ein Richter aus Krankheitsgründen nicht an der Abstimmung teilnahm. Der Verbotsantrag mußte trotzdem abgewiesen werden, weil für eine stattgebende Entscheidung nach Art. 151 Abs. 1 Verfassung die absolute Mehrheit, also 7 Stimmen erforderlich gewesen wären.

Wichtiger als der Verfassungstext ist natürlich die Verfassungswirklichkeit. Beide müssen weder im Guten noch im Schlechten übereinstimmen. So kann die faktische Existenz einer rechtsstaatlichen Demokratie in Polen trotz der unbefriedigenden verfassungsrechtlichen Lage keinem Zweifel unterliegen. Auf der anderen Seite wird gleich zu zeigen sein, daß es auch Beitrittskandidaten gibt, in denen ein Blick hinter die Verfassungskulisse nicht den vermuteten Genuß beschert.

b) Menschenrechte

Die Entwicklung der tatsächlichen Lage der Menschenrechte in Osteuropa wird von den diversen internationalen Menschenrechtsorganisationen genau beobachtet und nicht selten hyperkritisch gewürdigt. Ein großer Teil der Beanstandungen betrifft Einzelfälle, die überall vorkommen können und in Osteuropa deshalb etwas häufiger vorkommen als in konsolidierten Rechtsstaaten, weil es vornehmlich im Bereich der Polizei, der Justiz und der Strafvollstreckung an qualifiziertem Personal in ausreichender Menge und den notwendigen finanziellen und technischen Mitteln fehlt. Deshalb kann auch die rapide zunehmende und teilweise international organisierte Kriminalität nur unzureichend bekämpft werden. Man kann auch immer trefflich darüber diskutieren, ob und wann die für breite soziale Schichten bedrückenden Lebensverhältnisse eine menschenrechtlich relevante Dimension erreichen.

Rückt man die überall anzutreffenden und von den Inhabern der politischen Macht mehr oder weniger entschlossen bekämpften, jedenfalls nicht erwünschten Mißstände ins rechte Licht, so kann den meisten Assoziationsländern bescheinigt werden, daß sie seit dem Zusammenbruch der menschenverachtenden kommunistischen Diktaturen große Fortschritte gemacht und die Effektivität der Menschenrechte weitgehend gewährleistet haben. Die Zustände in einzelnen Ländern geben aber auch zu berechtigter Kritik Veranlassung.[54] Dies gilt namentlich für Rumänien, wo die restriktive Minderheitenpolitik, die Polizeiwillkür auf breiter Basis und die menschenunwürdigen, wenn auch seit 1995 leicht gebesserten Gefängniszustände die größten Steine des Anstoßes bilden. In Bulgarien hat sich die zunächst hoffnungsvolle menschenrechtliche Lage unter der Herrschaft der seit Anfang 1995 wieder regierenden Sozialisten erneut verschlechtert, wobei neben den bei Rumänien erwähnten kritischen Punkten der verstärkte Zugriff der Regierung auf Rund-

[54] Näheres hierzu in den einschlägigen Länderberichten des „Annual Report" 1993/94, 1995 und 1996 der International Helsinki Federation for Human Rights.

funk und Fernsehen als eine die Meinungsfreiheit beeinträchtigende Entwicklung zu nennen ist. Ähnliches gilt für die Slowakei, seitdem dort Mečiar Ende 1994 zum dritten Mal an die Macht gelangt ist und seinen autoritären Regierungsstil zur Eindämmung oppositioneller Strömungen praktiziert.

c) Demokratie

Seit der politischen Wende finden in allen Assoziationsländern freie und periodisch wiederkehrende Wahlen statt. Der Turnus hat sich etabliert, und vielfach haben sich Machtwechsel im Anschluß an die Wahlen reibungslos vollzogen. Unter dem formalen Aspekt demokratischer Prozeduren sind keine Bedenken anzumelden.

Etwas anders sieht die Sache aus, wenn man danach fragt, ob im Ergebnis demokratischer Wahlen auch demokratische Kräfte in den temporären Besitz der Regierungsmacht gelangen. In sechs ostmittel- und nordosteuropäischen Ländern kann auch diese Frage nach der materialen Demokratieverfassung uneingeschränkt bejaht werden. Zwar regieren in Polen seit Oktober 1993 und in Ungarn seit Juli 1994 die Exkommunisten, die auch in Litauen die Legislaturperiode zwischen 1992 und 1996 dominierten, aber diese aus dem Reformflügel der früheren Einheitspartei hervorgegangenen politischen Kräfte haben sich im Laufe der Zeit irreversibel zu (rechten) Sozialdemokraten verwandelt und fest in das demokratische Parteienspektrum integriert. Das gleiche gilt für die slowenischen Exkommunisten, die auf ein Wählerpotential um 10% rechnen können und sich als Partner in demokratischen Regierungskoalitionen qualifiziert haben. In Estland sind die Exkommunisten aus dem Parteienspektrum vollends verschwunden. Über das postkommunistische Entwicklungsstadium sind allein die tschechischen Exkommunisten, die auch heute noch als „Kommunistische Partei Böhmens und Mährens" firmieren, nicht hinausgekommen, aber sie spielen mit einem Stimmenanteil von 10-14% nur eine untergeordnete Rolle im Parlament.[55] Ähnlich erfreulich sieht es am rechten Rand der Parteienlandschaft aus. Hält man nach rechtsradikalen Parteien Ausschau, denen - im Gegensatz zu nationalkonservativen oder nationalliberalen Parteien - bereits eine undemokratische Gesinnung bescheinigt werden muß, so bleibt der Blick auf der parlamentarischen Ebene nur an den tschechischen

---

[55] Bei den bislang drei freien Wahlen erzielten die tschechischen Kommunisten einen Stimmenanteil von 13,2% (1990), 14,0% (1992) und 10,3% (1996) und 32, 35 bzw. 22 von 200 Mandaten.

Republikanern[56] und der Slowenischen Nationalpartei[57] haften. Mit einer gewissen Kontinuität haben sich undemokratische Links- und Rechtsfraktionen mit einem größeren Mandatsanteil lediglich im tschechischen Parlament behaupten können,[58] doch vermochten sie ihr Störpotential wegen der im übrigen stabilen Regierungsverhältnisse bislang nicht zur Geltung zu bringen.[59] Bedenkt man, welchen sozialen und wirtschaftlichen Belastungen der größere Teil der Bevölkerung während der seit sieben Jahren andauernden und noch nicht abgeschlossenen ökonomischen Systemtransformation ausgesetzt gewesen ist, so muß den Völkern der genannten sechs Länder ein hohes Maß demokratisch-politischer Reife bestätigt werden. Der Respekt vor ihrer demokratischen Grundeinstellung in schweren Zeiten muß noch größer werden, wenn man sich vergegenwärtigt, daß in etablierten westlichen Demokratien wie Frankreich oder Italien eine große Minderheit der Bürger rechtsextremistische Parteien wählt oder rund ein Fünftel der mitteldeutschen Wähler unter unvergleichlich besseren wirtschaftlichen und sozialen Lebensbedingungen der postkommunistischen PDS seine Stimme schenkt.

Es kann allerdings nicht verschwiegen werden, daß sich unter den Beitrittskandidaten auch Sorgenkinder befinden. Unter ihnen ist Lettland das kleinste, das im Grunde erst seit den letzten Parlamentswahlen vom Herbst 1995 Sorgen bereitet, die zu einer Erstarkung der rechten und linken Ränder und einer Schwächung der demokratischen Mitte, vor allem aber zu einer Zersplitterung der parlamentarischen Kräfte geführt und die Regierungsbildung erschwert

---

[56] Die tschechischen Republikaner beteiligten sich nur an den Wahlen von 1992 und 1996 und erzielten 6% bzw. 8% der Stimmen und 14 bzw. 18 der 200 Mandate.

[57] Die Slowenische Nationalpartei errang bei den Parlamentswahlen 1992 10% der Stimmen und 12 von 90 Mandaten, fiel aber bei den Wahlen von 1996 auf einen Stimmenanteil von 3,2% und 4 Mandate zurück.

[58] Der Mandatsanteil der undemokratischen Fraktionen im tschechischen Parlament betrug 1990 16%, 1992 24,5% und 1996 20%.

[59] Die von V. Klaus geführte Regierungskoalition hat ihre absolute Mehrheit bei den Wahlen vom 31.5./1.6.1996 zwar eingebüßt und verfügt nur noch über 99 der 200 Mandate, aber mit 61 Mandaten stellen die Sozialdemokraten die stärkste und einwandfrei demokratische Oppositionspartei, so daß die Einhaltung der demokratischen Spielregeln nicht gefährdet ist.

haben.[60] So dauerte es auch fast drei Monate, bis das lettische Parlament am 21. Dezember 1995 der heterogenen, aus sechs Parteien bestehenden Regierungskoalition unter der Führung des parteilosen *Andris Škele* das Vertrauen ausgesprochen hat.[61] Das lettische Parteiensystem befindet sich allerdings erst in der Formationsphase, die politische Ausrichtung der einzelnen Parteien ist stark persönlichkeitsbedingt und wandelbar. Die Hauptsorge sollte sich deshalb weniger auf die meist diffuse Programmatik der Parteien als die mangelnde Stabilität des Parteiensystems insgesamt richten.

Größere Sorgen muß man sich schon um Bulgarien machen, wo die zu „Sozialisten" mutierten Kommunisten ihre maßgebende Stellung beibehalten haben und die demokratischen Kräfte sich nicht zu der wünschenswerten Aktionseinheit aufraffen konnten. Bei den bislang drei demokratischen Parlamentswahlen haben die Sozialisten 47,1% (Juni 1990), 33,1% (Okt. 1991) bzw. 43,5% (Dez. 1994) der Wählerstimmen für sich verbuchen können und verfügen im Parlament seit Anfang 1995 - wie schon 1990/91 - über die absolute Mehrheit der Mandate. Die Bedenken richten sich nicht dagegen, daß die Exkommunisten die größte und am besten organisierte politische Partei darstellen, sondern speisen sich aus dem Umstand, daß sie den Wandel von einer postkommunistischen zu einer sozialdemokratischen Partei noch nicht vollzogen haben. Die Stabilisierung der eigenen politischen und wirtschaftlichen Herrschaftspositionen scheint ihnen wichtiger zu sein als konsequente Reformen, und in dieser Absicht haben sie die ursprünglich Erfolg versprechen-

[60] Wegen der diffusen Parteienprogrammatik lassen sich die neun im lettischen Parlament vertretenen Parteien nur unter Vorbehalt in das Links-Rechts-Schema einordnen:

		Stimmenanteile	Mandate
Linksparteien	Demokratische Partei „Hauswirt"	15,33%	18
	Partei der Volkseinheit	7,24%	8
	Sozialistische Partei	5,65%	6
Parteien der demokratischen Mitte	Lettischer Weg	14,65%	17
	Volkseintracht	5,61%	6
Parteien der rechten Mitte	Nationale Unabhängigkeitspartei	6,16%	8
	Bauernbund	6,13%	7
Rechtsparteien	Volksbewegung für Lettland	15,05%	16
	Für Vaterland und Freiheit	11,62%	14

[61] Die 6-Parteien-Koalition umfaßt die Demokratische Partei „Hauswirt", die Partei der Volkseinheit, den Lettischen Weg, die Nationale Unabhängigkeitspartei, den Bauernbund und Für Vaterland und Freiheit.

den Entwicklungsansätze verschüttet und das Land in den beiden letzten Jahren ruiniert. Immerhin haben die rechtsstaatlichen Strukturen in der Person des Staatspräsidenten und in der Institution des im Dezember 1991 errichteten Verfassungsgerichts eine Stütze gefunden, und für den Rechtsextremismus gibt es offensichtlich keinen Nährboden. Der seit August 1990 amtierende Staatspräsident, *Ž. Želev* (ein ehemaliger Dissident), wurde zwar für die Präsidentschaftswahlen 1996 von den Demokraten nicht mehr nominiert, aber aus der Stichwahl am 3. November ist der neue demokratische Kandidat, *P. Stojanov*, mit der überzeugenden Mehrheit von 59,7 % der Stimmen gegenüber seinem sozialistischen Konkurrenten, *I. Marazov* (40,3%), als Sieger hervorgegangen. In diesem Wahlergebnis mag eine demokratische Trendwende in der Wählergunst zum Ausdruck gekommen sein, die sich auch bei Parlamentswahlen auswirken könnte. Allerdings wird es zu vorzeitigen Neuwahlen wohl kaum kommen, da die Verfassung die Parlamentsauflösung sehr erschwert. Ein Selbstauflösungsrecht gibt es nicht, und der Staatspräsident kann das Parlament - wie schon im Oktober 1994 einmal geschehen - nur auflösen, wenn die Regierungsbildung nach drei Anläufen mißlingt (Art. 99 Abs. 5). Die Regierung von *Ž. Videnov* bleibt aber auch nach den Präsidentschaftswahlen im Amt und könnte nur durch ein Mißtrauensvotum oder im Ergebnis einer Vertrauensfrage gestürzt werden. Für ein Mißtrauensvotum bedarf es der absoluten Mehrheit aller Abgeordneten (Art. 89 Abs. 1), und über diese Mehrheit verfügt die Opposition nicht. Die oppositionellen Kräfte könnten bloß für die zum Rücktritt verpflichtende Verweigerung des Vertrauens ausreichen, da das Vertrauen mit der absoluten Mehrheit der Anwesenden ausgesprochen wird (Art. 112 Abs. 1). Dann aber müßte die Regierung die Vertrauensfrage stellen und zumindest ein Teil der sozialistischen Abgeordneten der Abstimmung fernbleiben oder sich der Stimme enthalten. Diesen Gefallen werden wiederum die Sozialisten den Demokraten nicht erweisen, es sei denn, daß es zu einer Spaltung innerhalb der Exkommunisten kommt. In diesem Falle wäre auch ein Rücktritt der Regierung aus eigenem Antrieb denkbar, der über die Schwierigkeiten bei der Bildung einer neuen Regierung zu Parlamentsauflösung und Neuwahlen führen könnte.

Demokratisch finster war die Lage von Anfang an in Rumänien, wo sich nach dem blutigen Umsturz vom Dezember 1989 im Grund keine politische Systemwende ereignete. Sieben Jahre lang herrschte hier eine von Staatspräsident *Ion Iliescu* angeführte postkommunistische Clique. *Iliescu* selbst wurde zweimal (Mai 1990, Oktober 1992) in direkter Volkswahl zum Staatspräsidenten bestellt. Anläßlich der gleichzeitig durchgeführten Parlamentswahlen vermochte seine „Front der Nationalen Rettung“ zwar nur 1990 eine Zwei-

Drittel-Mehrheit zu erzielen, aber auch 1992 votierten 46% der rumänischen Wähler für undemokratische Parteien. So bildete die durch Abspaltungen geschwächte und im Juli 1993 in „Partei der Sozialdemokratie Rumäniens" umbenannte, postkommunistische *Iliescu*-Mannschaft mit drei eindeutig antidemokratisch-chauvinistischen Parteien ein Regierungsbündnis: der in Siebenbürgen wirkenden, rechtsextremistisch-antiungarischen „Partei der Rumänischen Nationalen Einheit", der diese im Altreich ergänzenden „Großrumänischen Partei" und der in personeller Kontinuität zum *Ceaușescu*-Regime stehenden „Sozialistischen Arbeiterpartei". Die demokratischen rumänischen Parteien mußten sich 1990 mit knapp 20% und 1992 mit 33% der Stimmen begnügen, während die demokratische Partei der ungarischen Volksgruppe mit einem Wählerpotential um 7,5% in der sich verschärfenden nationalistischen Gesamtatmosphäre zunehmend in die Isolation geriet. Die rückständige politische Kultur ließ also nicht viel erhoffen. Um so größer und erfreulicher war dann die Überraschung bei den Präsidentschafts- und Parlamentswahlen vom November 1996: Der demokratische Präsidentschaftskandidat, *E. Constantinescu*, setzte sich in der Stichwahl mit 54,4% gegenüber *Iliescu* durch,[62] und im Parlament vermochten die demokratischen rumänischen Parteien 51,7% der Sitze zu erobern, denen nunmehr auch die 7,4% ungarischen Mandate zugerechnet werden können, während der Mandatsanteil der undemokratischen Fraktionen auf 37,9% zurückfiel.[63] In die aus Parteien der „Demokratischen Konvention" und der „Sozialdemokratischen Union" gebildete Regierungskoalition ist auch der „Demokratische Verband der Ungarn" einbezogen worden, so daß nach sieben Jahren endlich nicht nur die demokratische Wende eingetreten ist, sondern auch auf eine Bereinigung der Minderheitenprobleme in einem rechtsstaatlich-demokratischen Geiste gehofft werden kann.

Die größten Sorgen bereitet gegenwärtig die Slowakei. Seitdem sie sich vom tschechoslowakischen Bundesstaat gelöst und den Weg der nationalen

[62] Auch 1992 kamen *Iliescu* und *Constantinescu* in die Stichwahl, doch damals unterlag der Demokrat (38,6%) dem Postkommunisten (61,4%) eindeutig.

[63] Dies ist vor allem auf die Verluste der Postkommunisten, deren Mandatsanteil von 34,3% auf 27,2% zurückgegangen ist, sowie darauf zurückzuführen, daß die stalinistische „Sozialistische Arbeiterpartei" an der 3-%-Sperrklausel gescheitert ist. Demgegenüber hat sich der Mandatsanteil der beiden rechtsextremistischen Parteien von 13,6% nur auf 10,7% verringert, wobei die Partei der Rumänischen Nationalen Einheit erhebliche Einbußen hinnehmen mußte (9,1%, 1%), während sich die Großrumänische Partei geringfügig verbessern konnte (4,5%, 5,6%).

Unabhängigkeit eingeschlagen hatte, hat sich die Spaltung der Gesellschaft vertieft und die Neigung zu undemokratischen, nationalistischen Strömungen verstärkt. Während bei den Parlamentswahlen vom Juni 1992 45,2% die Wähler für politische Parteien votierten, die ein gestörtes Verhältnis zum demokratischen Rechtsstaat haben, hat sich der entsprechende Stimmenanteil im Herbst 1994 auf 50,5% erhöht. Die seit Dezember 1994 immer autoritärer regierende Dreierkoalition unter der Führung von *V. Mečiar* setzt sich aus der linksnationalistisch-populistischen „Bewegung für eine demokratische Slowakei", der linksradikalen „Slowakischen Arbeitervereinigung" und der rechtsextremistischen „Slowakischen Nationalpartei" zusammen und nähert sich somit tendenziell dem diffusen nationalbolschewistischen Phänomen, für das außerhalb von Ostmitteleuropa - nachdem man Rumänien von der „schwarzen Liste" streichen kann - Rußland und vor allem Serbien ein warnendes Beispiel geben. Leidtragende dieser Entwicklung sind hauptsächlich die Angehörigen der ungarischen Minderheit, die 10,8% der Gesamtbevölkerung ausmachen. Die demokratischen Parteien der „Ungarischen Koalition" verfügen zwar über 17 Sitze im 150-köpfigen Parlament, doch geraten sie zunehmend in die Isolation, da die demokratische slowakische Opposition (50 Mandate) sich scheut, für die Minderheitenrechte einzutreten, um nicht in den Geruch „antislowakischer" Gesinnung zu kommen. Wie in Bulgarien richten sich die rechtsstaatlichen Hoffnungen auf den - allerdings mit geringeren Kompetenzen ausgestatteten - Staatspräsidenten, *M. Kováč*, und das seit März 1993 tätige Verfassungsgericht, deren Lage indes immer schwieriger wird. In jüngster Zeit hat die Slowakei wegen ihrer rechtsstaatswidrigen Entwicklung und restriktiven Minderheitenpolitik von westlicher Seite viel Kritik erfahren, aber sie ist ohne nennenswerte Wirkung geblieben.

III. Aufnahmebereitschaft

Auf dem Kopenhagener Gipfel vom Juni 1993 ist unter den Voraussetzungen für die Osterweiterung der EU erstmals die Erweiterungsfähigkeit der EU und damit ein Kriterium genannt worden, auf das die osteuropäischen Staaten keinen Einfluß zu nehmen vermögen. Seither hat sich die Aufnahmefähigkeit der EU im Vergleich zur Beitrittsfähigkeit der Assoziationsländer zunehmend als das größere Problem erwiesen. Daß die einzelnen osteuropäischen Länder mit Schwierigkeiten und in unterschiedlichem Tempo, letztlich aber erfolgreich dabei sind, die Beitrittsvoraussetzungen zu erfüllen, ist dargelegt worden. Wie sieht es aber auf der westlichen Seite aus? Die objektiven Probleme sind bekannt:[64] Es müßten tiefgreifende institutionelle Reformen durchgeführt werden; um die finanziellen Belastungen in tragbaren Grenzen zu halten, müßte das System der Zahlungen aus den Strukturfonds geändert werden; schließlich und vor allem müßte die Agrarpolitik reformiert werden, damit es einen finanzierbaren Binnenmarkt für Agrarprodukte geben kann. Über diese Seite der Integrationsmedaille berichtet Herr Kollege *Pechstein* in diesem Band.

An dieser Stelle soll etwas anderes angesprochen werden, wovon in der Reformdiskussion meist keine Rede ist. Es handelt sich um die Aufnahmebereitschaft der Westeuropäer, die der Aufnahmefähigkeit der EU logisch vorausgeht. Denn die objektiven Probleme sind ohne Zweifel schwierig, aber auch lösbar, wenn nur ein politischer Wille hierzu vorhanden ist. Der politische Wille wiederum kann nur aus der geistig-sittlichen Gesamtverfassung westlicher Wohlstandsgesellschaften erwachsen. Diese scheint mir durch folgende Merkmale gekennzeichnet zu sein:

An erster Stelle steht das unbändige Wohlstandsstreben. Der erreichte und in der Geschichte der Menschheit einmalige Lebensstandard darf auf keinen Fall absinken und soll nach Möglichkeit permanent erhöht werden. Mit dieser Grundeinstellung ist das freiwillige Geben vereinbar, wie es die durchaus vorhandene, wenn auch zur Zeit rückläufige Spendenbereitschaft in der Bevölkerung und die durchaus beachtlichen, wenn auch vielleicht nicht den Erwartungen entsprechenden finanziellen Hilfen an Osteuropa auf der staatlichen Ebene beweisen. Nicht vereinbar hiermit ist aber offenbar die Bereitschaft zu strukturellen Wohlstandsminderungen, die auf der Nehmerseite zu einer institutionalisierten Teilhabe führen würden. Das westliche Verhalten beim Abschluß der Europa-Abkommen hat dies deutlich gezeigt. In Randbereichen war man durchaus wohlwollend und entgegenkommend, dort aber, wo es um Besitzstände ging, wurde protektionistisch gemauert: In den „sensiblen Bereichen" wurde die als Entgegenkommmen gedachte Asymmetrie zugunsten des Westens begradigt, und im Agrarbereich wurde diese Korrektur am Grundkonzept sogar in unfairer Weise zum eigenen Profit genutzt; die westlichen „Arbeitsmärkte", die gar keine Märkte, sondern Sozialveranstaltungen sind,

---

[64] Vgl. zu den einzelnen Aspekten etwa W. Weidenfeld (Hrsg.), Reform der Europäischen Union. Materialien zur Revision des Maastrichter Vertrages 1996, 1995; *M. Pechstein*, Osterweiterung und Zukunftsperspektiven der Europäischen Union, ZfRV 1996, S. 108 ff; „Osterweiterung der EU: Finanzierung erfordert Reformen", DIW-Wochenbericht Nr. 49/96.

wurden abgeschottet. Bauernverbände und Gewerkschaften haben sich als mächtiger erwiesen als die Bereitschaft zur Einräumung einer Chance an die Osteuropäer, sich im freien Wettbewerb duchzusetzen. In der laufenden Erweiterungsdebatte genießt die Kostenfrage einen hohen Stellenwert, und namentlich die Südländer und Irland zeigen wenig Neigung, den Platz an den Fleischtöpfen der Strukturfonds mit anderen zu teilen.

Zweitens sind westliche Wohlstandsgesellschaften durch ein nicht minder ausgeprägtes Sicherheitsstreben gekennzeichnet. Nicht nur daß der fünfzigjährige Friede in Westeuropa um jeden Preis gewahrt werden muß, auch nur geringe Risiken im Außenbereich müssen tunlichst vermieden werden. Besonders deutlich zeigt sich dies in der aktuellen Debatte um die Osterweiterung der NATO. Sogar der Wunsch der ostmitteleuropäischen Staaten nach einer NATO-Mitgliedschaft wird zögerlich behandelt, obwohl diese Staaten bei realistischer Betrachtungsweise gar nicht gefährdet sind und ihre Aufnahme folglich kaum mit einem Risiko verbunden wäre. Eine NATO-Mitgliedschaft der baltischen Staaten, deren Sicherheit im Hinblick auf die strukturelle Unberechenbarkeit russischen Großmachtstrebens zwar nicht akut, aber latent gefährdet ist, wird ernsthaft nicht mehr in Erwägung gezogen. Vollends ausgeklammert wird aus der Diskussion die schonendere und das baltische Sicherheitsbedürfnis ebenfalls befriedigende Lösung einer NATO-Sicherheitsgarantie. In unserem Zusammenhang ist das westliche Sicherheitsstreben insofern relevant, als die Westeuropäische Union in Art. J.4 Abs. 2 des EU-Vertrages als ein „integraler Bestandteil der Europäischen Union“ bezeichnet wird, womit die WEU-Mitgliedschaft der osteuropäischen Assoziationsländer nach vollzogenem EU-Beitritt aufgeworfen ist. Die westlichen Zögerlichkeiten sind auch bei der Beantwortung dieser Frage bemerkenswert. Außenminister *Kinkel* erklärte unlängst, daß an eine Vollmitgliedschaft in der WEU erst nach dem Beitritt zur EU und zur NATO zu denken sei.[65] Der eigentliche Grund für das dilatorische Verhalten des Westens liegt in seiner traditionellen Angst vor Rußland und namentlich dessen Atomwaffen. Dies wird freilich nicht offen gesagt. Hervorgehoben wird die Wichtigkeit der partnerschaftlichen Beziehungen zu Rußland, deren Pflege im Interesse aller liege. Hingewiesen wird auf die besonderen Sicherheitsinteressen Rußlands, die geachtet werden müßten. Die Widersinnigkeit der damit implizierten Behauptung einer

[65] Bulletin des Presse- und Informationsamtes der Bundesregierung Nr. 68 v. 3.9.1996, S. 739.

Möglichkeit, daß Rußland von der NATO oder etwa Estland angegriffen werden könnte, wird gar nicht bemerkt.

Darin äußert sich bereits das dritte Charakteristikum westlicher Politik: Realitätsblindheit und Kurzatmigkeit. Dies kommt freilich nicht von ungefähr, sondern ist durch die Eigenarten demokratischer Gesellschaften strukturell bedingt. Demokratische Politiker trachten danach, unpopuläre Entscheidungen zu vermeiden. Oder genauer gesagt: Demokratische Regierungen sind zu unpopulären Entscheidungen nur bereit, wenn die Öffentlichkeit hinlänglich auf diese vorbereitet ist und sie auf die Solidarität der Opposition rechnen können. Diese Voraussetzungen pflegen sich erst in der äußersten Not einzustellen. Bevor diese schwer bestimmbare Grenze erreicht ist, neigen die die öffentliche Meinung formenden Medien - bis auf die in einer pluralistischen Medienlandschaft immer anzutreffenden seriösen Ausnahmen - dazu, ihre Hauptaufgabe in der Kritik der jeweiligen Regierung und der Steigerung der Auflageziffern und Einschaltquoten nach dem Motto „best news are bad news" zu sehen. Um auf die westliche Sicherheitspolitik gegenüber Rußland zurückzukommen, führt diese gesellschaftliche Bedingtheit dazu, daß zwei Dinge konsequent übersehen werden, weil ihr öffentlicher Ausspruch Irritationen hervorrufen würde und deshalb unpopulär wäre: Die politischen Vorgänge in Rußland sind vom Westen her nicht zu beeinflussen; die politische Situation in Rußland bleibt auf absehbare Zeit aus strukturellen Gründen - d.h. es ist nur von sekundärer Bedeutung, ob *El'cin* oder *Zjuganov* russischer Staatspräsident ist - labil. Die Schlußfolgerung aus dieser Einsicht müßte lauten: Man hat sich darauf einzustellen, daß Rußland ein Unsicherheitsfaktor bleibt. Da aber diese Schlußfolgerung unangenehm wäre, wird sie nicht gezogen, obgleich das westliche Versagen an der historischen Epochenwende von 1989/90 gerade demonstriert hat, wozu Realitätsblindheit und Kurzatmigkeit führen können. Obgleich es für jeden mit der Region vertrauten vernünftigen Menschen klar war, daß die Vielvölkerstaaten der von Rußland beherrschten Sowjetunion und des von Serben dominierten Jugoslawiens an ihren Nationalitätenproblemen zerbrechen und untergehen müssen, hielt die westliche Politik in unrealistischer Weise bis zum letzten Augenblick an den kommunistischen Zentralgewalten in Moskau und Belgrad fest. Die fatale Verdrängung der Realitäten wurde im Falle der Sowjetunion vom Schicksal noch verziehen. Die dilettantischen Urheber des fehlgeschlagenen Putsches vom August 1991 sowie das mutige Auftreten des damals noch reformfreudigen russischen Präsidenten *El'cin* und der Moskauer Bevölkerung gegen die Kräfte des Totalitarismus haben den Westen davor bewahrt, an einem blutigen Bürgerkrieg mitschuldig zu werden. Es wäre aber zu viel gewesen, auf eine zweiten Gnadenakt des Schicksals zu hoffen. Die törichte Stützung einer nur mehr auf dem Papier existierenden jugoslawischen Zentralgewalt, die verwerfliche Geringschätzung des Selbstbestimmungsrechts des slowenischen und kroatischen Volkes und die verlogene Weigerung, serbische Aggressionen und Kriegsverbrechen rechtzeitig zur Kenntnis nehmen und verhindern zu wollen, haben dem Westen die Mitverantwortung für einen grausamen Bürgerkrieg mit Hunderttausenden von Toten und Verwundeten, Millionen von Vertriebenen und Flüchtlingen sowie mit verwüsteten Landstrichen auferlegt, doch war das noch nicht genug. Man leistete sogar Beihilfe zum Völkermord, indem durch die Aufrechterhaltung des Waffen-embargos gegenüber allen Gliedern des zerfallenden Jugoslawiens der überlegene Aggressor begünstigt und den schwächeren Opfern die Möglichkeit genommen wurde, sich angemessen zu verteidigen, und durch die Stationierung der UNPROFOR-Truppen (die gar nicht erst den Versuch unternahmen, ihren eigentlichen Auftrag zu erfüllen) an den Grenzen der von den Serben besetzten „rosa Zonen“ Kroatiens dem Aggressor die Möglichkeit eingeräumt wurde, das Werk des „ethnische Säuberung“ genannten Völkermords zu vollenden. Westeuropa ließ sich durch diese Ereignisse nicht beeindrucken, und hielt an seinem im 20. Jahrhundert immer praktizierten Verhaltensmuster des „appeasement“ fest. Erst das militärische Eingreifen der Amerikaner im September 1995 vermochte dem Morden ein - trotz aller zuvor genüßlich gemalten Katastrophenszenarios schnelles - Ende zu bereiten.

Mit diesen moralisierenden Ausführungen gerät das vierte Merkmal westlicher Demokratien ins Visier: die sittlichen Verdrängungsmechanismen. Zumindest in Anbetracht des moralischen Versagens in Jugoslawien müßte in der westlichen Öffentlichkeit so etwas wie ein Schuldbewußtsein aufkommen. Doch davon ist nichts zu merken. Erstaunlich ist dies indes nur, wenn man den jugoslawischen Vorgang isoliert, gleichsam in einem Reagenzglas reiner Sittlichkeit betrachtet. Tatsächlich sind auch hier die gleichen Verdrängungsmechanismen am Werk, die das gesamte 20. Jahrhundert durchziehen und die westlichen Gesellschaften daran hindern, ihre sittliche Verantwortung für Osteuropa aus vorangegangenem Tun zu erkennen. Es sollen deshalb die westlichen Beiträge zur gegenwärtigen Misere in Osteuropa kurz ins Gedächtnis gerufen werden: die politisch törichten und moralisch verwerflichen Fehlentscheidungen bei der Neugestaltung der politischen Landkarte in den Pariser Vororten nach dem Ersten Weltkrieg schufen künstlich Nationalitätenstaaten und Minderheiten und haben damit vermeidbare - es gibt auch unvermeidbare - Minderheitenprobleme hervorgerufen, die Osteuropa auch heute plagen; diese Fehlentscheidungen wurden nach dem Zweiten Weltkrieg erneut bestätigt und sogar noch verschärft, indem auch die baltischen Völker der Fremdherrschaft preisgegeben wurden; zugleich wurden neben dem Baltikum auch Ostmitteleuropa und ein Teil von Südosteuropa dem sowjetrussischen Kommunismus ausgeliefert; die Freiheitsbestrebungen der unterdrückten Völker wurden verbal begrüßt, tatsächlich aber immer im Stich gelassen, wie es der Ostberliner Arbeiteraufstand vom 17. Juni 1953, die ungarische Revolution von 1956, der Prager Frühling von 1968 und die periodisch ausbrechenden politischen Unruhen in Polen bewiesen. Im Strafrecht pflegt man diesen Sachverhalt als Ingerenz zu bezeichnen, aus der sich sanktionsbewehrte Handlungspflichten ergeben.

Daß sittliche Werte westliche Politik allenfalls am Rande motivieren, zeigt auch die gegenwärtige Integrationspolitik. Probleme mit der Integration Osteuropas tauchen dort auf, wo wirtschaftliche (EU) und sicherheitspolitische (NATO; WEU) Interessen Westeuropas auf dem Spiel stehen. Dort, wo es nur um rechtsstaatlich-demokratische Grundwerte geht, tut man sich viel leichter. Der Europarat als die Gemeinschaft demokratischer Rechtsstaaten hat sich sehr schnell für Osteuropa geöffnet und kann zur Zeit bereits 16 ehemals kommunistisch beherrschte Mitglieder aufweisen. Die Geste wäre nobel gewesen, wenn sich unter den neuen Mitgliedern nicht auch Staaten befänden wie Rußland, Albanien, Rumänien, die Slowakei und vielleicht auch noch einige andere.

IV. Schluß

Es wäre unerfreulich, die Perspektiven der EU-Osterweiterung in Fortführung dieser Ausführungen zu würdigen. Aus der Sicht eines preußischen Generals würde sich die Lage als ernst, aber nicht hoffnungslos darstellen. Sein österreichischer Kollege würde allerdings erwidern: „Ah was, die Lage ist hoffnungslos - aber nicht ernst."

Immerhin gibt es auch positive Zeichen, wobei das größte Positivum ein Negativum ist: Es gibt keine Alternative zur europäischen Integration Osteuropas, wobei offenbleiben muß, wo die östlichen Grenzen Osteuropas verlaufen. Jedenfalls will niemand, daß sich an der Stelle des Eisernen Vorhangs ein neuer Zaun aufrichtet und Osteuropa in der Fremdheit versinkt. Wenn das aber nicht gewollt ist, so ist die Osterweiterung der Europäischen Union unvermeidlich. Und wenn sie kommen muß, dann wird sie auch kommen. Es fragt sich nur, wann. Der Zeitpunkt wird wahrscheinlich später als erhofft, aber hoffentlich nicht zu spät eintreten. Wäre der Westen gut beraten, so würde er den Prozeß der Osterweiterung - ohne Aufweichung der Beitrittskriterien - im eigenen Interesse beschleunigen. Denn die Probleme, die gegenwärtig unter dem Stichwort der „Erweiterungsfähigkeit“ diskutiert werden, sind nicht erst durch den Beitrittswunsch der Osteuropäer entstanden; sie sind endogener Natur. Die Europäische Union ist in ihrer gegenwärtigen institutionellen Verfassung schon jetzt kaum mehr funktionsfähig; die finanziellen Belastungen aus dem Agrarfonds und den Strukturfonds sind schon jetzt kaum mehr tragbar; und der Agrarwirtschaft würden marktwirtschaftliche Grundsätze auch nicht schaden. Insofern liegt im Problem der Osterweiterung auch eine Chance: Sie könnte von den Westeuropäern als Katalysator genutzt werden, um die eigenen Probleme zu lösen!

Die polnische Perspektive
Die Harmonisierung des öffentlichen Rechts in Polen

MIROSLAW WYRZYKOWSKI

Das sogenannte Europa-Abkommen ist ein Vertrag zwischen den Europäischen Gemeinschaften, deren Mitgliedstaaten und der Republik Polen zur Gründung einer Assoziation, die zugleich den Rechtsrahmen für die Integration Polens in die Europäische Union darstellt. Das Abkommen wurde am 16. Dezember 1991 geschlossen und trat nach den entsprechenden Ratifizierungen am 1. Februar 1994 in Kraft. Das Fernziel, dem sich die Vertragspartner durch die Realisierung des Abkommens nähern wollen, ist die Mitgliedschaft Polens in der Europäischen Union. Im letzten Teil der Präambel des Europa-Abkommens, dessen Verhandlungen für Polen am schwierigsten waren, wird festgestellt, daß der Assoziierungsvertrag von den Vertragsparteien in dem Bewußtsein geschlossen wird, daß Polen die Mitgliedschaft in der Europäischen Union anstrebt und daß die beschlossene Assoziation zur Verwirklichung dieses Zieles beitragen wird. Der Assoziierungsvertrag schafft ein Netz von wechselseitig verknüpften Voraussetzungen für die Realisierung dieses Zieles, nämlich der vollen Mitgliedschaft Polens in der Union. Auf verschiedenen Gebieten werden nach dem Abkommen bestimmte Bedingungen für eine Vollmitgliedschaft aufgestellt. Diese Bedingungen betreffen den politischen Dialog, die europäische Sicherheit, die Entwicklung der freien Marktwirtschaft und die Festigung der Demokratie sowie der Menschenrechte in Polen. Zunächst standen die Erfüllung der politischen Aspekte, nämlich die Schaffung demokratischer Verhältnisse und die Sicherung der Menschenrechte, im Vordergrund. Weitaus schwieriger sind demgegenüber die wirtschaftlichen Bedingungen zu erfüllen, an deren Erfüllung die Vollmitgliedschaft Polens in der Europäischen Union geknüpft ist. Zu der Erfüllung dieser wirtschaftlichen Bedingungen zählt auch die Anpassung des polnischen Rechtssystems an die in der Europäischen Union geltenden rechtlichen Erfordernisse. Diese Harmonisierung der Rechtskreise wird im folgenden Gegenstand meiner Ausführungen sein.

Die derart umfassende Anpassung eines nationalen Rechtskreises an ein supranationales Rechtssystem wie das der Europäischen Union stellt ein gewaltiges Vorhaben dar. Nicht ohne Grund ist für die Assoziation Polens deshalb eine Übergangszeit von zehn Jahren vorgesehen, die sich in zwei aufeinanderfolgenden Stufen von jeweils fünf Jahren gliedert. Die erste Stufe hat mit dem Inkrafttreten des Assoziierungsvertrages begonnen. Der Assoziationsrat prüft regelmäßig die Durchführung des Abkommens und die Fortschritte Polens bei der Einführung der Marktwirtschaft. Während der zwölf Monate vor Ablauf der ersten Stufe entscheidet der Assoziationsrat über den Übergang zu der zweiten Stufe und auch über etwaige Änderungen, die hinsichtlich der für die zweite Stufe vorgesehenen Durchführungsmaßnahmen zu treffen sind. Die in Artikel 6 des Abkommens bestimmten Fristen stellen aber nur Vorgabefristen dar und dienen der Willensbekundung der Vertragsparteien. Der Assoziationsrat wird vielmehr nach eigenem Ermessen über den Beginn der wichtigen zweiten Stufe, die die Bildung einer Freihandelszone beinhaltet, entscheiden. Der daher eher unverbindliche Charakter dieser Fristen bedeutet aber nicht, daß Polen bei der Umsetzung der Vorgaben, die aus dem Europa-Abkommen resultieren, in zeitlicher Hinsicht frei befinden könnte. Zwar liegt in den Verpflichtungen aus dem Abkommen eher eine Verpflichtung zu sorgfältigem Handeln als die Verpflichtung zur Erbringung eines Leistungserfolges. Dennoch wird durch einen detaillierten Zeitplan und die periodische Beurteilung der Resultate, die der Assoziierungsrat vornimmt, der Spielraum für die polnischen Staatsorgane festgelegt.

Der Assoziierungsvertrag verpflichtet Polen, sein Rechtssystem an die Gesetzgebung der Europäischen Gemeinschaften anzupassen. Hierin liegt eine notwendige, nicht aber bereits die hinreichende Bedingung für die volle Integration Polens in die Union. Nach der Präambel des Vertrages hängt die umfassende Verwirklichung der Assoziation von der tatsächlichen Vollendung der politischen, wirtschaftlichen und rechtlichen Reformen in Polen ab.

Der Prozeß der Anpassung der polnischen Gesetzgebung an die Erfordernisse des Europarechts vollzieht sich in einseitiger Richtung. Dem polnischen Gesetzgeber wird ein Muster vorgegeben, nach dessen Vorgaben das nationale Recht angepaßt werden soll. Danach ist die Rechtsangleichung zunächst im Hinblick auf das gesamte primäre und sekundäre Gemeinschaftsrecht vorzunehmen. Darüber hinaus soll das polnische Recht aber auch an Rechtsstandards angepaßt werden, die nur in einzelnen Mitgliedsstaaten der Europäischen Union gelten. Bei diesen Standards handelt es sich um typische Ausgestaltungen einzelner Rechtsgebiete, die vorbildhaft die Richtung der Rechtsvereinheitlichung innerhalb der Union bestimmen. Als Beispiel kann hier das Steuerrecht genannt werden, in dessen Bereich sich die Rechtsordnungen der Mitgliedstaaten zwar annähern, das aber bei weitem nicht umfassend vereinheitlicht ist. Polen ist also nicht nur zur Anpassung seines Rechtskreises an geltendes Gemeinschaftsrecht verpflichtet, sondern muß seine Rechtsordnung bereits an noch in der Entstehung befindliches Gemeinschaftsrecht angleichen. Dabei kann es keinerlei Einfluß auf die Ausgestaltung des entstehenden Rechts nehmen, da es noch nicht Mitglied der Europäischen Union ist.

Die Rechtsanpassung soll nach den folgenden, besonderen Maßgaben erfolgen. Ziel der Harmonisierung ist es, Hindernisse im Wirtschaftsverkehr zwischen den Vertragsparteien zu beseitigen und einen einheitlichen Regelungskomplex zu schaffen, der dem Wirtschaftsverkehr förderlich ist. Auf dem Wege zu dieser Rechtsharmonisierung verfügt der polnische Gesetzgeber hinsichtlich der Geschwindigkeit der Anpassung und den Anpassungsprioritäten eine relative Selbständigkeit. Zwar hat er nach allen Kräften dafür zu sorgen, daß die Rechtsharmonisierung auf dem schnellst möglichen Weg und in höchst möglichem Ausmaß erfolgt. Dieser Direktive kommt aber eher ein appellativer Charakter zu, als daß sie ein Instrument zur Beurteilung des Rechtsharmonisierungsniveaus darstellte.

Weiterhin soll der Rechtsanpassungsprozeß, der in Bezug auf die Bereiche, die die Funktionsmechanismen der Marktwirtschaft regeln, stattfindet, parallel zu den erforderlichen Rechtsänderungen in allen anderen Bereichen des öffentlichen Lebens erfolgen. Artikel 69 des Assoziierungsvertrags weist dabei auf vielerlei Rechtsgebiete hin, beispielsweise auf das Zollrecht, das Gesellschaftsrecht, das Bankrecht, das Recht der Rechnungslegung der Unternehmen, das Steuerrecht, das Recht über den Schutz des geistigen Eigentums, das Recht über den Schutz der Arbeitnehmer am Arbeitsplatz, Finanzdienstleistungsrecht, Wettbewerbsrecht etc. Damit trifft der Assoziierungsvertrag Prioritätsvorgaben, die den polnischen Gesetzgeber binden. Die gegenwärtigen Reformen, die im Rahmen der generellen Umwandlung des polnischen Rechtssystems durchgeführt werden, betreffen neben der mehrjährigen Arbeit an der neuen Verfassung aber auch Bereiche wie beispielsweise das Strafrecht, das Sozialversicherungsrecht, das Zivil- oder auch das Strafprozeßrecht. Obwohl es zunächst so erscheint, als handele es sich hierbei um Rechtsgebiete, die weit entfernt von den in Artikel 69 des Abkommens genannten, mit Vorrang bedachten Rechtsgebieten stehen, sind auch diese Reformen eine unerläßliche Voraussetzung dafür, das Fernziel des Europa-Abkommens zu erreichen. Auf diesen Gebieten braucht die Harmonisierung jedoch nicht so weitgehend betrieben zu werden. Es genügt hier vielmehr die Gewährleistung der Systemkompatibilität.

Die Anpassung des polnischen Rechtssystems an die Erfordernisse der Europäischen Union berührt unterschiedliche Problemkomplexe, wobei dem polnischen Parlament ein differenziertes Spektrum an Entscheidungsautonomie zusteht. In diesem Zusammenhang sind vier Problemkategorien zu nennen: Zum einen die eng umgrenzten Bereiche, hinsichtlich derer die Pflicht zur vollständigen Rechtsvereinheitlichung besteht, die nur im Wege der Übernahme des Gemeinschaftsrechts erfolgen kann. Als Beispiel kann hier die sogenannte Warennomenklatur genannt werden. In anderen Bereichen, wie beispielsweise bei dem in Artikel 66 Abs. 2 des Abkommens erwähnten geistigen Eigentums, läßt der Vertrag dagegen einen gewissen Entscheidungsspielraum, indem er nicht die Schaffung identischer, sondern lediglich mit den gemeinschaftlichen Regelungen vergleichbarer Schutzinstrumente verlangt. Die dritte Gruppe umfaßt das Wirtschaftsrecht im weiteren Sinne. Diesbezüglich ist Polen lediglich zur Annäherung seiner Vorschriften an das gegenwärtige und künftige EU-Recht verpflichtet, insbesondere im Hinblick auf die in Artikel 69 des Abkommens erwähnten Rechtsgebiete. Die letzte Gruppe stellen die organisatorischen Aktivitäten dar, zu denen sich Polen verpflichtet hat, wie beispielsweise die kulturelle Zusammenarbeit, die Bekämpfung des Drogenhandels oder die Geldwäsche.

Die Europäisierung des Rechtssystems, insbesondere im Bereich des öffentlichen Rechts, stellt einen Prozeß dar, der auf verschiedenen Rechtsebenen und in verschiedenen Formen verläuft. Im Folgenden soll der Versuch unternommen werden, Inhalt und Formen dieser Europäisierung des Rechts zu analysieren, um anschließend die Grenzen der Europäisierung und die auf ihrem Wege befindlichen Hindernisse aufzuzeigen.

Die Europäisierung des öffentlichen Rechts in den Staaten Westeuropas vollzieht sich auf drei Ebenen. Auf einer ersten Ebene findet seit Jahrzehnten ein Prozeß der gegenseitigen Beeinflussung durch den Austausch von Ideen, Konzeptionen und Lösungen statt, die das öffentliche Recht in seiner Dogmatik wie in seiner Anwendung betreffen. Auf einer zweiten Ebene beeinflußt das Europarecht die nationalen Rechtsordnungen der einzelnen Mitgliedsstaaten. Dieser Prozeß verläuft zum einen auf dem Wege der unmittelbaren Anwendung der Verordnungsgesetzgebung der Europäischen Gemeinschaft, zum anderen auf dem Wege der Anpassung der nationalen Rechtsordnungen an vorgegebene Normativziele, wie sie beispielsweise durch den Erlaß nationaler Gesetze zur Umsetzung europäischer Richtlinien erfolgt. Auf einer dritten Ebene wird das nationale öffentliche Recht durch normative Verpflichtungen aus dem Völkerrecht im allgemeinen beeinflußt, also solchen Verpflichtungen, die anderen internationalen Organisationen als den Europäischen Gemeinschaften entspringen. Gemeint sind hier vor allem normative Dokumente wie die Europäische Menschenrechtskonvention (EMRK) oder die Europäische Selbstverwaltungscharta, aber auch „weichere" Dokumente wie etwa die Kopenhagener Deklaration der OSZE über die Grundstandards der Demokratie und die Rechte und Freiheiten der Bürger. Was die EMRK anbelangt, handelt es sich nicht nur um die Normen der Konvention, sondern auch die an diese Normen anknüpfende Rechtsprechung des Europäischen Gerichtshofes für Menschenrechte.

Die Prozesse auf den drei genannten Ebenen beeinflussen in unterschiedlicher Weise auch den Prozeß der Europäisierung des polnischen öffentlichen Rechts. Dabei spielt im Falle Polens, solange dieses Land kein Mitglied der Euopäischen Union ist, die unmittelbare Anwendung und Durchsetzung vom Verordnungen der Europäischen Gemeinschaft natürlich keine Rolle. Das Europarecht übt jedoch unter zwei Gesichtspunkten Einfluß auf die polnische Rechtsordnung aus. Direkte Auswirkungen zeitigen die Verpflichtungen, die für Polen aus den Bestimmungen des Europa-Abkommens erwachsen. Einen mittelbaren Einfluß nimmt das bestehende Europarecht als Orientierungsmaßstab auf die Gestaltung des zukünftigen polnischen Rechts, das im Hinblick auf die angestrebte Vollmitgliedschaft Polens in der Europäischen Union möglichst europakonform ergehen soll.

Der Assoziierungsvertrag enthält neben Vorschriften von eher politischem Charakter, wie beispielsweise den Artikeln 2 bis 5 über den politischen Dialog, Normierungen, die für den polnischen Staat Rechtspflichten begründen. Dazu gehören die Bestimmungen über den freien Verkehr von Waren, Dienstleistungen und Kapital sowie über die Niederlassungsfreiheit, die Wettbewerbsbestimmungen und die Bestimmungen über die Zusammenarbeit auf dem Gebiet der Wirtschaft, Kultur und der Finanzen. Die Artikel 68 bis 70 des Abkommens haben die Angleichung der geltenden sowie der zukünftigen polnischen Rechtsvorschriften an die Gesetzgebung der Europäischen Union zum Gegenstand. Danach besteht für Polen die Verpflichtung, alle Anstrengungen zu unternehmen, die die Vereinbarkeit der polnischen Gesetzgebung mit der Gesetzgebung der Union erforderlich macht. Der Assoziierungsvertrag regelt verbindlich diese einseitige Modifizierung des polnischen Rechtskreises und engt den Spielraum des polnischen Gesetzgebers zur materiellen Gesetzgebung spürbar ein. Darüber hinaus ist der polnische Gesetzgeber den in dem Vertrag vorgesehenen Verfahren und strengen Kontrollen unterworfen. Die vorgesehen Frist von 10 Jahren, in der die Rechtsangleichung erfolgen soll, kann bei entsprechender Vereinbarung zwischen den Vertragsparteien flexibel gehandhabt werden. Vor diesem Hintergrund wird der polnische Gesetzgeber von der Möglichkeit des Erlasses von Übergangsvorschriften als nützlichem Instrument der Gesetzgebungstechnik verstärkt Gebrauch machen. Die weite Anwendung von Übergangsregelungen empfiehlt sich deshalb, weil sie die für die polnische Bevölkerung nachteiligen Auswirkungen der Rechtsharmonisierung - beispielsweise im Bereich der wohlerworbenen Rechte oder Anpassung technischer Normen - zu mildern hilft. Nach dem Prinzip der schonenden Verbindung des Nötigen mit dem Möglichen wird dadurch für jeden Einzelnen auf seinem Gebiet das für die Rechtsharmonisierung zu erbringende Opfer weniger spürbar.

Um in Einzelbereichen die drohende, von polnischer Seite aus nicht ausräumbare Inkompatibilität der Rechtskreise zu vermeiden, bleibt als Möglichkeit eine Modifikation auf Zeit der europäischen Standards zugunsten des Beitrittskandidaten. Dieser Gnadenweg sollte aber nur eingeschlagen werden, um einen wegen punktueller Schwierigkeiten drohenden völligen Abbruch der Rechtsangleichung abzuwehren.

Ein häufig gewähltes Mittel zur Harmonisierung zweier Rechtskreise stellt die Rezeption von Gesetzgebung und Rechtslehre des einen Rechtssystems durch das sich anpassende Rechtssystem dar. Es handelt sich hierbei um die einseitige Übernahme ganzer Rechtskomplexe, die sich hinsichtlich ihrer Bestandsfähigkeit, Effizienz und Angemessenheit bewährt haben. Das übernommene fremde Recht wird dabei seinerseits - soweit dies erforderlich ist - einer Anpassung an die spezifischen nationalen Gegebenheiten unterzogen. Nach der politischen Wende in den Staaten Osteuropas fand eine Rezeption fremden Rechts statt, die in ihrem Ausmaß in der Rechtsgeschichte als selten bezeichnet werden kann. Diese Rezeption erstreckte sich nicht nur auf die Rechtsgebiete, die, wie das Privatrecht oder andere Rechtszweige mit politisch neutralem Charakter, traditionell Gegenstände der Rechtsrezeption sind. Vielmehr zeichnete sich diese Rezeptionswelle durch die massive Übernahmen des öffentlichen Rechts aus, wobei insbesondere das Verfassungsrecht Gegenstand der Rezeption wurde.

In diesem Zusammenhang erwähnenswert ist die Form, in welcher die Angleichung des polnischen Wettbewerbsrechts an das Wettbewerbsrecht der Europäischen Gemeinschaft stattfindet. Da das Europarecht über keine normative Regelung des Monopolverbotes verfügt, scheidet die klassische Rezeption des europäischen Kartellrechts durch Polen als Mittel der Rechtsharmonisierung aus. Die Angleichung der Rechtskonzeptionen wird im Falle des Kartellrechts aber über die Rechtsprechung des polnischen Kartellgerichts sowie die Entscheidungen des polnischen Kartellamtes erreicht. An diesem Beispiel zeigt sich, daß bei der Harmonisierung der Rechtssysteme die schöpferische Auslegung des eigenen Rechts unter Berücksichtigung der spezifischen nationalen rechtlichen, wirtschaftlichen und kulturellen Gegebenheiten zu vergleichbaren oder gar besseren Ergebnissen führen kann, als die bloße Rechtsrezeption.

Bei der Umgestaltung der ost- und mitteleuropäischen Staaten dienen in besonders intensivem Ausmaß die verfassungsrechtlichen Konstruktionen und - in geringerem Ausmaß - auch die Verfassungspraxis der westeuropäischen Demokratien als Vorbild. Seit vier Jahren ist eine massive Rezeption öffentlichen Rechts in den ehemaligen Staaten des Ostblocks zu beobachten. Dabei bedienen sich die Gesetzgeber aller bekannten Rezeptionstechniken, um fremde Normen, Rechtsinstitutionen oder Verfahren zu übernehmen. Charakteristisch für diesen Vorgang ist zum einen das bis dahin nicht gekannte Ausmaß einer Rezeption, zum anderen die Tatsache, daß das öffentliche Recht Gegenstand der Rezeption ist. Letzteres ist insoweit bemerkenswert, als das öffentliche Recht von Eigenschaften geprägt ist, die einer Rechtsrezeption eher entgegenstehen, als diese zu begünstigen. Zu diesen Eigenschaften des öffentlichen Rechts zählen insbesondere die folgenden Wesensmerkmale: Die starke politische Prägung dieses Rechtsgebietes, der Einfluß geschichtlicher, moralischer und emotionaler Momente auf das Verhalten der Träger von Staatsfunktionen, der große Gestaltungsspielraum des Gesetzgebers bei der Regelung der sozialen, politischen und wirtschaftlichen Verhältnisse, die Tendenz zur Flucht in weitreichende Delegations- oder Generalklauseln sowie die Schwierigkeit, die geschriebenen und ungeschriebenen Rechtsquellen des öffentlichen Rechts zu erkennen.

Die Rezeption fremden Rechts ist ein sozialer Prozess, in welchem rechtliche Vorstellungen, Ideen und Ideale inhaltlich übernommen werden. Das fremde Recht dient in seinem sozialen Zusammenhang als Muster und Modell für die Regelung der eigenen Verhältnisse. Die Rezeption fremden Rechts als eine Form schöpferischer Auswertung der Erfahrungen und der Errungenschaften fremder Rechtssysteme hat es in allen Entwicklungsstadien der im Staat organisierten Menschheit gegeben. Die im Laufe der Geschichte beobachteten Ursachen und Umstände der Rezeption finden sich auch in den heutigen Vorgängen in Ost- und Mitteleuropa wieder. Dort findet zur Zeit eine freiwillige Rezeption statt, die auf der Entscheidung der politisch legitimierten Staatsorgane beruht. Die Umstände dieser Rezeption bestätigen die These, daß Rechtssysteme, die auf vergleichbaren politischen und ideologischen Voraussetzungen beruhen, sich notwendigerweise annähern werden. Sie bestätigen ferner die These, daß wirtschaftliche, soziale und politische Rückständigkeit die Rezeption fremden Rechts fördert. Der rezipierende Staat versucht, neue Wege für eine rasche Entwicklung zu öffnen. Fraglich bleibt dabei aber immer, ob der rezipierende Staat in seinen wirtschaftlichen und sozialen Verhältnissen die notwendigen Voraussetzungen für eine effektive Rezeption bietet. Als neuartig bei dem Prozeß der Rechtsrezeption durch die Staaten Mittel- und Osteuropas erweist sich jedoch die Tatsache, daß ein dort vorherrschendes politisches, ideologisches und verfassungsrechtliches Vakuum für den Rezeptionsbedarf mitursächlich geworden ist. Denn dieses Vakuum verlangte nach schnellen und vollständigen politischen und verfassungsrechtlichen Entscheidungen. Es stellt sich die Frage, wie die in den Staaten Mittel- und Osteuropas stattfindende Rezeption des westeuropäischen Rechts bewertet werden muß: Handelt es sich um einen Vorgang, der sich innerhalb desselben Kulturkreises abspielt, oder um einen Vorgang, der sich zwischen verschiedenen Gesellschaften aus verschiedenen Kulturen und Rechtskreisen abspielt. Zweifellos sind in den Rechtskreisen der mittel- und osteuropäischen Staaten verschiedene Elemente des französischen, österreichischen und deutschen Rechts, insbesondere auf dem Gebiet des Privatrechts, enthalten. In den letzten 50 Jahren wurde in den osteuropäischen Staaten jedoch ein spezifisches Rechtssystemmodell, die sogenannte sozialistische Rechtsordnung, aufgebaut. Trotz der - in unterschiedlicher Intensität - fortgeführten Kommunikation mit dem Westen und dem heutigen Bekenntnis der rezipierenden Staaten zum allgemeinen europäischen Kulturerbe, begründet diese sozialistische Geschichte die ernsthafte Gefahr einer Abschwächung der Rezeptionswirkung bzw. die Gefahr der bloßen Formal- oder Scheinrezeption. Der Rezeption des öffentlichen Rechts sind also bestimmte Grenzen gesetzt, die einerseits in der nationalen Tradition, andererseits in den spezifischen politischen, sozialen, wirtschaftlichen und psychischen Verhältnissen des jeweiligen Staates wurzeln.

Die europäische Integration übt Einfluß auf die verfassungsrechtliche Regelung der Wirtschaftsordnung aus. Seit sieben Jahren, also seit den Entscheidungen, die Systemänderungen in Polen eingeleitet haben, befindet sich eine neue polnische Verfassung in der Entwicklung. Der Staat, der den Prozeß politischer und wirtschaftlicher Wandlungen in Mittel- und Osteuropa eingeleitet hat, nämlich Polen, hat sich bis heute noch keine neue Verfassung gegeben. Der heutigen Verfassungsordnung liegen drei verfassungsrechtliche Dokumente zugrunde. Es handelt sich dabei um Teile der Verfassung von 1952, die 1989 grundsätzliche Änderungen erfahren haben und die bürgerlichen Rechte und Freiheiten kodifiziert. Daneben regelt die sogenannte „Kleine Verfassung", ein Verfassungsgesetz von 1992, das Verhältnis zwischen Legislative, Exekutive und regionaler Selbstverwaltung. Schließlich wurde ein Verfassungsgesetz von 1992 über das Verfahren zur Vorbereitung und Beschließung der Verfassung erlassen. Die Arbeiten an der neuen Verfassung begannen 1990 und werden voraussichtlich mit der Verabschiedung der neuen Verfassung der Republik Polen durch die Nationalversammlung in der ersten Hälfte des Jahres 1997 enden. Die durch die Nationalversammlung verabschiedete Verfassung muß in einer Abstimmung vom Volk angenommen werden, um Rechtskraft zu erlangen.

Von besonderer Bedeutung im Zusammenhang mit der Verfassungsgebung sind die Regelungen der Wirtschaft, die die Kompatibilität der Verfassung mit den Standards der Europäischen Union gewährleisten sollen. Hier müssen zwei Fragenkomplexe unterschieden werden. Der erste ist die Frage nach der geltenden Form des Wirtschaftsverfassungsrechts. Regelungen bezüglich der Wirtschaftsordnung wurden durch das Parlament im Dezember 1989 in Form von zwei verfassungsrechtlichen Grundsatzvorschriften erlassen. Diese Grundsatzvorschriften beinhalten zum einen die Regelung des Eigentums, dessen Schutz sowie das Erbrecht, zum anderen die Regelung der Gewerbefreiheit. Sowohl die Rechtslehre als auch die Rechtssprechung - und insbesondere die Rechtsprechung des Verfassungsgerichts - sind sich darüber einig, daß die Vorschriften bezüglich der Gewerbefreiheit und der Eigentumsgarantie die Grundlage des Wirtschaftssystems darstellen. Diese Grundlage entspricht den Standards, die in der Europäischen Union Geltung beanspruchen, und ist Ausdruck eines modernen Wirtschaftsverständnisses als Antwort auf die jüngste Vergangenheit des Landes. Mit diesen beiden verfassungsrechtlichen Grundsatzvorschriften wurde die Richtung der Entwicklung des Wirtschaftssystems festgelegt. Der normative Wert und die Wirksamkeit dieser Regelungen ist unbestritten. Beweis hierfür ist schon die Tatsache, daß alle ernstzunehmenden Verfassungsentwürfe, die der

Verfassungskommission der Nationalversammlung vorgelegt wurden, und auch die Beschlüsse der Verfassungsnovelle von 1989, die die Wirtschaftsgrundlagen betreffen, einen diesen Regelungen entsprechenden Inhalt aufweisen. Damit sind die beiden erwähnten Verfassungsgrundsätze - Eigentumsgarantie und Gewerbefreiheit - nach allen Auffassungen zu dauerhaften Bestandteilen der verfassungsrechtlichen Grundlagen der polnischen Marktwirtschaft geworden.

Bis zum Inkrafttreten der neuen Verfassung Polens erfüllt der Assoziierungsvertrag seit seinem Inkrafttreten gewissermaßen die Funktion einer polnischen Wirtschaftsverfassung. Denn die Rechtsstandards der Europäischen Union stellen den Beurteilungsmaßstab sowohl für einzelne gesetzgeberische Lösungen in Wirtschaftsfragen, als auch für das gesamte wirtschaftsrechtliche Gesetzgebungsprogramm von Regierung und Parlament dar.

Eine Vorschrift der neuen Verfassung wird vorsehen, daß die Grundlage der Wirtschaftsverfassung der Republik Polen die soziale Marktwirtschaft bildet, die auf der Gewerbefreiheit, dem privaten Eigentum und der Solidarität, dem Dialog und der Zusammenarbeit der sozialen Partner beruht. Darüber hinaus wird die neu verabschiedete Verfassung Vorschriften zur Regelung der öffentlichen Finanzen beinhalten. Unter dem Gesichtspunkt der für den Integrationsprozeß erforderlichen Kompatibilität des polnischen Rechtskreises mit dem der Europäischen Union ist die Bestimmung der Höhe der öffentlichen Verschuldung erwähnenswert. Danach ist die Aufnahme von Darlehen bzw. Gewährung von Garantien oder Bürgschaften verboten, wenn diese zu einer öffentliche Verschuldung führt, die 3/5 des Bruttoinlandsproduktes überschreitet. Ein entsprechendes Gesetz wird die Berechnungsweise des Bruttoinlandsproduktes und der öffentlichen Verschuldung festlegen. Erwähnenswert als weiteres bedeutsames Mittel zur Anpassung Polens an europäische Vorgaben ist das Verbot einer Deckung des öffentlichen Defizits durch Aufnahme von Verbindlichkeiten bei der Zentralbank. Weiterhin wird die neue Verfassung die Unabhängigkeit der Zentralbank von Parlament und Regierung bestimmen. Der Zentralbank wird das ausschließliche Recht zur Geldemission und zur Festlegung und Durchführung der Geldpolitik zukommen.

Die ungarische Perspektive

Die Rolle des ungarischen Verfassungsgerichts im Stabilisierungsprozeß der jungen Demokratie

LÁZLÓ SÓLYOM

I. Einleitung

Die Konferenz von Kopenhagen hat den Beitritt der mittel- und osteuropäischen Länder zur Europäischen Union unter besondere Bedingungen gestellt, wonach der Stand der politischen und wirtschaftlichen Reformen sowie der Grad der allgemeinen Stabilität der Beitrittskandidaten für eine Aufnahme ausschlaggebend sein werden. Ungarn ist sich über die grundlegende Bedeutung von Stabilität für den Systemwechsel von Anfang an im Klaren gewesen. Ohne Stabilität ist eine erfolgreiche Demokratisierung des Landes ebenso wenig denkbar, wie ein positives internationales Ansehen Ungarns oder die realistische Aussicht auf eine umfassende Integration in den europäischen Verbund. Vor dem Hintergrund dieser Erkenntnis unternahm die erste demokratisch gewählte Regierung Ungarns große politische und wirtschaftliche Anstrengungen, um die erforderliche Stabilität zu gewährleisten. Schon die Tatsache, daß Ungarn der einzige Staat in der Region ist, in dem die erste demokratische Legislaturperiode ohne Regierungskrise und Neuwahlen zu Ende ging, beweist, daß diese Anstrengungen erfolgreich waren. Das Streben nach Stabilität bezog sich dabei zum einen auf die neuen demokratischen Institutionen, die im Wege der Verfassungsgebung eingerichtet worden waren. Zum anderen bezog sich das Streben nach Stabilität auf die Leistungsfähigkeit der Wirtschaft, um die Zahlungsfähigkeit des Staates, auch im Hinblick auf die Auslandsverschuldung, zu erhalten.

Wenn man von Stabilität spricht, muß zunächst festgehalten werden, daß diese zwei Seiten aufweist, nämlich eine äußere, institutionelle Seite, die den Rahmen für ein stabiles Staatswesen bildet und Stabilität ermöglicht, und eine innere Seite, die gleichsam die inhaltliche Ausfüllung dieses Rahmens, also die tatsächlich bestehende Stabilität eines Staatswesens, darstellt.

Die äußere Stabilität ist Voraussetzung für die Schaffung eines neuen demokratischen Staatswesens. Die alten Institutionen des Sozialismus mußten durch ein demokratisches System abgelöst werden. Hierfür konnte der Rahmen durch die umfassende, neue Verfassungsgebung geschaffen werden. Die Wirtschaft hingegen konnte nur schrittweise umgestaltet werden. Glücklicherweise wurde dieser Änderungsprozeß schon vor dem Systemwechsel eingeleitet. Bis sich jedoch die Denk- und Verhaltensweisen des ganzen Volkes wandeln, wird noch einige Zeit vergehen.

Die Schaffung demokratischer Institutionen garantiert jedoch nicht die tatsächliche Umsetzung einer demokratischen Gesellschaftsordnung in der Verfassungswirklichkeit. Innere Stabilität entsteht erst durch die Verinnerlichung und die Verwurzelung der verfassungsmäßigen Werte. Dabei ist der Bestand eines Rechtsstaates immer von der Verfassungswirklichkeit abhängig. Fraglich ist, anhand welcher Kriterien diese Art der Stabilität beurteilt werden kann. In jedem Fall sind die politischen Rahmenbedingungen ein wichtiger Gesichtspunkt, wobei Skandale und Krisen in diesem Zusammenhang weder über- noch unterbewertet werden dürfen. Das Ungarische Verfassungsgericht beschrieb die Rechtsstaatlichkeit wie folgt: „Die Erklärung Ungarns zum Rechtsstaat ist zugleich Tatsachenfeststellung und Programm. Der Rechtsstaat wird verwirklicht, indem die Verfassung tatsächlich und bedingungslos gilt. Für das Recht bedeutet der Systemwechsel - und ein rechtlicher Systemwechsel ist nur in diesem Sinne möglich -, daß das gesamte Rechtssystem mit der rechtsstaatlichen Verfassung in Einklang gebracht wird bzw. bezüglich der neuen Gesetzgebung in Einklang gehalten wird. Nicht nur die Rechtsnormen und Funktionen der staatlichen Organe müssen im Einklang mit der Verfassung stehen, auch die gesamte Gesellschaft muß von der Begriffskultur und Werteordnung der Verfassung durchdrungen sein. Dies ist die Herrschaft des Rechts, hierdurch wird die Verfassung zur Wirklichkeit."[1]

Als Verfassungsrichter ist es mir untersagt, eine Bewertung darüber abzugeben, inwieweit die Werteordnung der Verfassung die ungarische Politik und das Staatsleben wirklich durchdrungen hat, da dies ohne eine Bewertung der politischen Lage nicht möglich wäre. Es ist mir jedoch möglich, im Folgenden darüber zu berichten, was das Ungarische Verfassungsgericht unternommen hat, um mit den ihm zur Verfügung stehenden Mitteln zur Ausgestaltung und Stabilität der Verfassungswirklichkeit beizutragen. Als Vorbemerkung möchte ich in diesem Zusammenhang voranstellen, daß das Ungarische Verfassungsgericht sein Ansehen durch seine normale, in Rechtsstaaten übliche, Tätigkeit erworben hat und nicht durch eine Betätigung in Krisensituationen, wie es einigen anderen Verfassungsgerichten der Region zuteil wurde. Außer-

[1] Das Ungarische Verfassungsgericht (UVG) in: *Brunner/Sólyom*, „Verfassungsgerichtsbarkeit in Ungarn. Analysen und Entscheidungssammlung 1990-1993", 1995, S. 336.

dem erscheint es mir wichtig anzumerken, daß sich das Ungarische Verfassungsgericht des Paradoxons bewußt war, das darin besteht, auf einen außerordentlichen Systemwechsel mit „Normalität“ reagieren zu wollen. Es hat die Notwendigkeit einer Entscheidung für die „Normalität“ erkannt und trotz der wirklich besonderen historischen Umstände keine Ausnahme von den verfassungsmäßigen Garantien zugelassen, um die Rechtsstaatlichkeit zu schützen.

Im Folgenden werde ich besonders auf zwei Problemkreise eingehen, nämlich zum einen auf die Frage, inwieweit das Ungarische Verfassungsgericht die Stabilität der demokratischen Institutionen fördern konnte, und zum anderen auf die Frage, welche Anknüpfungspunkte aus dem Bereich der Rechtsordnungen der heutigen Mitgliedsstaaten der Europäischen Union sowie aus dem Bereich internationaler Abkommen für die Ausgestaltung des ungarischen Verfassungslebens genutzt werden konnten.

II. Das ungarische Verfassungsgericht und seine Rolle bei der Stabilisierung der demokratischen Staatsinstitutionen

1. Kompetenzen und Arbeitsweise des ungarischen Verfassungsgerichts

Man sollte sich zunächst einmal die besonderen Charakteristiken der Stellung und Arbeitsweise eines Verfassungsgerichts vor Augen führen. Indem ein Verfassungsgericht über eine bestimmte Streitfrage abschließend und allgemein verbindlich entscheidet, wird diese Streitfrage aus ihrem originären politischen Kontext herausgelöst und zu einem verfassungsrechtlichen Problem gemacht, das ausschließlich nach juristischen Kriterien zu entscheiden ist. Die zeitliche Dauer dieser in der Regel länger währenden Verfahren trägt zudem zur Neutralisierung der Streitigkeit bei. Wenn anschließend die Umsetzung des Inhaltes eines Urteils in der Politik stattfindet, wirken diese verfassungsrechtlichen Gesichtspunkte weiter. Die Funktionsfähigkeit des Verfassungsgerichts hängt von der jeweiligen historischen und politischen Situation sowie von den Richtern, mit denen es besetzt ist, ab. Ein Verfassungsgericht erhält durch die gesetzliche Kompetenzuweisung und die Antragsberechtigungen seine rechtliche Bestimmung. Mit dieser Bestimmung ausgestattet wird es zum Mitgestalter der staatlichen Rechtsordnung, indem es beispielsweise durch ein extensives Selbstverständnis oder aber eine Selbstbeschränkung den gegebenen rechtlichen Rahmen formt.

Das ungarische Verfassungsgericht wurde bei den entscheidenden Verhandlungen am sogenannten „Runden Tisch“ weitgehend mit den Kompetenzen bedacht, die die damalige demokratische Opposition gefordert hatte. Dabei wurden dem Verfassungsgericht insbesondere abstrakte Kompetenzen zugesprochen. Einen besonders hohen Stellenwert hat die nachträgliche abstrakte Normenkontrolle, deren Durchführung von jedermann beantragt werden kann. 95% der Anträge, die beim ungarischen Verfassungsgericht eingehen, haben diese actio popularis zum Gegenstand. Dem Gericht steht ferner die abstrakte Auslegung der Verfassung zu, die jedoch streng von einer Fortschreibung der Verfassung abzugrenzen ist. Außerdem ist das Gericht für die präventive Kontrolle von Gesetzesentwürfen und von zwar verabschiedeten, aber vom Staatspräsidenten noch nicht unterzeichneten Gesetzen zuständig. Eine Verfassungsbeschwerde im Sinne des deutschen Grundgesetzes sieht die ungarische Verfassung nicht vor. Jedoch eröffnet die Normenkontrolle nach ungarischem Verfassungsrecht auch die Möglichkeit einer Normenkontrolle „in eigener Sache“, sofern der Rechtsweg erschöpft ist. Stellt ein Urteil, das im Wege einer solchen Normenkontrolle „in eigener Sache“ ergeht, die Unrechtmäßigkeit einer Gesetzesvorschrift fest, so kann eine Wiederaufnahme des Verfahrens des Antragstellers erfolgen.

Die dargestellten Zuständigkeiten des ungarischen Verfassungsgerichts ermöglichen die Einflußnahme des Gerichts auf das Institutionensystem. Bezeichnenderweise konzentrieren sich die Entscheidungen zum Staatsorganisationsrecht auf die neuen Institutionen, die durch die Verfassung von 1989 geschaffen worden sind. Dabei wurden vor allem die Rechtsstellung des Präsidenten der Republik, die Regelungen zur Volksabstimmung, die Regelungen über die örtlichen Selbstverwaltungen sowie die Unabhängigkeit der Stellung des Gerichtswesens einer Prüfung unterzogen. Das ungarische Verfassungsgericht stützt sich bewußt und beinahe programmatisch auf die Erkenntnisquelle der Rechtsvergleichung. Dadurch will es nicht nur den Status erlangen, den vergleichbare Gerichte in entwickelten Demokratien besitzen, sondern die Auslegungsmethoden und Verfassungsstandards europäischer Demokratien in Ungarn einführen, um mittels gemeinsamer Maßstäbe und vergleichbarer Dogmatik kooperieren zu können. Auch will das Verfassungsgericht seinen Teil zu einer gemeinsamen „Verfassungssprache“ Europas beitragen, indem es bemüht ist, trotz des traditionellen und dominanten Einflusses des deutschen Verfassungsrechts und seiner Wissenschaft auch die anderen europäischen Verfassungsgerichte gebührend zu berücksichtigen. Darüber hinaus orientiert sich das ungarische Verfassungsgericht bei seiner Urteilsfindung auch an der Rechtsprechung des Europäischen Gerichtshofes sowie des

Europäischen Gerichtshofes für Menschenrechte und an der Rechtsprechung des Supreme Court der Vereinigten Staaten von Amerika. Auch die Rechtsansichten der Europäischen Kommission finden Eingang in die Überlegungen des Verfassungsgerichts. Der Rückgriff auf diese Quellen konnte bislang den zum Teil bestehenden Mangel an eigener demokratischer Verfassungstheorie ersetzen. Die rechtsvergleichende Betrachtung bildet den Ausgangspunkt für die ausführlichen, kommentarartigen Urteilsbegründungen des ungarischen Verfassungsgerichts, das auf diese Weise die Grundlagen für die neue ungarische Verfassungsdogmatik gebildet hat. Die Richter hatten dabei klare Vorstellungen über die Aufgaben und Möglichkeiten eines Verfassungsgerichts. So konnte das Gericht die ihm gegebenen Möglichkeiten schon zuzeiten umfassend ausnutzen, in denen die Verwaltung noch durch eine allgemeine Verunsicherung gelähmt war und das neue Parlament mit seinen unerfahrenen Abgeordneten seine Rolle suchte.

Die Aufgabe des Gerichts wurde durch weitere Umstände erleichtert: In den ersten Jahren nach dem Systemwechsels strahlten die neue Verfassung und ihr Hüterin, die Verfassungsgerichtsbarkeit, auch einen symbolischen Wert aus, da sie als Neuerrungenschaften der Demokratie den Unterschied zum sozialistischen System sichtbar werden ließen. Für die erste freie Regierung hatte die Verfassungskonformität ihres Handelns auch aus diesem Grunde höchste Priorität, so daß man sich auch nach den für die Regierung ungünstig erscheinenden Urteilen des Verfassungsgerichts in vollem Umfange richtete. Während dieser Zeit nutzte die Opposition alle ihr zustehenden Möglichkeiten, um bestehende Einwände als Verfassungsprobleme zu formulieren und vor Gericht zu bringen. Auf diese Weise konnten die wesentlichen Fragen des Systemwechsels, wie zum Beispiel Fragen der Entschädigung, der Privatisierung oder der rückwirkenden Strafgesetzgebung, gerichtlich beantwortet werden. Dies führte zu einer konstanten Präsenz der Verfassung und der Arbeit des Verfassungsgerichts im Bewußtsein der Öffentlichkeit.

2. *Der stabilisierende Einfluß des ungarischen Verfassungsgerichts auf die neuen Institutionen*

Die Rechtsprechung des ungarischen Verfassungsgerichts konnte erheblich zur Festigung der Positionen der neuen Verfassungsorgane beitragen. Dies gilt insbesondere für den Staatspräsidenten und die der örtlichen Selbstverwaltungen sowie für die unabhängige Stellung der Gerichtsbarkeit. Ansätze zum Mißbrauch der direkten Demokratie konnten dagegen durch die Rechtsprechung des Verfassungsgerichts abgewehrt werden. Im Folgenden werde ich die wichtigsten Entscheidungen des Gerichts auf dem Gebiet des Staatsorganisationsrechts kurz in ihrer stabilitätsfördernden Wirkung darstellen.

a) Die Rechtsprechung des Verfassungsgerichts im Hinblick auf die Stellung des Staatspräsidenten

Durch die Verfassung von 1989 wurde ein parlamentarisches System eingeführt und das Amt des Präsidenten wieder eingerichtet. Dieses Amt war nach der kommunistischen Machtübernahme von 1949 abgeschafft und durch den Präsidentialrat ersetzt worden. Der Präsident wird in geheimer Abstimmung durch das Parlament mit einer Zweidrittelm-ehrheit gewählt. Wird dieses Quorum nicht erreicht, so ist eine einfache Mehrheit im dritten Wahlgang ausreichend. Der Präsident hat in erster Linie eine repräsentative Funktion, seine Kompetenzen sind sehr begrenzt. Zwar verkörpert er nach der neuen Verfassung als Staatsoberhaupt die Einheit der Nation, wacht über ein demokratisches Staatswesen und ist Oberbefehlshaber der Streitkräfte, doch bedürfen fast alle Akte des Präsidenten der Gegenzeichnung durch den Ministerpräsidenten oder einen Minister. Ungarn folgte also nicht der Mehrheit der postkommunistischen Staaten, in denen präsidiale Systeme institutionalisiert wurden.

Die politischen Streitigkeiten um die Rolle des Präsidenten, die schon bei den Gesprächen am „Runden Tisch“ heftig aufgeflammt waren, wurden später in konstitutionellem Gewand weitergeführt. So hatte das Verfassungsgericht eine Reihe von Entscheidungen hinsichtlich der Rechtsstellung des Staatspräsidenten zu fällen, wobei die grundlegenderen dieser Urteile in die Zeit nach den ersten freien Wahlen fielen, in der eine Art Kohabitation regierte, da der Präsident aus den Reihen einer der Oppositionsparteien gewählt worden war.

Zunächst mußte das Verfassungsgericht auf Antrag des Ministers für Verteidigung durch Auslegung der Verfassung Antwort auf die Frage geben, ob dem Präsidenten in seiner Funktion als Oberbefehlshaber über die Streitkräfte auch die Kommandogewalt zusteht. Diese Frage wurde von dem Gericht jedoch verneint; die Stellung des Oberbefehlshabers begründe lediglich einen verfassungsrechtlichen Status des Präsidenten und verleihe nicht auch die Kommandogewalt über die ungarischen Truppen.

Des Weiteren hatte das ungarische Verfassungsgericht im Zusammenhang mit dem damaligen sogenannten Medienkrieg zu entscheiden, ob der Präsident in bestimmten Verfahren, die formell seiner Unterschrift bedürfen, die Unterzeichnung verweigern kann. Strittig war, ob der Staatspräsident die Unterzeichnung der Entlassungen der beiden Präsidenten des öffentlich-rechtlichen Rundfunks und Fernsehens, wie sie der Ministerpräsident vorgeschlagen hatte, verweigern konnte. Es ging also um die Frage, ob und in welchem Umfang dem Staatspräsidenten ein materielles Prüfungsrecht bei gewissen Regierungsentscheidungen zusteht. Dabei war der Staatspräsident der Ansicht, daß ihm hinsichtlich des Verwaltungsapparates, der dem Ministerpräsidenten unterstellt ist, kein materielles Prüfungsrecht zukomme. Eines Konsenses zwischen ihm und dem Ministerpräsidenten bedürfe es aber im Hinblick auf die Besetzung derjenigen staatlichen Stellen, die nicht oder nur zum Teil der Leitung durch die Regierung unterstünden, wie dies bei den nationalen Medien der Fall sei. Eine Entscheidung des Verfassungsgerichts im Sinne der Auffassung des Staatspräsidenten hätte eine Verschiebung des parlamentarischen Systems in Richtung eines halb präsidialen Systems bedeutet. Zur Wahrung des parlamentarischen Verfassungssystems verneinte das ungarische Verfassungsgericht ein solches materielles Prüfungsrecht des Präsidenten.[2]

Die grundlegende Bedeutung dieser Entscheidung liegt weniger in der Schlichtung des sogenannten Medienkrieges. Vielmehr löste sich das Verfassungsgericht durch seine Entscheidung aus der Rolle eines Gerichtes, das von Politikern nur als Mittel zu einer für ihre Politik günstigen Verfassungsauslegung angesehen wird. Ausgehend von den konkreten aufgeworfenen Fragen war über allgemeine Verfassungsfragen zu entscheiden und konnten wichtige Methodenfragen geklärt werden.

Auch nach dieser Entscheidung des Verfassungsgerichts wurde die Debatte um die Rechtsstellung des Präsidenten weitergeführt, wobei dieser Debatte letztlich weiterhin die Frage zugrunde lag, ob das ungarische Staatssystem in Richtung eines parlamentarischen oder in Richtung eines präsidialen Systems auszubauen sei. So wurde beispielsweise im Rahmen einer Volksabstimmung versucht, die Wahl des Präsidenten zu einer Direktwahl durch das Volk umzugestalten, um die Kompetenzen der Regierung zu beschränken und weitere Kompetenzen auf den Präsidenten zu übertragen. Diese Versuche blieben jedoch erfolglos.

b) Die Rechtsprechung des Verfassungsgerichts im Hinblick auf die Stellung des Parlamentes

Im Hinblick auf die Stellung des ungarischen Parlaments scheint mir eine Entscheidung des Verfassungsgerichtshofes bemerkenswert, der folgender Sach-

[2] *Brunner/Sólyom*, a.a.O., S. 208 f., 390 f.

verhalt zugrunde lag: Eine der im Parlament vertretenen Parteien hatte die notwendige Anzahl von Unterschriften für einen Volksentscheid gesammelt, so daß ein Referendum ausgeschrieben werden mußte. Gegenstand des Referendums sollte die Auflösung des Parlaments sein. Der verfassungsrechtliche Ausschuß des Parlaments stellte daraufhin einen Antrag an das Verfassungsgericht, um über die Zulässigkeit eines solchen Referendums zu befinden. Das Gericht stellte in seiner Entscheidung über den beschriebenen Fall fest, daß in Ungarn die Volkssouveränität mittelbar durch die gewählten Parlamentsabgeordneten wahrgenommen wird. Eine direkte Volksabstimmung in Fragen, die in die ausschließliche Kompetenz des Parlaments fallen, ist nur im Rahmen der Verfassung und der verfassungsmäßigen Gesetze zulässig. Dabei zählt die Verfassung die Fälle, in denen die Auflösung des Parlaments erfolgen kann, abschließend auf. Die Auflösung des Parlaments im Wege einer Volksabstimmung ist also nicht vorgesehen. Entsprechend befand das Gericht eine Auflösung des Parlaments auf dem Wege eines Referendums für unzulässig.[3]

c) Die Rechtsprechung des Verfassungsgerichts im Hinblick auf die Unabhängigkeit des Gerichtswesens

Die neue Verfassung sowie die Novellierung des Gerichtsverfassungsgesetzes von 1991 schreibt die Unabhängigkeit der Gerichte fest. Trotzdem blieben Unsicherheiten bestehen, insbesondere hinsichtlich der Frage der Kompetenzen der Exekutive im Bereich der Justizverwaltung. In Ungarn ernennt der Präsident der Republik die Berufsrichter auf Vorschlag des Justizministers. Die Gerichts- und Senatspräsidenten sowie deren Stellvertreter werden durch den Justizminister bestellt, wobei der sogenannte Richterrat Mitwirkungsrechte besitzt. Zur Ernennung von Gerichts- und Senatspräsidenten ist die positive Stellungnahme des Richterrates hinsichtlich der Eignung der Anwärter erforderlich. In der Vergangenheit wurden, in Ermangelung einer detaillierteren Regelung, Gerichtspräsidenten ernannt, die nur eine einzige positive Stimme von den Kollegen erhalten hatten. Die Kompetenz des Justizministers, in einem solchen Fall gegen die überwältigende Mehrheit des Richterrates eine Ernennung auszusprechen, wurde vor dem Verfassungsgericht angefochten. Dieses Vorgehen gegen den Justizminister stellte sich teils auch als Reaktion auf die früheren, viel weitergehenden und stark ausgeprägten inhaltlichen Kontrollbefugnisse des Justizministeriums dar, teils als Ausdruck einer

---

[3] Offizielle Sammlung der Entscheidungen des Ungarischen Verfassungsgerichts (UVGE) - 1993, S. 33.

radikalen Vorstellung von der absoluten Unabhängigkeit der Gerichte. In seinem Urteil betonte das Gericht, daß die Frage der Unabhängigkeit des Gerichtswesens nicht auf die Frage der Gewaltenteilung verengt werden dürfe, sondern Unabhängigkeit auch innerhalb der Gerichtsorganisation zu garantieren sei. Zwar stünde es den Prinzipien der Verfassung nicht entgegen, wenn ein Richter sein Amt im Bereich der rechtsprechenden Gewalt durch die Vermittlung eines Organs einer anderen Gewalt erwerbe, solange dabei die richterliche Neutralität vor einseitiger politischer Einflußnahme geschützt bleibe; jedoch müsse der Stellungnahme des Richterrates ein substanzieller Einfluß auf die Richterernennung zukommen, da diese Stellungnahme den Standpunkt des Gremiums ausdrücke, das die Unabhängigkeit des Gerichtswesens repräsentiere.

Auch in anderen Urteilen hat das Verfassungsgericht den Zuständigkeiten des Justizministers Schranken gesetzt, zuletzt im Bereich der Budgetverwaltung der Gerichte sowie im Bereich der Auszeichnungen von Richtern.

In diesem Zusammenhang bleibt zu erwähnen, daß die Bestimmungen des Gerichtsverfassungsgesetzes über die Richterwahl der verfassungskonformen Auslegung bedurften, wodurch erstmalig von der Möglichkeit einer Entscheidungsfindung durch diesen Auslegungsmodus Gebrauch gemacht wurde. Somit wurde die verfassungskonforme Auslegung mit diesem Urteil in die Praxis des Verfassungsgerichts eingeführt.

d) Die Rechtsprechung des Verfassungsgerichts im Hinblick auf das gemeindliche Selbstverwaltungsrecht

Im Gegensatz zu dem sozialistischen Rätesystem, in dem die örtlichen Räte weniger Vertretungsorgane der Gemeinden waren als örtliche Organe der Regierung, normiert die neue Verfassung das Recht auf Selbstverwaltung der Gemeinden und territorialen Einheiten. Damit enthält die neue Verfassung ein Grundrecht der örtlichen Selbstverwaltung. Dieser ungewöhnlich starke Status des gemeindlichen Selbstverwaltungsrechts als Grundrecht ist Ausdruck der radikalen Änderung der Stellung der Gemeinden in der neuen Staatsorganisation als Folge föderalistischer Ideen. Das föderalistische Gedankengut erfuhr weitreichende Unterstützung, als kurz nach der ersten freien Parlamentswahl die parlamentarische Opposition in den Kommunalwahlen die Mehrheit erreichte und daraufhin vor dem Verfassungsgericht eine Bestätigung seiner Dezentralisierungspolitik erwirken wollte. Das Verfassungsgericht hatte zwischen den Interessen der örtlichen Selbstverwaltungen und den Interessen der Zentralregierung einen gerechten Ausgleich zu schaffen. Dabei legte das Gericht die gemeindliche Selbstverwaltungskompetenz als von der Verfassung geschütztes Grundrecht der Selbstverwaltung aus. In der ersten Legislaturperiode ging es um die richtige Balance und Interpretation der Autonomie der Selbstverwaltungskörperschaften. Nach 1994, als ein Rollenwechsel der politischen Parteien im Parlament stattfand, zeichnete sich wieder ein zentralistischer Trend ab. Dementsprechend vermehrten sich ab diesem Zeitpunkt die Urteile des Verfassungsgerichts, die die Autonomie der Gemeinden unterstrichen. Auf diese Weise versuchte das Verfassungsgericht, eine beständige, von Wechsels in der Zentralregierung unabhängige Rechtsstellung der gemeindlichen Selbstverwaltungskörperschaften zu garantieren.

3. Die Rechtsprechung des ungarischen Verfassungsgerichts zu Fragen der Rechtssicherheit

Das ungarische Verfassungsgericht förderte die Stabilisierung der jungen Demokratie auch durch sein Verständnis von Rechtssicherheit und deren besonderer Bedeutung im Systemwechsel.

Seit Aufnahme seiner Tätigkeit interpretierte und konkretisierte das Verfassungsgericht den Inhalt der Rechtsstaatlichkeit im Lichte des Erfordernisses der Rechtssicherheit, die einen Schlüsselbegriff im Systemwechsel darstellt. Die Begriffe der Rechtsstaatlichkeit und der Rechtssicherheit fanden stets gemeinsame Erwähnung. Später verfestigte sich die Formel, nach der die Rechtssicherheit Wesensbestandteil der Rechtsstaatlichkeit ist. Damit fand die Rechtssicherheit ihre verfassungsmäßige Verankerung in der Rechtsstaatlichkeitsklausel. Das Verfassungsgericht wies Anträge, die eine rückwirkende Aufhebung von Rechtsnormen und die darauf begründeten Rechtsverhältnisse begehrten, mit Blick auf das Bedürfnis nach Rechtssicherheit ab. Als Beispiele hierfür dienen die Urteile, in denen die Rechtmäßigkeit der Kollektivierung der Landwirtschaft oder der Unternehmensverstaatlichung zur Entscheidung stand. Diese Urteile bauen auf der Bedeutung der Kontinuität von Recht und der abgeschlossenen Rechtsverhältnisse auf. In der sogenannten „Ex-nunc-Entscheidung"[4] wurde der Zusammenhang zwischen Rechtssicherheit und Systemwechsel herausgearbeitet. Die unbegrenzte Anfechtbarkeit aller Rechtsnormen der Vergangenheit erfuhr im Interesse der Rechtssicherheit dadurch eine Begrenzung, daß abgeschlossene Rechtsverhältnisse von einer Anfechtung in der Regel unberührt bleiben sollten. In einer weiteren Gruppe von Entscheidungen befaßte sich das Verfassungsgericht mit dem Verhältnis

---

[4] *Brunner/Sólyom,* a.a.O., S. 328.

der formalen Rechtssicherheit zur Gerechtigkeit. Ein Urteil, mittels dessen das außerordentliche Rechtsmittel des sogenannten Gesetzlichkeitseinspruches aufgehoben wurde[5], beschreibt das Problem eines möglichen Widerspruchs zwischen einer gerechten richterlichen Entscheidung und einer dagegenstehenden, bestehenden Rechtskraft. Das Verfassungsgericht bestärkte in diesem Zusammenhang seine These, daß materielle Gerechtigkeit nur im Rahmen der Rechtsinstitute und Garantien, welche der Rechtssicherheit dienen, verwirklicht werden kann. Die Verfassung gewährt kein subjektives Recht auf Durchsetzung von materieller Gerechtigkeit. Dieser Grundsatz wurde in der sogenannten „Ersten Verjährungs-Entscheidung"[6] bestätigt, welche die Verlängerung bzw. den Neubeginn von Verjährungsfristen für politisch motivierte Straftaten aus den fünfziger Jahren ausspricht und eine gesetzlich eingeführte Verjährungshemmung für verfassungswidrig erklärte. Die Entscheidung erweitert den genannten Grundsatz um die Aussage, daß die ungerechte Folge eines rechtmäßigen Rechtsverhältnisses keinen Anlaß gibt, eine Korrektur auf Kosten der Rechtssicherheit vorzunehmen. Denn die sich auf das objektive Prinzip formeller Rechtmäßigkeit stützende Rechtssicherheit ist der stets partiellen und subjektiven Gerechtigkeit vorzuziehen. Anzumerken ist hierbei, daß sich das Gericht aufgrund seiner dargelegten Überzeugung auch nicht damit zufrieden gab, die Schaffung des Entschädigungsgesetzes mit dem Bedürfnis nach Gerechtigkeit zu begründen, sondern vielmehr klare Rechtsgrundlagen für ein solches Gesetz forderte.

Um dem Erfordernis der Rechtssicherheit Rechnung zu tragen, besteht das Verfassungsgericht darauf, daß politische Forderungen, mittels derer vielfach die aus dem Systemwechsel resultierenden Ungerechtigkeiten oder früher begangenes Unrecht ausgeglichen werden sollen, ausschließlich im Rahmen der Verfassungsmäßigkeit umgesetzt werden. Die Außerordentlichkeit der historischen Situation kann zwar Berücksichtigung finden, jedoch darf sie nicht die Umgehung der verfassungsrechtlichen Erfordernisse begründen. Ein Rechtsstaat kann nicht mit Mitteln verwirklicht werden, die ihrerseits den Anforderungen an die Rechtsstaatlichkeit nicht genügen. Das Verfassungsgericht muß sich immer die Frage stellen, wie die einmaligen, besonderen historischen Anforderungen des Systemwechsels verfassungsgemäß und auf dem Boden der Rechtskontinuität verwirklicht werden können.[7] Dieses Bestreben kommt in zahlreichen Urteilen des Gerichtshofes zum Ausdruck, beispielsweise bei der

---

[5] *Brunner/Sólyom*, a.a.O., S. 314.
[6] *Brunner/Sólyom*, a.a.O., S. 333.
[7] *Brunner/Sólyom*, a.a.O., S. 333 (339).

Frage um die Entschädigung für Verstaatlichungen aus sozialistischer Zeit, bei der Frage eines verfassungsgemäßen Strafrechts oder bei der Frage um die Rechenschaftslegung über das Vermögen der alten Gewerkschaften. Sogar in den Entscheidungen, die die Kompetenzen des Präsidenten betreffen, kommt das Prinzip der Rechtssicherheit - wenn auch nicht ausdrücklich - zum Tragen. In diesen Entscheidungen stellte sich das Verfassungsgericht nämlich der Veränderung präsidentieller Kompetenzen im Wege des Gewohnheitsrechts oder aufgrund faktischer Machtverhältnisse entgegen.

Die Konzeption des Gerichtshofes kann als verfassungsmäßig kontrollierter Umbruch oder „rechtsstaatliche Revolution", wie es in einem Urteil des Gerichtshofes heißt, bezeichnet werden und steht im Gegensatz zu der restaurativen Haltung von Verfassungsgerichten, die den vollständigen Bruch mit dem Unrechtsstaat auch dadurch zum Ausdruck bringen, daß sie die Jahrzehnte des Sozialismus rechtlich als nicht existent betrachten. So kommt es in den Staaten, in denen die Verfassungsgerichtsbarkeit die rechtlichen Tatsachen der jüngeren Vergangenheit leugnet, zu einer Wiederherstellung der Eigentumsverhältnisse, wie sie vor den sozialistischen Verstaatlichungen herrschten. Dabei finden dann nicht einmal Verjährungsfristen Berücksichtigung. Sicherlich lassen sich beide Auffassungen im Verfassungsrecht begründen. Die Frage, welche Lösung der Stabilisierung eher förderlich ist, kann nur in Kenntnis der konkreten Verhältnisse und Entwicklungen eines Landes beurteilt werden.

III. Die Bedeutung internationaler Abkommen für die Verfassungsentwicklung in Ungarn

1. Europäische Menschenrechtskonvention und der UNO-Pakt über die bürgerlichen und politischen Rechte als prägende Rechtsquellen

Die Europäische Konvention über die Menschenrechte sowie der UNO-Pakt über bürgerliche und politische Rechte nahmen maßgeblichen Einfluß auf die neue ungarische Verfassung. Zahlreiche Bestimmungen sind wörtlich übernommen worden. So ist es geradezu selbstverständlich, daß das Verfassungsgericht bei seiner Rechtsprechung diese internationalen Abkommen und deren Auslegung in seine Überlegungen einbezieht.

Der UNO-Pakt zählt seit dem 4. Januar 1969 zum geltenden inneren Recht Ungarns. Dem Fakultativprotokoll schloß sich Ungarn am 7. September 1988 an, der Weg für Individualbeschwerden stand ab dem 10. Dezember 1988 offen. Diese Möglichkeit hatte damals enorme politische Bedeutung. Noch heute berufen sich Antragsteller am häufigsten auf den Pakt.

Die Europäische Konvention über die Menschenrechte wurde von ungarische Seite erst am 6. November 1990 unterzeichnet und am 7. April 1993 ratifiziert, so daß sie am 15. April 1993 in Kraft treten konnte. Der Verfassungsgerichtshof zitierte jedoch das 6. Protokoll der Konvention bereits zu einem Zeitpunkt, zu dem die Absicht zur Unterzeichnung von ungarischer Seite noch gar nicht offiziell geäußert worden war. Seit dem Inkrafttreten der Konvention wird in den Urteilen des Verfassungsgerichts häufiger Bezug auf die Konvention und seltener Bezug auf den UNO-Pakt genommen. Wurde im Hinblick auf den UNO-Pakt stets nur der Vertragstext zur Entscheidungsfindung herangezogen, so finden, sofern die Konvention bei der Entscheidungsfindung des Gerichtshofes eine Rolle spielt, auch die Entscheidungen der Straßburger Organe ausdrücklich Eingang in die Urteilsbegründung.

Die Rechtsprechung des Gerichtshofs der Europäischen Gemeinschaften spielt dagegen in der ungarischen Rechtsprechung keine direkte Rolle. Das Verfassungsgericht beachtet aber die Beziehungen zwischen dem Straßburger und dem Luxemburger Gericht.

2. *Die Europäische Menschenrechtskonvention in der Rechtsprechung des ungarischen Verfassungsgerichts*

Dem ungarischen Verfassungsgericht dient die Europäische Menschenrechtskonvention in verschiedener Hinsicht.

Meist dienen die Verweise in den Urteilsbegründungen des Verfassungsgerichts auf die Europäische Konvention für Menschenrechte oder auf Entscheidungen des Europäischen Gerichtshof für Menschenrechte dazu, den Stellenwert vergleichbarer Bestimmungen in der ungarischen Verfassung zu unterstreichen und die Einbettung der ungarischen Rechtsordnung in das europäische Rechtssystem zu demonstrieren. Dies zeigt sich beispielsweise in einem Urteil des Verfassungsgerichts, in dem die kollektive Bestrafung einer Personengruppe, die 1945 kraft Gesetzes zu Kriegsverbrechern erklärt und enteignet worden war, wegen des Verstoßes gegen das Recht auf eine faire und öffentliche Verhandlung für verfassungswidrig erklärt wird. Der Hinweis auf Art. 6 der Menschenrechtskonvention unterstreicht den Stellenwert und die internationale Anerkennung dieses Rechtsgrundsatzes.[8] Zu einem ähnlichen Verweis auf den benannten Art. 6 der Menschenrechtskonvention kam es

---

[8] UVGE 1992, 293.

in Zusammenhang mit einer Entscheidung, die die Verfassungsmäßigkeit des Strafbefehls, also einer Verurteilung ohne Verhandlung unter den strikt definierten Voraussetzungen der Strafprozeßordnung, zum Gegenstand hat. In dieser Entscheidung wird die Bedeutung einer Verfahrensbeendigung innerhalb einer angemessenen Frist, wie sie auch die Konvention vorsieht, hervorgehoben.[9]

In zahlreichen Fällen zog das Verfassungsgericht die Argumente des Europäischen Gerichtshof für Menschenrechte als Ergänzung der eigenen Überlegungen heran. Dies ist insbesondere dann der Fall, wenn der ungarische Verfassungstext selbst keine entsprechenden Anhaltspunkte enthält. Die Straßburger Ansichten machen in solchen Fällen die Urteilsbegründung des Verfassungsgerichts nachvollziehbarer und auch weniger angreifbar. Auf diese Weise wurde der Eigentumsbegriff in einer Reihe von Urteilen schrittweise definiert. Um die Verfassungsmäßigkeit der Einschränkung von Eigentumserwerbsmöglichkeiten an landwirtschaftlichen Grundstücken für Ausländer zu begründen, stützte sich das Gericht auf einen Eigentumsbegriff, wie ihn der Europäische Gerichtshof für Menschenrechte vertritt.[10] Bei der Abwägung von Eigentumsrechten gegen das öffentliches Interesse erwies sich der sogenannte Fall *James*[11] als sehr hilfreich. Mit Blick auf diesen Fall konnte das Gericht den Aspekt der Sozialgebundenheit des Eigentums bei der Auslegung der ungarischen Verfassung einführen.[12] Leider wurde die Rechtsprechung des Europäischen Gerichtshofs für Menschenrechte nicht immer gebührend zu Rate gezogen. In den Entscheidungen über die Verkürzung von Leistungen der Sozialversicherung hat das Verfassungsgericht - wenig konsequent - die Doktrin des Europäischen Gerichtshofs für Menschenrechte über den Vertrauensschutz und den Schutz erworbener Rechte nicht zur Hilfe gezogen.[13]

In einigen Fällen hat das Gericht den Standard der Europäischen Menschenrechtskonvention übernommen. Ein Urteil, in dem die Todesstrafe für verfassungswidrig erklärt wird, konnte zwar ausreichend mit dem Recht auf Leben sowie mit der Menschenwürde begründet werden; doch unterließ das Verfassungsgericht es nicht, das 6. Protokoll der Europäischen Konvention über die Menschenrechte zu erwähnen und anzumerken, daß die ungarische Verfassungsentwicklung die gleiche Richtung verfolgt, die von der Konven-

[9] UVGE 1995, 346.
[10] UVGE 1994, 197.
[11] Urteil vom 21. Februar 1986.
[12] *Brunner/Sólyom*, a.a.O., S. 539.
[13] UVGE 1995, 188.

tion vorgezeichnet wird. Zu dieser Zeit, in der es noch keine formelle Verbindung zu der Europäischen Konvention über die Menschenrechte gab, mußten weitergehende diesbezügliche Ausführungen unterbleiben. Der Hinweis auf den europäischen Standard war jedoch eindeutig.[14]

In anderen Fällen werden unter Hinweis auf die Konvention erhöhte Anforderungen an das innerstaatliche Recht begründet. Die ungarische Verfassung enthält beispielsweise das Recht auf Gewissens- und Religionsfreiheit und verpflichtet zur Trennung von Staat und Kirche. Das ausführende Gesetz zu dieser Grundrechtsbestimmung beläßt die Entscheidung über die religiöse Erziehung des Kindes bei den Eltern und erlaubt den Kirchen, Träger von Schulen zu sein. Unter Hinweis auf Art. 2 des Ersten Protokolls zur Europäischen Menschenrechtskonvention befand das Verfassungsgericht, daß diese Bestimmung für einen angemessenen Schutz des Rechts auf Religionsfreiheit nicht ausreiche, da Ungarn in internationalen Konventionen weitergehende Verpflichtungen übernommen habe. Nach Ansicht des Gerichtshofes erfüllt der Staat seine Pflicht nicht bereits durch die Errichtung von religionsneutralen Schulen. Der Freiheit der Eltern, über die Erziehung ihrer Kinder zu entscheiden, müsse auch eine entsprechende institutionelle Garantie gegenüberstehen. Dem Staat obliege es, die rechtliche Möglichkeit der Gründung weltanschaulich engagierter Schulen durch Rechtssetzung zu sichern. Dies bedeute nicht zugleich, daß der Staat auch verpflichtet sei, weltanschaulich ausgerichtete Schulen zu errichten. Für diejenigen aber, die eine Schule ohne kirchliche Ausrichtung besuchen möchten, genüge die nur rechtliche Möglichkeit der Existenz solcher Schulformen nicht. Vielmehr müsse der Staat die tatsächliche Möglichkeit des Besuches einer neutralen staatlichen Schule ohne unverhältnismäßige Belastung sicherstellen. Zur Begründung der Neutralitätspflicht des Staates zitierte das Gericht den Fall *Kjeldsen, Busk Madsen* und *Pedersen,* womit der Einfluß der Straßburger Praxis einmal mehr offensichtlich wird.[15]

Dieser Trend erfährt seine Steigerung in denjenigen Fällen, in denen das Verfassungsgericht im Wege einer extensiven Auslegung der Verfassung besondere, in der Konvention festgeschriebene Rechte auch in die ungarische Verfassung hineininterpretiert. Beispielsweise bekennt sich die ungarische Verfassung zu einem besonderen Schutz der Institution der Ehe und Familie, enthält aber kein Recht auf die Heirat als solches, das mit dem entsprechenden Recht aus Art. 12 der Menschenrechtskonvention vergleichbar wäre. Das

---

[14] *Brunner/Sólyom*, a.a.O., S. 136 (141).
[15] *Brunner/Sólyom*, a.a.O., S. 421 (430).

Gericht zitierte hier Art. 12 der Konvention zusammen mit Art. 23 des UNO-Paktes und verband die Normen mit der ungarischen Verfassung. Dies geschah auf dem Wege über Art. 7 der ungarischen Verfassung, demzufolge die Rechtsordnung der Republik Ungarn die allgemein anerkannten Regeln des Völkerrechts anerkennt und gewährleistet, daß das innerstaatliche Recht in Einklang mit den völkerrechtlichen Verpflichtungen steht. Um den geforderten Einklang zu sichern, befand das Gericht, daß der Schutz der Institution der Ehe zugleich die staatliche Verpflichtung beinhalte, die Eheschließung zu garantieren. Dieser Schluß fand zusätzliche Unterstützung durch die Heranziehung des Schutzes der Menschenwürde sowie das Recht auf die individuelle Selbstentfaltung und -bestimmung des Menschen, in denen nach Auffassung des Gerichtshofes gleichermaßen ein Recht auf Heirat angelegt ist.[16] Das Erfordernis der Harmonisierung von völkerrechtlichen Verpflichtungen und innerstaatlichem Recht führt dazu, daß Gesetze, die in Widerspruch zur Europäischen Konvention über die Menschenrechte stehen, als verfassungswidrig gelten. So mußte die Praxis der ungarischen Gerichte aufgegeben werden, in Prozessen, in denen es um die Feststellung der Vaterschaft geht, „jede interessierte Person", wozu auch die Zeugen gezählt wurden, zur Blutprobe zu verpflichten. Denn diese Praxis begründetet einen Verstoß gegen Art. 5 Abs. 1 und Art. 13 der Konvention, da den Zeugen in diesem Fall nicht die prozessualen Rechte einer Partei zustanden, obwohl sie entsprechenden Eingriffen ausgesetzt wurden.[17] In ähnlicher Weise erklärte man die Bestimmungen des Strafgesetzbuches über die Verleumdung von Amtspersonen für verfassungswidrig, weil sie unter anderem den Prinzipien der ständigen Rechtsprechung des Europäischen Gerichtshofes für Menschenrechte widersprachen.[18] Im Tenor des Urteils über die verfassungsmäßigen Bedingungen einer geschlossenen Strafverhandlung führte das Verfassungsgericht aus, daß die ungarischen Richter Art. 6 Abs. 1 der Menschenrechtskonvention und Art. 14 Abs. 1 des UNO-Paktes zu beachten haben. Auf diesem Wege wurde Art. 6 der Menschenrechtskonvention Inhalt der ungarischen Verfassungsbestimmungen über die Öffentlichkeit des Prozesses.[19]

Am häufigsten wurde die Konvention bisher wohl in Zusammenhang mit dem Recht auf Meinungsfreiheit zitiert. Alle wichtigen Grundsätze, die der Europäische Gerichtshof für Menschenrechte im Rahmen des Falles *Handy-*

[16] UVGE 1992, 122.
[17] UVGE 1995, 376.
[18] UVGE 1994, 219.
[19] UVGE 1995, 289.

side und den späteren Varianten dieses Falles entwickelt hat, sind in Urteilen des ungarischen Verfassungsgerichts fast wörtlich übernommen worden. So unterstrich das Gericht ebenso wie der Europäische Gerichtshof für Menschenrechte die Bedeutung der freien Meinungsäußerung für die demokratische Gesellschaft und die Entfaltung des Individuums, die Wichtigkeit von Toleranz und Pluralismus sowie die Tatsache, daß das Recht auf Meinungsfreiheit nicht nur positive oder gleichgültige, sondern auch offensive und als störend empfundene Meinungen schützt. Diese nunmehr auch im ungarischen Rechtssystem verankerte Grundfreiheit stellt ein gemeinsames europäisches Rechtsgut dar, das auch in deutschen und spanischen Entscheidungen thematisiert und verteidigt wird.

3. *Unterschiede in der Rechtsprechung des Straßburger Gerichtshofes und des ungarischen Verfassungsgerichts*

Die Urteile des ungarischen Gerichts weisen aber neben vielen Gemeinsamkeiten auch auf Unterschiede zur Straßburger Rechtsprechung auf. Diese Unterschiede ergeben sich dabei zum einen aus den unterschiedlichen Kompetenzen der beiden Gerichte. Da das ungarische Verfassungsgericht eine abstrakte Normenkontrolle vornimmt, also die allgemeine Rechtmäßigkeit eines Gesetztes überprüft, entbehrt es der Unterstützung eines konkreten Tatbestandes, der mitunter beträchtliche Argumentationshilfe leisten kann. Die Grenzen zwischen Verfassungsmäßigkeit und Verfassungsbruch können aus diesem Grunde nur schwerlich in anschaulicher Weise scharf gezogen werden und man muß häufig mit einer verallgemeinernden Argumentation vorlieb nehmen. Der Europäische Gerichtshof für Menschenrechte entscheidet hingegen nicht über eine Rechtsnorm eines Mitgliedstaates in abstrakter Form, sondern über die Verletzung der Europäischen Konvention über die Menschenrechte im konkret gegebenen Fall, was ihm die eingängige Darstellung der Urteilsgründe wesentlich erleichtert.

Es kommt in Einzelfällen jedoch auch zu inhaltlichen Unterschieden in der Rechtsprechung der Gerichte. So prüfte das ungarische Verfassungsgericht in einem Fall, bei dem um das Recht auf freie Meinungsäußerung ging, die Verfassungsmäßigkeit einer Bestrafung wegen Aufstachelung zum Rassenhaß. Das ungarische Strafgesetzbuch enthielt hierzu zwei Tatbestände: Einerseits die Aufstachelung zum Haß und andererseits die Benutzung verletzender oder erniedrigender Ausdrücke. Dabei mußten sich die Taten gegen die ungarische Nation, eine Nationalität, ein Volk, eine Religionsgemeinschaft oder eine Rasse richten. Der Gerichtshof befand den erstgenannten Tatbestand für verfassungsgemäß, den zweitgenannten jedoch für verfassungswidrig, da dieser die Meinungsäußerung ohne zwingenden Grund und in unverhältnismäßigem Umfang beschränke. Die abstrakte Gefährdung der öffentlichen Ruhe sei kein ausreichender Grund für eine derartige strafrechtliche Verfolgung. Das Merkmal der Verunglimpfung der Gemeinschaft in diesem Tatbestand setze keine äußeren Schranken, sondern verurteile ein bestimmtes Werturteil, wobei die Verletzung der öffentlichen Ruhe dabei nur einen Ausnahmefall darstelle. Im Falle des Aufstachelungstatbestands dagegen sah das VG eine klare und gegenwärtige Gefahr. Dies zeigt, wie unnuanciert das ungarische Gericht die Grenzen zwischen Erlaubtem und Verbotenem zu ziehen vermag. Eine Differenzierung ist ihm nur zwischen allgemeinen Gesetzestatbeständen möglich. Im Fall der Verleumdung der Regierung wurden zunächst die Rechtsansichten über die Grenzen der politischen Redefreiheit vollständig von der Straßburger Rechtsprechung übernommen. Dazu zählt insbesondere der Grundsatz, daß die Träger öffentlicher Gewalt in einem weiteren Umfange strafloser Kritik ausgesetzt sein müssen als Privatpersonen.[20] Hierzu wurden die Fälle *Lingens*, *Castells*, *Oberschlink* und *Thorgeirson* ausführlich zitiert. Dabei weisen die ungarischen Urteile aber auch inhaltlich abweichende Züge auf. So wird einerseits die Pflicht des Staates zur Schaffung und Aufrechterhaltung der Bedingungen einer demokratischen öffentlichen Meinung betont; andererseits unterstreichen beide Entscheidungen ausdrücklich, daß Schutzobjekt der Meinungsfreiheit grundsätzlich die geäußerte Meinung ist, unabhängig von einer Bewertung der in ihr vertretenen Ansichten. So führt das Verfassungsgericht aus: „Das Recht auf freie Meinungsäußerung schützt die Meinung ohne Rücksicht auf ihren Wert- und Wahrheitsgehalt. Die Meinungsfreiheit hat nur äußere Schranken. Es ist die freie Kommunikation selbst, das individuelle Verhalten und der gesellschaftliche Vorgang, die durch die Verfassung garantiert werden; daher bezieht sich das Grundrecht der Meinungsäußerungsfreiheit nicht auf den in ihr ausgesprochenen Inhalt. In diesem Prozeß haben alle Meinungen, die guten und die schädlichen, die angenehmen und die verletzenden, gleichermaßen Platz, insbesondere deshalb, weil die Bewertung einer Meinung selbst das Produkt eines meinungsbildenden Prozesses ist." Diese Entscheidung geht inhaltlich weiter als der bereits erwähnte Fall *Handyside*. Zwar umfaßt das Recht auf Redefreiheit auch nach Ansicht des Europäischen Gerichtshofs für Menschenrechte unangenehme oder verletzende Meinungsäußerungen, doch faßt er die Grenzen enger. Die Europäische Konvention für Menschenrechte läßt eine Beschränkung der Meinungsfreiheit

[20] UVGE 1994, 219.

aufgrund des Schutzes der Moral zu, was nach der Rechtsprechung des ungarischen Verfassungsgerichts unzulässig ist.

IV. Der Einfluß der Rechtsprechung des ungarischen Verfassungsgerichts auf die neue Wirtschaftsordnung

Der Beitrag des Verfassungsgerichts zur Stabilisierung der jungen Demokratie erschöpft sich nicht in seinen Urteilen über die politischen Institutionen und die individuellen Freiheitsrechte. Auch die wirtschaftliche Umstrukturierung des Landes wirft grundsätzliche Fragen mit verfassungsrechtlicher Bedeutung auf.

Obwohl das Eigentumsgrundrecht bereits Erwähnung gefunden hat, möchte ich ergänzend auf weitere entscheidende Urteile des ungarischen Verfassungsgerichts hinweisen. Wie auch in anderen Staaten Osteuropas hatte das Verfassungsgericht über die Verfassungsmäßigkeit des von der Politik gewählten Weges der Privatisierung und Entschädigung zu befinden. Hier zeigte sich der Unterschied zwischen der restaurierenden und der vorausschauenden, die abgeschlossenen Rechtsverhältnisse nicht berührenden, Variante des Systemwechsels. Je nachdem, für welche Variante sich ein Staatswesen entscheidet, werden verschiedene Personengruppen begünstigt oder benachteiligt und wirtschaftliche Güter nach abweichenden politischen Gesichtspunkten neu verteilt. Die politische Debatte um die Wahl des zu beschreitenden Weges wurde vor das Verfassungsgericht gebracht. Bei der Urteilsfindung waren letztlich das Verständnis des Gerichtshofes hinsichtlich der Natur des Systemwechsels, seine Auffassung von Legalitätsprinzip, Rechtskontinuität und Rechtssicherheit sowie seine positivistische bzw. naturrechtliche Einstellung entscheidende Faktoren. Und dieses war so, obwohl die verfassungsrechtliche Frage sehr eng als Auslegung des Gleichheitssatzes in Bezug auf das Eigentumsrecht formuliert wurde und das Gericht alle politischen Bezüge von der verfassungsrechtlichen Frage fernhalten wollte, um das neue Parlament in diesen Schicksalsfragen nicht von seiner Verantwortlichkeit zu entbinden. Die Entscheidungen des Verfassungsgerichts ließen die Wahl der kommerziellen Privatisierung als verfassungsmäßig zu, sie betrachteten den Staat als Eigentümer des einst nationalisierten Vermögens und erkannten die Entscheidungsfreiheit des Staatswesens zwischen den gangbaren Alternativen des Systemwandels an. Nach der Rechtsprechung des Gerichts ergibt sich aus der ungarischen Verfassung dabei keine Pflicht zur Wiederherstellung der früheren Eigentumsverhältnisse. Für den langen und widerspruchsreichen Prozeß des

Abbaus des ehemaligen gesellschaftlichen Eigentums, der neben der Transformation in Privateigentum auch die Zuteilung von Eigentum an die Gemeinden und andere autonome öffentliche Körperschaften beinhaltete, damit diese ihre Aufgaben selbständig erfüllen können, hat das Gericht verschiedene dogmatisch klare Lösungen entwickelt, um die Rechtssicherheit und Vorhersehbarkeit der Vorgänge zu sichern. Einerseits sprach es aus, daß kein verfassungsmäßiges Hindernis bestehe, die nach der Auflösung des gesellschaftlichen Eigentums verbleibenden Lasten sowie die mit der Verfassungsrevision vom 23. Oktober 1989 fällig gewordenen Verpflichtungen auf diejenigen zu verteilen, die aus der Umwandlung des gesellschaftlichen Eigentums unentgeltlich Eigentum erworben hätten. Andererseits versicherte das Verfassungsgericht, daß, solange die Umwandlung von Staatseigentum oder genossenschaftlichem Eigentum in Privateigentum bezüglich eines bestimmten Vermögensgegenstandes nicht eingetreten sei, auch niemand ein dahingehendes Recht beanspruchen könne, diesen Vermögensgegenstand frei von Belastungen in sein Privateigentum umzuwandeln. Sobald der Prozeß der Umwandlung vollzogen sei, müsse selbstverständlich ein umfassender Schutz des Eigentums gewährleistet werden, so daß es keine Möglichkeit mehr gebe, die Lasten der gesellschaftlichen Umwandlung noch rückwirkend auf die neuen Privateigentümer zu verteilen.[21] Dabei war der entgeltliche Eigentumserwerbs von vornherein unantastbar.

Weitere Voraussetzung eines stabilen Marktes stellt die Vertragsfreiheit dar, welcher nach der ungarischen Verfassung zwar nicht der Rang eines Grundrechtes zukommt. Trotzdem genießt die Vertragsfreiheit nach der ständigen Praxis des Gerichtshofes verfassungsrechtlichen Schutz in dem gleichen Maße wie dieser den Grundrechten auf freie Berufsausübung und freie Berufswahl zukommt.

Eine dritte, für einen Beitritt Ungarns zur Europäischen Union wichtige Bedingung, liegt in der Unabhängigkeit der Nationalbank. Diese Unabhängigkeit wird verfassungsrechtlich durch die Regelung der Ernennung des Präsidenten der Nationalbank gewährleistet. Diese erfolgt durch den Staatspräsidenten für - die Legislaturperiode übergreifende - sechs Jahre. Die Tätigkeit des Präsidenten der Nationalbank ist insofern dem Parlament unterstellt, als der Präsident diesem gegenüber rechenschaftspflichtig ist. Für den Fall, daß im Wege einer gesetzlichen Regelung die Unabhängigkeit der Nationalbank eine Einschränkung erfahren sollte, kann dieses immer noch durch die Anwendung derjenigen Prinzipien verhindert werden, die das Verfassungsgericht in Zu-

---

[21] *Brunner/Sólyom*, a.a.O., S. 126, 183, 192, 421, 539.

sammenhang mit der Unabhängigkeit der Gerichte sowie der Autonomie der örtlichen Selbstverwaltung entwickelt hat.

Diskussion

I. Beiträge des Auditoriums zu den Referaten

Im Anschluß an das Referat von *Sólyom* eröffnete *Stern* die Diskussion, indem er die Bedeutung des Zusammenwirkens der Verfassungsgerichtsbarkeiten Europas betonte. In diesem Zusammenhang wies er auf die Verdienste *Sólyoms* in diesem Bereich hin, der als Präsident des Ungarischen Verfassungsgerichtshofes die staatsrechtliche Verbundenheit zwischen den Staaten Mittel- und Osteuropas und den Staaten der Europäischen Union besonders gefördert habe.

Mádl nahm Bezug auf die von *Brunner* geäußerte skeptische Prognose, daß die heutigen Mitglieder der Europäischen Union einen zu erwartenden Wohlstandsverlust zugunsten der Eingliederung Osteuropas nicht ohne weiteres hinnehmen würden. *Mádl* räumte ein, daß die Gefahr einer Minderung des Wohlstandsniveaus innerhalb der Europäischen Union nicht von der Hand zu weisen sei, weil die Beitrittskandidaten Osteuropas mit ihrer in der Mehrzahl überwiegend landwirtschaftlichen Ausrichtung potentielle Empfänger umfangreicher Zuschüsse aus Agrar- und Strukturfonds seien. Einer solchen Mehrbelastung des Haushaltes der Europäischen Union als Folge der Osterweiterung stünden aber gewaltige wirtschaftliche Vorteile gegenüber, welche die Öffnung der östlichen Märkte mit sich bringe. Investitionen in diese Märkte durch Unternehmen aus den Staaten der Europäischen Union ließen einen hohen Rückfluß an Gewinnen erwarten. Auch die Handelsbilanzen versprächen wirtschaftliche Vorteile. So übertreffe im Fall der Handelsbeziehungen der Europäischen Union zu Ungarn die Quote der Exporte aus der Union die der Importe in die Union um ein Doppeltes. Dieser Exportüberschuss beschere den Ländern der Europäischen Union einen zusätzlichen wirtschaftlichen Vorteil. Die Prognose von *Brunner* müsse also relativiert werden, da angesichts der Wachstumsaussichten, die die mittel- und osteuropäischen Investitions- und Absatzmärkte böten, eine Minderung des Wohlstandsniveaus jedenfalls auf Dauer nicht zu erwarten sei. Ein Mangel an Bereitschaft zur Aufnahme der Beitrittskandidaten Mittel- und Osteuropas erscheine daher insoweit unverständlich, als er auf der Sorge um die Minderung des Wohlstandes in den heutigen Mitgliedsstaaten der Europäischen Union beruhe.

Garlicki meldete sich zu der These *Wyrzykowskis* zu Wort, das Europa-Abkommen übernehme in Polen die Funktion der fehlenden Wirtschaftsverfassung. Er wies darauf hin, daß Lücken in der Verfassung eines Staates nur durch staatliches Verfassungsrecht geschlossen werden könnten. Bei dem Europa-Abkommen handele es sich jedoch um einen völkerrechtlichen Vertrag. Dieser könne schon aus seiner Zielrichtung heraus nicht an die Stelle nationalen Verfassungsrechts treten, da er die Interessen verschiedener Staaten auszugleichen suche und nicht der staatlichen Selbstbestimmung diene. Weiterhin wies *Garlicki* darauf hin, daß die polnische Verfassung von 1952 in ihrer jetzigen geänderten Form bereits wirtschaftsverfassungsrechtliche Ansätze enthalte. So regele Artikel 6 die Freiheit der wirtschaftlichen Betätigung, Artikel 7 garantiere das persönliche Eigentum. Diese 1989 in die Verfassung eingebrachten Vorschriften, die durch die Rechtsprechung des Verfassungsgerichtshofes inhaltlich zu konkretisieren seien, könnten als Grundstein einer echten polnischen Wirtschaftsverfassung dienen. Berücksichtige man, daß das polnische Verfassungsrecht die Eigentumsgarantie und die Freiheit der wirtschaftlichen Betätigung selbst vorsehe, so sei dies auch für die Rolle des Assoziierungsabkommens von Bedeutung. Denn es begrenze in größerem Umfange die freien privatwirtschaftlichen Prozesse und stelle sich insoweit als Einschränkung des polnischen Verfassungsrechtes dar. Ob aber ein völkerrechtliches Abkommen geschlossen werden dürfe, daß eine Einschränkung des nationalen Verfassungsrechts vornehme, sei im Einzelfall fraglich. Denn die Aufgabe, dem Staat eine Wirtschaftsordnung zu geben, komme dem polnischen Souverän zu. Weitere Probleme werfe das Europa-Abkommen hinsichtlich seiner Anwendung und deren Kontrolle auf. So sei noch offen, in welchem Maße die polnischen Gerichte zur Anwendung des Assoziierungsabkommens verpflichtet oder befugt seien und welche Interpretationsspielräume den anwendenden Gerichten blieben. Auch sei ungeklärt, wie die Durchsetzung des Assoziierungsabkommens durch die polnischen Gerichte sichergestellt werden könne. Diese Frage werde aber von Bedeutung sein, wenn es gelte, Kollisionen zwischen dem nationalen Recht und den Vertragsbestimmungen auszugleichen. Das polnische Recht treffe keine Regelung darüber, wie in einem solchen Kollisionsfall zu verfahren sei. So sei mit Spannung zu erwarten, wie die Rechtsprechung mit einem solchen Präzedenzfall umgehen werde. Die Tatsache, daß sowohl Anwendbarkeit als auch Durchsetzbarkeit der Bestimmungen des Assoziierungsabkommens noch unklar seien, widerspreche ebenfalls der These *Wyrzykowskis*, da Verfassungsrecht eine eindeutige Regelung dieser Fragen voraussetze.

Gärtner knüpfte an die von *Garlicki* aufgeworfene Frage nach dem Verhältnis zwischen Assoziationsrecht und nationaler Rechtsordnung Polens an und berichtete, daß der ehemalige Präsident des Obersten Gerichtes in Polen, Rudnicki, anläßlich eines Vortrages die private Ansicht vertreten habe, im

Falle einer Kollision solle das Assoziationsrecht Vorrang vor dem nationalen polnischen Recht genießen. Dem Ansatz *Wyrzykowskis*, das Assoziierungsabkommen könne eine Wirtschaftsverfassung ersetzen, hielt *Gärtner* entgegen, daß das Abkommen nur das Ziel verfolge, vorhandene Rechtsordnungen zu harmonisieren. Es ersetze nicht die Notwendigkeit, eigene nationale Vorstellungen zu entwickeln und ihnen einen eigenen nationalen Rahmen zu schaffen. Es sei bedauerlich, sollte Polen noch lange warten, eigene Vorgaben in diese Richtung zu machen. Die Zurückhaltung der heutigen westeuropäischen Mitgliedsstaaten im Hinblick auf die Osterweiterung der Union führte *Gärtner* nicht nur - wie von *Brunner* skizziert - auf die Angst vor einem strukturellen Wohlstandsverlust zurück, sondern auch auf die Furcht vor politischem Machtverzicht. Stärker als bei den bisherigen Erweiterungen der Union müsse bei der Aufnahme von vier bis zehn Staaten aus Mittel- und Osteuropa die bestehende austarierte Verteilung des politischen Gewichtes angepaßt werden. Langfristig bedeutete dies für das innere Gleichgewicht der Europäischen Union eine spürbare Machtverschiebung, die für die heutigen Mitgliedstaaten mit einer Einbuße an politischem Einfluß verbunden sei. Die Sorge vor diesem Verlust an politischem Gewicht erkläre die bestehende Skepsis insbesondere der südeuropäischen Mitgliedstaaten hinsichtlich der Osterweiterung der Union.

Ebenfalls an den Vortrag *Brunners* anknüpfend ermahnte *Lambers* dazu, die Befürchtung, das Wohlstandsniveau der heutigen Mitgliedstaaten könne bei einer Osterweiterung der Union deutlich sinken, einer relativierenden Sicht zu unterziehen. Auch bei dem Beitritt Griechenlands, Spaniens und Portugals zu den Europäischen Gemeinschaften sei das Problem eines erheblichen Wohlstandsgefälles vorhanden gewesen, wenn vielleicht auch in einem etwas geringeren Maße. Diese Staaten hätten den Gemeinschaften auch dann erst beitreten können, nachdem die Anpassungsfähigkeit ihrer Wirtschaften unter Beweis gestellt worden sei. Denn die Union habe zwar immer die Solidarität mit den wirtschaftlich schwächeren Nachbarn als Notwendigkeit angesehen - wie auch heute mit den Staaten Mittel- und Osteuropas -, jedoch zugleich darauf geachtet, die Erweiterung in gleichgewichtiger Form zu vollziehen. So sei auch heute weder ein explosionsartiger wirtschaftlicher Erfolg in den Beitrittsstaaten Mittel- und Osteuropas erwünscht, noch eine Schwächung der Wirtschaften in den alten Mitgliedsstaaten. Bei aller Vorsicht müsse man sich aber trotzdem fragen, ob Übergangsregelungen für die Freizügigkeit der Arbeitnehmer oder im Bereich der Landwirtschaft von bis zu zehn Jahren - wie sie zum Teil die Assoziierungsabkommen vorsähen - diesen Staaten zugemutet werden könnten. Denn gerade in diesen Sektoren bewiesen die Beitrittskandidaten Osteuropas ihre höchste Wettbewerbsfähigkeit. *Lambers* betonte die Bedeutung der Europa-Abkommen in ihrer Funktion als Anpassungsmechanismen - unabhängig davon, ob sie geeignet seien, eine fehlende Wirtschaftsverfassung zu ersetzen. Gerade die Angleichung der Rechtssysteme könne die Annäherung der Leistungsfähigkeit der Volkswirtschaften bewirken. Nicht zu unterschätzen sei die Bedeutung der Demokratie-Klauseln in den Assoziierungsabkommen. Diese stellten ein wichtiges verbindendes Band zwischen den alten und den zukünftigen Mitgliedsstaaten dar. Für die Etablierung funktionierender und stabiler Demokratien sei die Bindung der Beitrittskandidaten an die Europäische Union außerordentlich hilfreich. Zu denken sei auch hier wieder an Spanien und Portugal mit ihren verhältnismäßig jungen Demokratien. So habe Spanien, in dem noch 1981 ein Putschversuch zur Restaurierung der Franco-Diktatur unternommen worden sei, nicht zuletzt unter dem Einfluß der Europäischen Gemeinschaften zu seinem heutigen Demokratieverständnis gefunden.

Geiger wies darauf hin, daß eine Reihe der von den Referenten als möglicherweise problematisch aufgezeigten Rechtsphänomene in den Staaten Ost- und Mitteleuropas durchaus auch dem deutschen Rechtskreis nicht unbekannt schienen: Die von *Wyrzykowski* beschriebene Skepsis hinsichtlich der Übernahme europarechtlicher Vorgaben in die eigene Rechtsordnung, die in Polen geäußert werde, bezeichnete *Geiger* als Ausdruck einer verständlichen Zurückhaltung. Auch die Deutschen seien den Vorgaben aus dem Europarecht nicht immer ohne Skepsis gegenüber getreten. So habe man in Deutschland beispielsweise Schwierigkeiten bei der Übernahme von europarechtlichen Amthaftungsprinzipien, die dem deutschen Rechtssystem fremd seien und sich nur schwer in dieses eingliedern ließen. Von da her scheine es natürlich, wenn polnische wie deutsche Juristen, die jeweils in einem bestimmen Rechtskreis ausgebildet worden seien, bei der Übernahme fremder Rechtsstrukturen zunächst Vorbehalte äußerten. Auch das Phänomen, daß Europa-Abkommen stellenweise fehlendes Verfassungsrecht der Beitrittskandidaten ersetzten, sei in Deutschland nicht unbekannt. So habe der Grundrechtsspezialist Christian Burkhard in seinem bekannten Vortrag vor der deutschen Staatsrechtslehrervereinigung vor mehr als zehn Jahren darauf hingewiesen, daß sich die Europäische Menschenrechtskonvention sowie andere Menschenrechtsverträge ganz langsam zu einer Art deutscher Nebenverfassung entwickelt hätte. Lese man jüngste Urteile etwa des Bundesgerichtshofes zu den Mauerschützenfällen, so stelle man fest, daß dort auf völkerrechtliche Rechtsgrundsätze Bezug genommen werde, die dem nationalen Recht ohne weiteres vorgingen. Es werde somit deutlich, daß sich auch in Deutschland Rechtsstrukturen aus internationalen Vereinbarungen entwickeln könnten, und zwar sogar auf Verfassungsebene. Schließlich äußerte sich *Geiger* zu dem von *Brunner* aufgeworfenen Problemkreis, daß in den Verfassungen der ost- und mitteleuropäischen Beitrittskandidaten durchweg keine Öffnungsklauseln vorhanden sind, die die Geltung der supranationalen Rechtsordnung der Europäischen Gemeinschaften in den innerstaatlichen Rechtsordnungen der Beitrittsstaaten ermöglichten. Wenn auch Staaten wie Rumänien in ihrer Verfassung ein unabänderliches Nationalstaatsprinzip verankert hätten, das nicht Gegenstand einer Verfassungsänderung sein dürfe und jeder Übertragung von Kompetenzen auf eine supranationale Ebene entgegenstehe, so stelle dies auch kein unüberwindliches Hindernis dar. Denn auch in Deutschland gelte mit Artikel 79 Abs. 3 des Grundgesetzes eine Ewigkeitsgarantie für die fundamentalen Staatsprinzipien, die Deutschland den Beitritt zu einem europäischen Bundesstaat unmöglich mache. Über solche Klauseln hinweg fänden sich jedoch bei entsprechendem politischen Willen immer Lösungswege, die den gegebenen Notwendigkeiten Rechnung trügen.

Czezeijko-Sochacki schätzte die polnische Verfassung in ihren wesentlichen Zügen bereits heute als grundsätzlich mit dem Recht der Europäischen Gemeinschaften kompatibel ein, wenn man bedenke, daß fundamentale Prinzipien wie die Wirtschaftsfreiheit oder die Eigentumsgarantie schon in die polnische Verfassung eingebracht worden seien. Er hoffe, daß die anstehende Verfassungsreform genutzt werde, um Polen dem Beitritt zur Europäischen Union einen Schritt näher zu bringen, indem man die Angleichung des polnischen innerstaatlichen Rechts an das Europarecht auf verfassungsrechtlicher Ebene vorgebe. Allerdings sei in Anbetracht der politischen Verhältnisse in Polen auch denkbar, daß eine dem europäischen Gedanken eher skeptisch gegenüberstehende Lösung bei der Verabschiedung der Verfassungsreform getroffen werde. Dies könne den begonnenen Integrationsprozeß zwar zeitlich verzögern, jedoch nicht gänzlich aufhalten oder gar umkehren. Im übrigen sei die Rechtsprechung des polnischen Verfassungsgerichtes abzuwarten. Denn dieses sei bei der Verfassungsinterpretation bemüht, diejenigen Werte und Standards zugrunde zu legen, die dem Europarecht entsprächen. Das Bemühen des polnischen Verfassungsgerichtes um eine an westlicher Jurisdiktion ausgerichteten Auslegung orientierten Verfassungsausgestaltung gehe so weit, daß sich das Gericht bereits dem Vorwurf zu weit gehender Verfassungsinterpretation ausgesetzt sehe. Als Beispiel verwies *Czezeijko-Sochacki* auf die Bestimmung des Rechtsstaatsprinzips. Abgesehen von der Rechtskompatibilität stelle sich jedoch die noch wichtigere Frage, inwieweit die Mentalität der polnischen Bevölkerung auf den Beitritt in die Europäische

Union vorbereitet, sozusagen „kompatibel“ sei. Zum einen herrsche vielerorts ein Glaube an die Allmächtigkeit des Staates vor - vor allem in Kreisen der Arbeiterschaft -, der die marktwirtschaftliche Eigenverantwortlichkeit der Menschen hemme. Zum anderen fehle es an einem Forum seriöser gesellschaftlicher Auseinandersetzung mit dem Thema eines polnischen EU-Beitrittes. Vielmehr neige man dazu, pauschal zu argumentieren, so daß die Frage nach dem Beitritt Polens zur Glaubensfrage avanciere: Wer modern sei, befürworte den Beitritt, wer Skepsis äußere, sei Kommunist. In einem solchen Klima könne jedoch auf gesellschaftlicher Ebene kein ernsthafter Meinungsbildungsprozeß stattfinden. Auch diese Mentalitätsfrage sei ein Punkt, der in Zusammenhang mit der Beitrittsbereitschaft der Kandidaten zu beachten sei.

Halmai richtete an *Brunner* die Frage, ob das Vorhandensein demokratischer und rechtsstaatlicher Verfassungen in den ehemals dem Ostblock angehörenden Beitrittskandidaten tatsächlich eine politische Voraussetzung für die Aufnahme in die Europäische Union darstelle. Diese Voraussetzung betreffe vor allem Polen und Ungarn, die nach dem Zerfall des Ostblocks noch keine neue Verfassung verabschiedet hätten. Er selber bezweifle die Notwendigkeit einer vollumfänglich niedergelegten demokratischen und rechtsstaatlichen Verfassung für einen Beitritt zu der Europäischen Union. Zwar könne es einem Beitrittsstaat, der diese Voraussetzung nicht erfülle, beispielsweise an einem kodifizierten Grundrechtskatalog („Bill of Rights“) fehlen, ein solcher sei jedoch auch in der französischen Verfassung nicht vorhanden. Gerade in der Verabschiedung einer neuen Verfassung lauere auch immer eine Gefahr, so daß auch vieles für die Beibehaltung bestehender Verfassungen spreche, zumindest bis stabile politische Verhältnisse die Entwicklung einer modernen und ausgewogenen Verfassung ermöglichten. So seien die jungen Demokratien Osteuropas der Gefahr ausgesetzt, bei ihrer Verfassungsgebung Opfer einseitiger und kurzlebiger Interessenausrichtungen der jeweiligen Regierungen zu werden. Denn diese könnten die inhaltliche Ausrichtung der Verfassung je nach den zur Zeit bestehenden politischen Verhältnissen in einer extremen und daher ungesunden Weise einseitig gestalten. Als Beispiel führte *Halmai* einen jüngeren Vorschlag der linksgerichteten Oppositionsparteien in Ungarn an, der sich darauf richte, neben den Prinzipien der Rechts- und Sozialstaatlichkeit eine Reihe einzelner sozialer Grundrechte in die Verfassung Ungarns aufzunehmen. Seiner Meinung nach stünden jedoch die Kodifizierung der Prinzipien der Rechts- und Sozialstaatlichkeit und die Kodifizierung einzelner sozialer Grundrechte in einem Alternativverhältnis, da sie beide nur verschiedene Ausprägungen desselben Gedankens seien. Bedenke man, daß das Sozialstaatsprinzip - wie es in Deutschland gelte - eher eine Staatszielbestimmung darstelle und keinen Rechtsanspruch vermittle, so sei die weitere Aufnahme subjektiver sozialer Grundrechte neben dem Sozialstaatsprinzip nicht nur überflüssig, sondern sogar widersprüchlich. Deshalb könne er von einer Verwirklichung dieses Vorschlages in der ungarischen Verfassung nur dringend abraten. Er sei aber ein gutes Beispiel dafür, welchen Gefahren die Verfassungsgebung in jungen Demokratien aufgrund momentaner politischer Strömungen ausgesetzt sei. Natürlich drohten Gefahren auch durch die rechtsgerichteten Parteien, die zum Teil den Beitritt Ungarns zur Europäischen Union gänzlich in Frage stellten. Der Widerhall solcher Bestrebungen in der ungarischen Verfassung treffe das Land natürlich ungleich schwerer und es bleibe zu hoffen, daß diese radikalen Rechtsparteien in Ungarn niemals in die politische Verantwortung gelangten.

Dzialocha sprach die im Rahmen der Verfassungsdiskussion in Polen viel diskutierte Frage an, auf welcher verfassungsrechtlichen Grundlage ein Beitritt Polens zur Europäischen Union erfolgen solle. Besonders die Vertreter derjenigen politischen Parteien, die dem Integrationsprozeß mit Zurückhaltung gegenüber stünden, favorisierten als Beitrittsmodus den Weg über einen völkerrechtlichen Vertrag. Nach dieser Ansicht stellten also die bestehenden Verfassungsregelungen, die in allgemeiner Weise die Stellung internationaler, von Polen ratifizierter Abkommen regelten, eine ausreichende Grundlage für einen Beitritt des Landes zur Europäischen Union dar. Dieses Modell verfüge jedoch nicht über die erforderlichen Mechanismen, die in Zusammenhang mit der Inkorporierung von sekundärem Gemeinschaftsrecht in die polnische Rechtsordnung erforderlich seien. Aus diesem Grunde spreche er sich, wie übrigens auch die Mehrheit der Verfassungskommission, dafür aus, die Rechsgrundlagen für die umfassende Eingliederung Polens in die europäischen Strukturen schon heute so vollständig wie möglich zu bestimmen. Die allgemeinen Verfassungsvorschriften zur Stellung völkerrechtlicher Abkommen innerhalb der polnischen Rechtsordnung seien dafür jedenfalls unzureichend. Die Tatsache, daß Polen bereits zum jetzigen Zeitpunkt in einzelnen Bereichen staatliche Kompetenzen abgebe, bestätige diesen Ansatz. Als Beispiel für eine solche Kompetenzübertragung nannte *Dzialocha* die Anerkennung der Zuständigkeit des Europäischen Gerichtshofs für Menschenrechte in Straßburg, wodurch die polnische Gerichtsbarkeit bereits Kompetenzen habe abtreten müssen.

II. Schlußworte des Podiums

Sólyom machte deutlich, daß er als Präsident des ungarischen Verfassungsgerichtshofes keine verfassungsrechtlichen Bedenken hinsichtlich eines Beitrittes Ungarns zu der Europäischen Union habe. Die heutige ungarische Verfassung sehe eine Wirtschaftsverfassung in Form eines in sich geschlossenen Systems nicht vor. Sie lasse in diesem Bereich Spielräume und stelle sich hinsichtlich eines Beitritts Ungarns in die Europäische Union als anpassungsfähig dar. So existiere kein verfassungsrechtlicher Maßstab für die Prüfung staatlicher Eingriffe in den Wirtschaftsablauf. Es müsse vielmehr im Einzelfall die Verhältnismäßigkeit des jeweiligen Eingriffes festgestellt werden. Verfassungsmäßig festgeschrieben seien als Grundrechte lediglich die Eigentumsgarantie und die Unternehmerfreiheit, die auch als Recht auf die freie Berufswahl interpretiert werde. Als Staatszielbestimmung enthalte die ungarische Verfassung das Prinzip der freien Marktwirtschaft bzw. des freien Wettbewerbs. Hindernisse bei der Übernahme europäischen Wirtschaftsrechts ergäben sich insoweit aus dem materiellen Verfassungsrecht Ungarns nicht. Auch in formeller Hinsicht sei die Inkorporation des Europarechtes in den ungarischen Rechtskreis unproblematisch. So gehe der Verfassungsgerichtshof entsprechend seines monistischen Standpunktes von der Einheit von nationalem Recht und Völkerrecht aus. Dies sehe die in der ungarischen Verfassung angelegte Rangordnung der Rechtssätze vor, nach der das Völkerrecht zwischen dem nationalen Verfassungsrecht und dem einfachen nationalen Recht stehe. Abschließend plädierte *Sólyom* dafür, die verfassungsrechtliche Reife eines Staates nicht an der Fassade einer neu erstellten Verfassung zu beurteilen, sondern diese an der jeweiligen Verfassungswirklichkeit zu messen.

Den aktuellen Stand der Kompatibilität der polnischen Verfassung zum Europarecht bewertete *Wyrzykowski* mit Blick auf einen Beitritt des Landes zur Europäischen Union insgesamt als nicht ausreichend. Zwar seien erste notwendige Anpassungen vorgenommen worden, wie die Verbriefung der Wirtschaftsfreiheit und der Eigentumsgarantie. Es bestünden jedoch noch viele verfassungsrechtliche Lücken im Hinblick auf die Europakonformität, deren Schließung der acquis communautaire als Voraussetzung einer Aufnahme in die Europäische Union auferlege. Schon heute wirke sich diese Verpflichtung formell und materiell auf die Gesetzgebung in Polen aus. So enthielten alle neuen Gesetzesentwürfe eine Klausel zur Europarechtskonformität der beabsichtigten Regelung. Darüber hinaus erfolge die Auslegung der Gesetze schon heute unter Zugrundelegung der Prinzipien und Anforderungen des gemeinschaftsrechtlichen acquis communautaire. Anschließend ging *Wyrzykowski* auf die Frage *Garlickis* ein, inwieweit die Verfassungsgerichtsbarkeit eines Beitrittskandidaten die Europa-Abkommen materiell ihrer Rechtsprechung zugrunde zu legen habe. Er könne sich nicht vorstellen, daß ein solches nationales Verfassungsgericht auf der Grundlage der Europa-Abkommen oder des acquis communautaire Entscheidungen treffe. Es sei aber zu wünschen, daß die Europa-Abkommen als Auslegungshilfe bei der verfassungsgerichtlichen Rechtsfindung eine richtungsweisende Berücksichtigung fänden. Zu der Frage *Geigers*, inwieweit das polnische Recht bei der Übernahme europarechtlicher Prinzipien kompatibel sei, führte *Wyrzykowski* aus, daß eine allgemeine Antwort auf diese Frage wohl nicht möglich sei. Der Stand der Kompabilität sei in den verschiedenen Rechtsbereichen graduell unterschiedlich und müsse am konkreten Rechtsgebiet geklärt werden. Den Ausführungen *Geigers*, daß ein gewisses Maß an Zurückhaltung bei der Übernahme europarechtlicher Rechtsvorgaben auch „gesund" sein könne, stimmte *Wyrzykowski* für den Fall der Angleichung des polnischen Rechts an das europäische Wertpapier- und Börsenrecht zu. Hier habe man sich wohl vorschnell an die entsprechenden Richtlinien der Europäischen Gemeinschaft angepaßt, ohne die gewachsenen nationalen Eigenheiten zu berücksichtigen. Das jetzige, an das Europarecht angeglichene Wertpapier- und Börsenrecht werde in Polen häufig als unbillig empfunden, so daß seine Anwendung und Auslegung erhebliche Schwierigkeiten mit sich bringe.

Den verfassungsrechtlichen Voraussetzungen, die ein Beitritt der Staaten Mittel- und Osteuropas zur Europäischen Union in formeller Hinsicht erfordere, dürfe nur ein relativ geringes Gewicht zugemessen werden, meinte Brunner, weil es immer auf die Verfassungswirklichkeit ankomme. Insoweit habe er den unbefriedigenden Status der polnischen Verfassung auch nur als Schönheitsfehler angeführt, da die faktische Existenz einer rechtsstaatlichen Demokratie in diesem Land keinem Zweifel unterliege. Dennoch sei es wünschenswert, daß ein umfassender Grundrechtsschutz auch in der polnischen Verfassung verankert werde. Dies gelte umso mehr, als das polnische Verfassungsgericht in Ermangelung einer allgemeinen Verfassungsbeschwerde keine Stellung zu Fragen des individuellen Grundrechtsschutzes nehmen könne. Den Ausführungen *Lambers*, der die Erfahrungen der Süderweiterung der Europäischen Gemeinschaften der Sorge um eine deutliche Wohlstandsminderung in den heutigen Mitgliedsstaaten der Europäischen Union bei einer umfassenden Osterweiterung entgegengehalten hatte, stimmte *Brunner* zu. Es handele sich bei der Osterweiterung um einen längerfristigen Prozeß, der großzügige Anpassungs- und Übergangsfristen erforderlich mache, da die verfrühte Aufnahme wirtschaftlich nicht entsprechend vorbereiteter osteuropäischer Staaten in die Europäische Union beiden Seiten nichts Gutes verheiße. Auf der anderen Seite dürfe schon aus politischem Kalkül der Bogen bezüglich der Dauer bis zu einer Aufnahme der Staaten Mittel- und Osteuropas auch nicht überspannt werden, wie *Halmai* zu Recht gefordert habe. Es sei bewundernswert, wie die Völker die erheblichen sozialen Belastungen, die aus der gesellschaftlichen Transformation resultierten, bis heute überstanden hätten, ohne in politischen Extremismus zu verfallen. Die Frage sei aber, wie lange diese Geduld der Menschen noch halte. Ebenso sei die Frage offen, wie sich Rußland, das einen außenpolitischen Unsicherheitsfaktor darstelle, verhalte. Daher sei ein Mittelweg zu beschreiten, der einerseits vernünftige zeitliche Übergangsregelungen umfasse und andererseits den Willen der heutigen Staaten der Europäischen Union zu einer zügigen Vollaufnahme der Staaten Mittel- und Osteuropas glaubhaft deutlich mache. Die Osterweiterung der Union werde in der Öffentlichkeit in einem weitaus höheren Maße mit dem Begriff der Wohlstandsminderung in Verbindung gebracht, als dies tatsächlich angezeigt sei. Übersehen würden nämlich die immensen Vorteile, die die heutigen Mitgliedstaaten der Europäischen Union aus einer Osterweiterung ziehen würden, ja bereits schon in der heutigen Situation der Assoziierungsverhältnisse zögen. Problematisch bleibe sicherlich die Regelung der Strukturfonds, aber auch diese Schwierigkeit halte er für lösbar. Hierzu äußerte *Brunner* den Vorschlag, das Volumen der Fonds auf dem heutigen Niveau einzufrieren und lediglich den Verteilungsschlüssel zu ändern. Die hieraus resultierende Mehrbelastung für die heutigen Mitgliedstaaten könne von diesen getragen werden, ohne als übermäßig empfunden zu werden. Abgesehen von der Problematik des Lastenausgleichs lauerten die gravierenderen Probleme aber im strukturellen Bereich der Agrar- und Arbeitsmärkte, wo es an etablierte Wohlstandsinteressen gehe. Hier sehe er keinerlei Bereitschaft, Konzessionen an die Beitrittskandidaten, die in diesen Sektoren ihre strukturellen Stärken aufwiesen, zu machen. Die durchsetzungskräftige Interessengruppe der Landwirte blockiere effektiv jede Veränderung im Agrarbereich, die die alten Besitzstände zu berühren drohe. So sei es außerordentlich schwierig, in diesem Bereich zu tatsächlich marktwirtschaftlichen Verhältnissen zu kommen. Ähnlich verhalte es sich in dem von Gewerkschaften kontrollierten Arbeitsmarkt, wo eine Marktwirtschaft überhaupt nicht bestehe. Hier zu Lösungen zu kommen, die auch den wohlverstandenen wirtschaftlichen Interessen der westeuropäischen Staaten Europas entsprächen, sei das eigentliche Problem bei der Diskussion um die Wohlstandsminderung. Möglicherweise könne hier aber die Osterweiterung der Europäischen Union, die zur Zeit eher als Sündenbock diene, als Chance begriffen werden. Sie könne nämlich als Katalysator eingesetzt werden, um längst überfällige Strukturveränderungen gerade in den zuletzt genannten Bereichen herbeizuführen. *Brunner* äußerte jedoch Skepsis hinsichtlich der Bereitschaft der westeuropäischen Politik, strukturelle Veränderungen in Angriff zu nehmen, obwohl deren Notwendigkeit möglicherweise durchaus erkannt worden sei. Die politische Dimension, wie sie von *Gärtner* angesprochen worden sei, habe er zwar in seinem Referat ausgeklammert, sie müsse aber natürlich in das Gesamtbild mit einbezogen werden. Schon die zeitliche Reihenfolge des Abschlusses der Assoziierungsabkommen verwundere. So erstaune, daß nach der Gruppe der Visegráder Staaten Rumänien und Bulgarien, dann die baltischen Staaten und schließlich Slowenien aufgenommen worden seien, während Kroatien überhaupt nicht dabei sei. Diese Reihenfolge erkläre sich nicht mit dem unterschiedlichen Reifegrad der Beitrittskandidaten hinsichtlich der Aufnahme, sondern habe etwas mit politischen Überlegungen zu tun. Das Verhalten der westlichen Mächte werde zum Teil noch von politischen Denkkategorien des 19. Jahrhunderts geprägt, was deren Verhalten während der Umbruchphase 1989/90 und während der Jugoslawien-Krise bewiesen habe. Zu diesen überkommenen Atavismen zähle das Denken in Einflußsphären. Das Beispiel Rumäniens, das überall bevorzugt behandelt werde, ohne daß sachliche Gründe dies rechtfertigten, zeige anschaulich, wie Europapolitik von der Angst vor einer Ausweitung der deutschen Einflußsphäre beeinflußt werde. Denn Osteuropa sei größtenteils traditionell mit Deutschland verbunden, wobei der Fall Rumäniens eine Ausnahme darstelle. *Brunner* äußerte die Befürchtung, daß derartige Untertöne bei der Gestaltung der Osterweiterung der Europäischen Union weiterhin eine Rolle spielen könnten. Er wolle diesen Diskussionsabschnitt jedoch nicht als Pessimist ausklingen lassen, vielmehr sei ihm an der realistischen Betrachtung des Integrationsprozesses, zu dem es keine Alternative gebe, gelegen.

Die slowenische Perspektive

IVAN KRISTAN

I. Die Situation Sloweniens und der Stand des Integrationsprozesses

Nach der Auflösung der ehemaligen jugoslawischen Föderation sah sich Slowenien vor allem mit Problemen einerseits aus dem Wirtschaftsbereich und andererseits aus dem Bereich Verteidigung und Sicherheit konfrontiert.

Aufgrund der verlorenen Märkte in den früheren jugoslawischen Republiken und zum Teil auch in den Ostblockstaaten war die wirtschaftliche Lage des Landes zunächst sehr kritisch. Wegen der Kriege in Kroatien sowie in Bosnien und Herzegowina, aber auch wegen des organisierten Boykotts slowenischer Produkte in Serbien, war die Erneuerung dieser Märkte nicht möglich, sodaß neue Absatzmärkte im Westen gesucht werden mußten. Dieser Prozeß war nicht einfach, weil es sich nicht nur um die Restituierung verlorener Märkte handelte, sondern gleichzeitig um eine Rekonstruktion der gesamten slowenischen Wirtschaft. Diese mußte sich umfassend an die weit höheren Standards der entwickelten westlichen Wirtschaft und deren Anforderungen anpassen.

In den letzten fünf Jahren ist in dieser Hinsicht manches erreicht worden. Slowenien hat sich in einem hohen Maße Europa zugewandt. Derzeit beträgt der Handel mit den Staaten der Europäischen Union genau zwei Drittel des gesamten Auslandshandels (66%). Rechnet man den Wirtschaftsaustausch mit der EFTA in Höhe von ca. 2% und mit der CEFTA in Höhe von ca. 5% bis 7% hinzu, dann werden drei Viertel des slowenischen Außenhandels mit europäischen Staaten abgewickelt. Dieser hohe Grad wirtschaftlicher Ausrichtung nach Europa legitimiert die Bewerbung der Republik Slowenien um institutionelle und politische Eingliederung in die Europäischen Union.

Die Verteidigungs- und Sicherheitslage Sloweniens war vor fünf Jahren sehr problematisch. Nach der Aggression der jugoslawischen Armee und dem damit verbundenen zehntägigen Krieg bestand - zumindest bis zum Frieden von Dayton - keine Sicherheit im Hinblick auf die Frage, ob Slowenien außerhalb des unruhigen Balkankessels bleiben würde bzw. ob es gelänge, das Land aus diesem Kessel wieder herauszuziehen. Diese Situation und die Tatsache, daß Slowenien als ein kleiner Staat keine Armee besitzt, die stark genug ist, um sich gegen einen starken Aggressor zu wehren, bekräftigt den Wunsch Sloweniens, sich in das System der kollektiven Sicherheit in Europa bzw. in die NATO einzugliedern.

Es erscheint naheliegend, diese beiden Aspekte einer Eingliederung Sloweniens in Europa, nämlich die Mitgliedschaft in der Europäischen Union und die Einbeziehung in das System der kollektiven Sicherheit, in Zusammenhang zu betrachten und deren Umsetzung, soweit dies möglich ist, parallel zu verwirklichen. Einiges auf dem Weg einer solchen Eingliederung in die Strukturen Europas hat Slowenien bisher schon erreicht. So ist das Land Mitglied in der OSZE, es hat den Assoziierungsvertrag mit der Europäischen Union unterzeichnet, es ist der Initiative „Partnerschaft für den Frieden" beigetreten und es bereitet sich auf die Erfüllung der Bedingungen für eine NATO-Mitgliedschaft vor.

Was die Mitgliedschaft Sloweniens in der Europäischen Union betrifft, so ist in der Unterzeichnung des Assoziierungsvertrags nur die erste Stufe der Integration zu sehen. Weitere Schritte lassen noch auf sich warten, beispielsweise die Ratifizierung des Assoziierungsvertrags und die folgenden Prozeduren auf dem Weg zu der Vollmitgliedschaft in der Europäische Union, für die sich die Republik Slowenien bereits beworben hat. Bis zu einer Vollmitgliedschaft Sloweniens in der Europäischen Union sind jedoch noch viele Fragen zu beantworten und viele Hindernisse zu bewältigen.

Die bisherigen Erfahrungen Sloweniens im Zusammenhang mit dem Integrationsprozeß in die Europäische Union können dabei nicht uneingeschränkt als positiv bezeichnet werden. Die Unterzeichnung des Assoziierungsvertrages hat sich wegen des Vetos Italiens und den nachfolgenden Verhandlungen derart verzögert, daß am Ende ungewiß war, ob überhaupt noch mit einer Unterzeichnung gerechnet werden konnte. Italien hat zunächst für den Zeitraum eines Jahres, und zwar von Frühling 1994 bis Frühling 1995, die Mandatserteilung an die Europäische Kommission zur Verhandlungsführung über den Assoziierungsvertrag blockiert. Anschließend wurde ein weiteres Jahr lang die Unterzeichnung des Assoziierungsvertrages verzögert. Anlaß dieser Verzögerungen waren die Verhandlungen über solche Punkte des Assoziierungsabkommens, die ursprünglich Forderungen Italiens an Slowenien im bilateralen Verhältnis gewesen waren, und nun über den Text des Assoziierungsabkommens gegenüber Slowenien durchgesetzt werden sollten. In dieser Vorgehensweise Italiens, nämlich der Projezierung bestehender bilateraler Probleme auf die multilaterale Ebene, liegt ein Verstoß gegen die Grundsätze und Gepflogenheiten der Ausgestaltung internationaler Staatenbeziehungen. Dennoch mußte sich Slowenien wegen seiner schlechten Verhandlungsposition dem politischen Druck der italienischen Interessen beugen und einen Kompromiß eingehen. In einem Briefwechsel zwischen Italien und Slowenien - Italien übte zu dem fraglichen Zeitpunkt die Ratspräsidentschaft der Europäischen Union aus -, der Art. 64 des Assoziierungsvertrages betraf, wurde eine fortschreitende Öffnung des Marktes der slowenischen Liegenschaften vereinbart. Slowenien wird auf der Grundlage der Reziprozität mit Inkrafttreten des Assoziierungsvertrages denjenigen Staatsbürgern aus den Mitgliedsstaaten der Europäischen Union, die seit drei Jahren auf dem jetzigen slowenischen Territorium ihren ständigen Wohnsitz begründet haben, das Recht zum Grundstückserwerb einräumen. Vier Jahre nach dem Inkrafttreten des Vertrages wird dieses Recht auch allen anderen EU-Staatsbürgern eröffnet. Die neue italienische Regierung unter dem Vorsitz von *Prodi* hat nun die Hoffnung Sloweniens wieder aufleben lassen, daß Italien seine Blockadehaltung gegenüber dem slowenischen Beitritt zur Europäischen Union aufgeben wird. Abzuwarten bleibt, wie der Ratifizierungsprozeß des Assoziierungsvertrages in der Europäischen Union verlaufen wird. Bis zur Ratifizierung des Vertrages gilt ab dem 1. Januar 1997 ein Interimsabkommen, das vor kurzem in Brüssel unterschrieben wurde.

Seit der Unterzeichnung des Assoziierungsvertrags ist Slowenien in die Strategie der Europäischen Union zur Vorbereitung der assoziierten Mitglieder auf die volle Mitgliedschaft, einbezogen. Auf diese Weise kann Slowenien am Strukturdialog zwischen der Union und assoziierten Mitgliedern Mittel- und Osteuropas mitwirken. Beim ersten Treffen der Außenminister im Rahmen dieses Dialoges Ende Oktober 1996 konnte die Republik Slowenien bereits teilnehmen.

Darüber hinaus wirkt Slowenien auch an der Erstellung des Gutachtens über diejenigen Staaten mit, die als Kandidaten für einen Beitritt zur Europäischen Union in Frage kommen, indem es der Europäischen Kommission alle benötigten Daten zur Verfügung stellt.

Die Umsetzung der oben genannten beitrittsvorbereitenden Strategie zur Errichtung der slowenischen EU-Vollmitgliedschaft ist in der Schlußphase. Die wichtigsten Maßnahmen, die im Rahmen dieser Strategie von slowenischer Seite aus zu treffen sind, ergeben sich aus dem vor einem Jahr von der Regierung beschlossenen Programm zur Eingliederung des Landes in die Europäische Union. Hierzu gehören insbesondere die Anpassung der slowenischen Gesetzgebung an die Gesetzgebung der Union, die Reform der staatlichen Verwaltung, die Ausbildung von Fachleuten auf den integrationsrelevanten Gebieten sowie ein umfassendes Informationsprogramm, mittels dessen sich die Öffentlichkeit ein Bild über die Eingliederung Sloweniens in die Europäische Union machen kann.

Der wirtschaftliche Aspekt eines Beitrittes Sloweniens zur Europäischen Union ist von vorrangiger Bedeutung. Dabei kann die Vollmitgliedschaft durchaus als Hauptziel der slowenischen Wirtschaftspolitik angesehen werden, weil diese auch der Verwirklichung anderer Wirtschaftsziele, wie beispielsweise einem hohen Wirtschaftswachstum oder der Wettbewerbsfähigkeit der slowenischen Wirtschaft auf internationaler Ebene, in großem Maße zugute kommt. Für die Erfüllung aller Bedingungen im wirtschaftlichen Bereich, die an die Vollmitgliedschaft Sloweniens in der Europäischen Union geknüpft werden, ist zwar noch vieles zu tun. Trotzdem steht bei Betrachtung der wirtschaftlichen Daten Slowenien im Vergleich zu den anderen assoziierten Mitgliedern Mittel- und Osteuropas gut da.

Die Raten von Import und Export geben Anlaß zur Hoffnung. Der Export in die Europäische Union im Jahre 1994 in Höhe von 66% wurde nur von Polen übertroffen, das eine Exportmarke von 69% erreichen konnte. Alle übrigen Mitbewerber hatten niedrigere Exportanteile zu verzeichnen. Im Falle Ungarns lag der Exportanteil beispielsweise bei 61%, im Falle der Tschechischen Republik bei 59%, im Falle der Slowakischen Republik bei 48% etc. Vergleicht man die Kraft des wirtschaftlichen Wachstums der Beitrittskandidaten anhand der voraussichtlichen Zeitspanne, die ein Staat benötigte, um die heutige Wirtschaftsleistung Griechenlands zu erreichen, so betrüge diese im Falle Sloweniens 8 Jahre, im Falle Polens 69 Jahre, im Falle Ungarns 61 Jahre und im Falle der Tschechischen Republik 59 Jahre.

Im Hinblick auf die sogenannten Maastricht-Kriterien lassen sich erste Erfolge bei deren Einhaltung verzeichnen. Die Daten sind sowohl für das Kriterium der Höhe der öffentlichen Verschuldung als auch für das Kriterium der Höhe des Haushaltsdefizits im Falle Sloweniens sehr günstig. Die öffentliche Verschuldung Sloweniens ist mit für das Jahr 1996 geschätzten 31,1% des Bruttoinlandsproduktes weit niedriger, als dies die Maastricht-Kriterien mit den anvisierten 60% des Bruttoinlandsproduktes vorsehen. Im Hinblick auf das jährliche Haushaltsdefizit ist zu sagen, daß in Slowenien in den letzten Jahren praktisch kein Haushaltsdefizit aufgetreten ist (1995: 0,2% des BIP, Prognose 1996: 0,3% des BIP). Was die Inflationsrate sowie die langfristigen Zinssätze betrifft, geben die Zahlen jedoch keinen Anlaß zur Freude. Die Inflationsrate liegt in Slowenien mit den für 1996 prognostizierten 9,5% weit über den Anforderungen, die nach den Maastricht-Kriterien an die Landeswährungen der Mitgliedsstaaten gestellt werden (3,0%). Allerdings muß im Hinblick auf die Inflationsrate angemerkt werden, daß diese vor fünf Jahren noch bei 243% lag. Der Trend in Richtung auf eine Stabilisierung zeichnet sich also auch auf diesem Gebiet deutlich ab. Auch bei den langfristigen Zinssätzen ist Slowenien mit voraussichtlichen 19,7% für das Jahr 1996 noch weit über dem Richtwert der Europäischen Union, der bei 10,4% liegt. Die wirtschaftliche Entwicklung in Slowenien muß dahin gehen, daß zukünftig auch diejenigen Maastricht-Kriterien erfüllt werden, mit denen sich Slowenien heute noch schwer tut. Wichtig scheint mit jedoch die Tatsache, daß Slowenien sich im Zeitraum der letzten fünf Jahre überhaupt von seinem negativen wirtschaftlichen Wachstum lösen konnte und heute ein positives wirtschaftliches Wachstum zu verzeichnen hat. Im Jahre 1993 betrug dieses Wachstum immerhin 1,8%, im Jahre 1995 schon 3,5% und in diesem Jahr werden 5 bis 6% erwartet.

Slowenien versucht also, sich den Maastricht-Kriterien, die für die westlichen entwickelten Staaten vorgesehen sind, anzunähern, und kann dabei auch erste Erfolge verbuchen. Dieser Anspruch ist einerseits wichtig, um anhand eines geeigneten Maßstabes die eigene wirtschaftliche Situation zu bewerten, und dient andererseits der Klärung der Frage, mit welchen Anforderungen Slowenien während des Eingliederungsverfahrens in die Europäische Union zu rechnen hat. Selbst wenn für neu aufgenommene EU-Mitglieder die geltenden strengen Kriterien abgemildert würden, so scheint es doch im eigenen Interesse vorteilhafter, sich von vornherein auf die strengeren Maßstäbe einzurichten, zumal dies einer schnelleren wirtschaftlichen Entwicklung zugute kommen kann.

Die Prognosen von EUROSTAT und WIFO, dem Wiener Institut für Forschung, über den Entwicklungsstand der Beitrittskandidaten für das Jahr 2000 zeigen, gemessen an einem EU-Durchschnittswert von 100%, daß Slowenien unter den zehn Kandidaten mit 55,5% den besten Wert aufweist. Es folgt die Tschechische Republik mit 52,6%, die Slowakische Republik mit 45,5%, Ungarn mit 42,1% etc. Dabei belegt Rumänien mit 20% den letzten Platz diese prognostischen Rankings. Diese und andere Daten sprechen für Slowenien und erweisen sich als stimulierend, weil sie belegen, daß die bisherigen Bemühungen Sloweniens zu positiven Ergebnissen geführt haben. Zu hoffen bleibt, daß die Richtung und Dynamik der wirtschaftlichen Entwicklung beibehalten wird. Mit dieser Entwicklung ist zugleich die Hoffnung Sloweniens verbunden, bei Erfüllung der entsprechenden Voraussetzungen in absehbarer Zeit auch die volle Mitgliedschaft in der Europäischen Union zu erlangen.

Aber bereits die Mitwirkungsmöglichkeit in der Diskussion über die strukturelle Reformen in der Europäischen Union ist als Erfolg zu werten.

II. Die Notwendigkeit der Osterweiterung der Europäischen Union

Nachdem ich in groben Zügen den gegenwärtigen Stand des Integrationsprozesses im Hinblick auf einen Beitritt Sloweniens zur Europäischen Union dargelegt habe, erlauben Sie mir noch einige Worte zu der Frage nach der Notwendigkeit einer Osterweiterung der Europäischen Union.

Die jüngste Geschichte Europas hat mit dem Sturz der Berliner Mauer begonnen. Mit der Mauer fiel zugleich symbolisch der Eiserne Vorhang zwischen Ost und West, verbunden mit der Hoffnung und der Erwartung darauf, daß sich demokratische Staatsformen in Europa und in der ganzen Welt durchsetzen werden. Man sah die Zukunft Europas in schönem Lichte und betrachtete die vormalige Spaltung Europas und die damit in Zusammenhang stehende Konfrontation zwischen Ost und West als Vergangenheit. Die neue Perspektive Europas schien auf Zusammenarbeit, Toleranz und Solidarität gerichtet zu sein. Leider entwickelte sich die Realität nicht in Entsprechung zu diesen Idealen.

Wie können die Folgen der ehemaligen Spaltung überwunden werden? Wie kann man die Gefahr einer neuen Spaltung verhindern? Ich messe dem jetzigen Zeitpunkt, in welchem ein Weg zur Erweiterung der Europäischen Union gesucht wird, eine entscheidende Bedeutung für diese Fragen bei. Von den heute getroffenen Entscheidungen hängt die Verwirklichung der Ideale und Erwartungen ab, die mit dem Sturz der Berliner Mauer verknüpft sind. Sollte die jetzige Chance vertan werden, wird man die Versäumnisse nur schwerlich nachholen können. Die Osterweiterung der Europäischen Union und die dazu erforderliche Umstrukturierung dieses Verbundes stellen deshalb einen Imperativ dar. Ohne die Erweiterung nach Osten kann sich die Idee des neuen Europa nicht verwirklichen, es kann im Gegenteil sogar zu einer Vertiefung der Spaltung Europas kommen.

Europa ist zum Zusammenleben und zur Zusammenarbeit verurteilt, was als Selbstverständlichkeit keine Neuigkeit sein sollte. Zum Bewußtsein gelangt in dieser Zeit die Erkenntnis, daß dieses Zusammenleben und diese Zusammenarbeit auf einer Vielzahl von Grundlagen fundiert sein muß. Zusammenleben und Zusammenarbeit sind nur in einem Klima der Toleranz und Solidarität möglich, unter Anerkennung der verschiedenen nationalen

Identitäten und ihrer Kulturen sowie bei Sicherung der Entfaltung bzw. Koexistenz dieser Vielzahl von verschiedenen Identitäten und Kulturen. Vor diesem Hintergrund erscheint die Europäische Union in anderem Licht. Das Leben in der Zeit nach dem Sturz der Berliner Mauer ist ein anderes als in der Zeit, als sie noch existierte. Der ursprüngliche Verband der drei Gemeinschaften stellte sich zu Zeiten des „Zwölfer-Clubs" noch als elitäre Einrichtung dar. Heute stehen im Warteraum der Europäischen Union ein Dutzend Kandidaten, die nicht als eine wirtschaftliche Elite im Sinne der Gründungsmitglieder angesehen werden können. Unter diesen neuen Bedingungen ist die Vorstellung von einer Europäischen Union als exklusiver Club der fünfzehn wirtschaftlich stärksten europäischen Staaten überholt. Auf die einleitende Frage der Tagung „Erweiterung der Europäischen Union nach Osten oder deren Vertiefung oder beides?" lautet meine Antwort deshalb: Beides! Sie werden mich nach einer Begründung für meine Antwort fragen. Meiner Meinung nach kann es sich bei der Osterweiterung nicht nur um eine territoriale Erweiterung handeln. Vielmehr bedarf die Europäische Union einer Vertiefung, um den Anforderungen, die die Erweiterung und das damit verbundene Zusammenleben einer Vielfalt von nationalen Identitäten stellen, gewachsen zu sein. Eine solche Vertiefung ist dabei ohne Umstrukturierung der Europäischen Union nicht denkbar.

Der territoriale Aspekt stellt zudem nur eine Seite der Europäischen Union dar. Im Prinzip ist bis heute ungeklärt, was Europa im territorialen Sinne ist und wer sich nach kultureller Geschichte und Zivilisationswerten zu Europa zählen darf. Nach Klärung der territorialen Frage sollte man die Bedingungen für die Mitgliedschaft in der Europäischen Union und die Aufnahmeprozedur festlegen. In diesem Zusammenhang stellt sich die Frage, ob über den Beitritt eines Staates, der alle Bedingungen erfüllt und sowohl in territorialer als auch in zivilisatorischer Hinsicht nach Europa gehört, willkürlich entschieden und seine Mitgliedschaft in der Europäischen Union verneint werden darf. Diese Frage ist bislang unbeantwortet, worin meines Erachtens ein Dilemma liegt.

Weiterhin stellt sich die Frage nach der Rechtsnatur der Europäischen Union. Bei der Vorbereitung und Planung für den Ausbau der „Nach-Maastricht-Union" wird man der deutlichen Definition der Rechtsnatur der Union nicht länger aus dem Weg gehen können. Denn in einer Europäischen Union, deren Grundstrukturen provisorische Züge tragen, ist ein Ausbau demokratischer Institutionen, beispielsweise durch die Klärung des Status des Europäischen Parlamentes und seiner Legitimation, nicht denkbar.

Bericht des Beauftragten der Bundesregierung für die Regierungskonferenz 1996

WERNER HOYER

Ich habe ein gutes Jahr lang der sogenannten Reflexionsgruppe angehört - das war ja noch eine schöne intellektuelle Übung, um sich Gedanken darüber zu machen, wie es mit Europa weitergehen könnte. Mittlerweile sind wir seit über einem halben Jahr in der Regierungskonferenz selber, und meine heutige Verspätung, für die ich mich nochmals entschuldige, ist eben auch darauf zurückzuführen, daß ich mich noch vor einer Stunde in Brüssel aufhielt, um an dem Teil der Arbeiten an den Schlußfolgerungen des Europäischen Rates von Dublin mitzuwirken, in dem hoffentlich etwas über die Frage stehen wird, ob sich der Maastrichter Vertrag auch dem Thema der operativen Aufgaben von Europol zuwenden wird. Das ist, wenn ich das richtig sehe, wahrscheinlich eines der zentralen Themen für den Europäischen Rat von Dublin in vierzehn Tagen, und ich bin nach der heutigen Beratung so schlau wie zuvor... um gleich ganz aktuell zu sein!

Aber das gibt es halt. Ich erzähle Ihnen ja nichts Neues, wenn ich sage, daß das Leben zur Zeit recht hektisch ist, gerade bei der Europäischen Agenda. Ein Ereignis jagt das andere: Heute Regierungskonferenz, morgen Europa im Bundeskabinett, am Freitag Außenministerrat und Konklave, am Montag deutsch-französischer Gipfel und am Ende der nächsten Woche dann der Gipfel in Dublin, zusätzlich diese Woche der OSZE-Gipfel in Lissabon. Wir haben noch vor Weihnachten das NATO-Treffen in Brüssel, und erst kurz zurück liegt auch das WEU-Treffen. Und da ist es dann doch gut, daß man den Eindruck verwischt, es sei ein Karussell in Bewegung, bei dem man nur noch das Gefühl hat, es ist in Bewegung: Wir wissen zwar nicht, wohin es geht, aber dafür sind wir umso schneller dort. Das kann es nicht sein.

Darum halte ich gerne heute einmal inne und berichte Ihnen das, was nach meiner Beurteilung bisher gelaufen ist, und es ist selbstverständlich ein besonderes Vergnügen, Herr Professor *Stern*, wenn ich als Ökonom - wenn auch mit etwas Befangenheit vor einem solchen juristischen Kreise - an der eigenen Alma Mater vortragen darf; denn normalerweise ist man im eigenen Hause ja nicht so sehr gefragt, es sei denn, man bietet seinen Standardstoff in der Vorlesung an.

Lassen Sie uns darum einmal den Blick auf das Ganze wagen: Wie steht es um die Perspektiven? Welche Bedeutung hat nicht nur die Regierungskonferenz, sondern auch die Summe der großen Konferenzereignisse der nächsten drei Jahre für den Integrationsprozess?

Man muß die Regierungskonferenz schon im Zusammenhang mit der Entscheidung Anfang 1998 über den Eintritt in die dritte Stufe der Wirtschafts- und Währungsunion sehen. Hierzu kommt die Öffnung der Europäischen Union nach Osten, nach Mitteleuropa, nach Osteuropa und in den Mittelmeerraum hinein. Gerade hierbei müssen wir wiederum die Frage nach der notwendigen Reform der Gemeinschaftspolitiken aufwerfen. Und wem das noch nicht reicht, der sollte sich darüber im Klaren sein, daß Anfang 1998 die Verhandlungen beginnen müssen über die neue Finanzausstattung der Europäischen Union, denn alle derzeit gültigen Beschlüsse dieser Art enden am 31. Dezember 1999 um Mitternacht. Und man kann sich vorstellen - unterstellt wir würden es tatsächlich schaffen, Mitte 1997 in Amsterdam fertig zu werden, um dann Ende 1997, Anfang 1998 in den Ratifizierungsprozeß des neuen Vertrages einsteigen zu können -, daß in der Verdichtung aller dieser Themen Anfang 1998 auch ein großes Risiko steckt. Denn natürlich eignet sich ein Teil dieser Themen wunderbar, um die Bevölkerung zu emotionalisieren und eine populistische Stimmung zu erzeugen, wozu der eine oder andere versucht sein könnte.

Das wird übrigens auch dadurch nicht leicher, daß wir in der Europapolitik in der Bundesrepublik Deutschland einen ziemlich großen Konsens der politischen Parteien im Deutschen Bundestag mit Ausnahme der PDS haben. Denn diese große Übereinstimmung, die wir in den wesentlichen Zügen der Europapolitik haben, reflektiert überhaupt nicht die Empfindungen in der Bevölkerung, bzw. deren Stimmungen oder Meinungen. Eigentlich ist es ja immer gesünder, wenn die Stimmungen und Strömungen, die in der Bevölkerung bemerkbar sind, auch im Parlament repräsentiert werden. Wenn ich jedoch von der PDS absehe, die das nicht wird auffangen können, dann ist gegenwärtig diese Repräsentierung im Parlament nicht vorhanden. Die Gefahr, daß im Jahre 1998 jemand aus dieser Tatsache Kapital schlägt, ist relativ hoch, weil zu den fünf großen Themen, die 1998 hochgekocht werden, noch ein weiteres Thema kommt, und dieses hat etwas mit Wahlen zu tun: Zu Beginn 1998 haben wir zunächst Wahlen in Frankreich und anschließend in Deutschland. 1998 wird also ein Wahljahr werden, das - so meine These - mehr als jedes anderes Wahljahr zuvor geprägt sein wird von der Europapolitik. Insofern kommt auf Sie als Europaexperten sicherlich auch viel Arbeit zu.

Aber diese Entscheidungen, die sich nun einmal in den nächsten Jahren ballen, haben eine Bedeutung, die über den Tag hinaus geht: Es entscheidet sich am Ende dieses Jahrhunderts, ob wir die Kraft und den Willen aufbringen zur Selbstbehauptung im globalen Wettbewerb, wobei ich den globalen Wettbewerb nicht nur ökonomisch definiere, sondern auch politisch und kulturell. Die Europäer müssen sich die Frage stellen, ob sie im politisch, wirtschaftlich und kulturell definierten globalen Wettbewerb eigentlich schon die weiße Fahne gehißt haben, oder ob sie, auch wenn sie die wesentlichen Vorsprünge kolonialer, technologischer und industrieller Art verloren haben, sich noch einmal dieser großen Herausforderung stellen. Deutschland ist dazu entschlossen, und ich hoffe, es wird hinreichend kongeniale Partner finden.

Wir wollen jedenfalls, daß ganz Europa zu einem Raum der Freiheit, der Sicherheit und des Wohlstandes wird. Dazu müssen wir die Folgen jahrzehntelanger Teilung überwinden, indem wir Verbindendes schaffen, ohne dabei neue Gräben zu reißen. Wir wollen zweitens, daß sich Europa im Prozeß fortschreitender Globalisierung zu behaupten vermag. Die Globalisierung ist ja von den meisten bisher nur als Schlagwort angenommen worden, ein Begriff, den man eher den großen industriellen Veränderungen oder den fortschreitenden Wettbewerbsprozessen zuordnet - Prozesse, in die Daimler Benz oder Ford oder Bayer verwickelt sind, aber nicht der einzelne Mittelständler. Diese beiden Aufgaben - die Überwindung der Teilung und die Vorbereitung auf Globalisierungsherausforderungen durch die Vertiefung europäischer Strukturen - sind kein Kinderspiel. Wenn wir hier versagen, wäre dies dramatisch. Umgekehrt steckt in einer solchen Herausforderung sicherlich auch ein gewaltiges Potential, mit dem wir die Zukunft Europas langfristig sichern können.

Um diese beiden großen Herausforderungen zu meistern, hat die Europäische Union zwei zentrale Projekte in Angriff genommen: Zum einen die Erweiterung - oder ich sage lieber: Öffnung der Union - , die ihren Teil dazu beitragen wird, die Teilung zu überwinden; und zum anderen die einheitliche Währung, mit der wir den gemeinsamen Binnenmarkt voranbringen, vollenden und Europa auf globalem Niveau wettbewerbsfähig machen wollen. Das sind die beiden strategischen Grundsatzentscheidungen.

Auf dem Weg dorthin gibt es eine ganze Reihe von Fragen. Der Weg in die Währungsunion ist durch den Vertrag vorgezeichnet. Dabei ist es am Rande bemerkt abenteuerlich, wie wenig zur Kenntnis genommen wird, was da eigentlich im Maastrichter Vertrag steht. Sowohl die Diskussion bei uns, als auch die Diskussion in Schweden, die darum geht, ob man denn bei Einhaltung der vereinbarten Kriterien auch überhaupt Lust habe, sich der dritten Stufe der Währungsunion anzuschließen, kann nur als abenteuerlich bezeichnet werden. Die Schweden haben ja zumindest noch das Glück, daß sie sehr trickreich vermieden haben, dem Europäischen Währungssystem beizutreten, sodaß sie über dieses Hintertürchen, der erforderlichen zweijährigen Mitgliedschaft im EWS, einer Mitgliedschaft in der dritten Stufe der WWU ausweichen können, wenn sie dieses denn nun wollen.

Aber was nützt das eigentlich alles, wenn wir uns wirtschaftlich behaupten, aber politisch als Zwerg dastehen? Macht es wirklich Sinn, unser Augenmerk nur auf die Globalisierung zu richten, wenn wir noch nicht einmal bei uns daheim das Problem der grenzüberschreitenden, international organisierten Kriminaltät gelöst haben?

Die Erweiterung der Union ist ebenfalls beschlossene Sache. Wer beitreten möchte, der weiß, daß dieses in erster Linie von ihm selber abhängt. Deutschland steht zu seinem Wort, daß jedes der assoziierten Länder Mittel- und Osteuropas möglichst schnell und zu angemessenen Bedingungen aufgenommen wird. Die Entscheidung hierüber wird objektiven und transparenten Kriterien folgen, die - das möchte ich betonen - keineswegs nur wirtschaftlicher Art sind. Das heißt - unabhängig von der Frage, ob nun ein Gruppenkonzept erarbeitet wird, was ich nicht vermute, oder ob man versucht, die Gespräche, die zur Verhandlung führen, in einen Konferenzrahmen zu betten, wie es die französischen Partner vorschlagen, was ich mir schon eher vorstellen könnte - muß unsere Leitlinie sein: Differenzieren ohne zu diskriminieren.

Angesichts der anstehenden Erweiterung oder Öffnung sollten wir aber selbstkritisch fragen, ob denn die Union selber in der Lage ist, eine große Zahl neuer Mitglieder aufzunehmen, ohne den Zusammenbruch der Entscheidungsmechanismen zu riskieren. Diese Formulierung hätte diplomatisch gar nicht schöner abgefeilt werden können. Faktisch sind wir schon längst bei der Entscheidungsunfähigkeit in weiten Bereichen angekommen. Das ist das große Problem, das sich jetzt mit neun, zehn, elf Mitgliedstaaten vor der Tür verdichtet. Wir haben über Jahrzehnte hinweg die Europäische Wirtschaftsgemeinschaft, die Europäische Gemeinschaft, die Europäische Union erweitert durch schlichte Extrapolation. Wer einmal das zweifelhafte Vergnügen hatte, das nervenaufreibende Ratstreffen auf Ministerebene mitzuerleben, der weiß, wovon ich spreche. Man kann geradezu froh sein, daß bisher die Forderung nach mehr Transparenz dieses Legislativorganes Rat noch nicht umgesetzt worden ist im Hinblick auf mehr öffentliche Übertragungen dieser Sitzungen: Zum einen würde das wahrscheinlich die Einschaltquoten einbrechen lassen, zum anderen würden wahrscheinlich manche Partner in Mittel- und Osteuropa gar nicht mehr so sicher sein, ob sie wirklich Mitglied der Europäischen Union werden wollen, wenn sie die Erstarrung der Rituale unserer Gremienarbeit beobachten. Wir müssen unsere Europäische Union also selber einem Fitnessprogramm unterwerfen, damit auch sie ihrerseits gut vorbereitet ist auf die Aufnahme neuer Mitglieder. Wir sind da leicht etwas arrogant gegenüber den zukünftigen Mitgliedstaaten und im Hinblick auf das, was wir von ihnen an Anpassung, an Vorbereitung erwarten. Wir selber aber sind mit der Vorbereitung und Anpassung an die neuen Herausforderungen noch weit hinterher. Die Regierungskonferenz muß hier etwas bringen.

In diesem Zusammenhang stellt sich auch die Frage, ob die Bürger überhaupt bereit sind, mitzugehen. Die Referenden in Frankreich und Dänemark sollen uns hier eine Warnung sein. Die gegenwärtige Debatte über den Euro - nicht nur im Ausland, sondern auch bei uns - sollte uns ebenfalls eine Warnung sein. So manches Referendendesaster wird ja möglicherweise durch die Art und Weise, wie wir die Regierungskonferenz gestalten und zu Ende bringen, auch schon programmiert. Von daher ist hier einiges an Risiko drin.

Ich verbringe wegen der Regierungskonferenz gegenwärtig jede Woche von Sonntag bis Dienstag in Brüssel. Deswegen werden Sie auch von mir erwarten, daß ich Ihnen das, was ich dann mittwochs im Kabinett oder im Bundestag vertrete, einmal aus erster Hand berichte, und ich will das auch gerne tun.

Eine Vorbemerkung: Wenn es nach vielen Medienvertretern und auch einigen Politikern geht, dann kommt die Regierungskonferenz überhaupt nicht vom Fleck. Ich mache aus meiner Meinung auch kein Hehl, daß es mir bisweilen zu langsam geht. Aber das liegt eher daran, daß ich ein ungeduldiger Mensch bin. Insgesamt wird das, was gegenwärtig in der Regierungskonferenz läuft, draußen weit unterschätzt. Von daher habe ich überhaupt keine Veranlassung, mich dieser vorauseilenden Resignation anzuschließen, die da bisweilen durch die Schlagzeilen wabert. Vielmehr sollte man sich wie die irische Präsidentschaft, die übrigens eine brilliante Präsidentschaft ist, sozusagen am oberen Ende des Realismus orientieren und den Sprung in die Illusion gerade eben vermeiden. Man kann ja die Hochsprunglatte einerseits so hoch legen, daß man nachher unter dem Gejohle des Volkes nur noch darunter durchlaufen kann, andererseits so niedrig legen, also so wenig ambitiös, daß man überhaupt keinen Eindruck mehr macht. Der Maßstab muß vielmehr so hoch liegen, daß einerseits die Herausforderung wahrgenommen wird und auch von einem selbst als Herausforderung erkannt wird, aber andererseits auch so, daß man sein Ziel tatsächlich noch erreichen kann. Ich denke, wenn man den Maßstab so ansetzt, wie ich es gerade vorgezeichnet habe, dann kann etwas aus dem Projekt werden.

Wir wollen jedenfalls diese Regierungskonferenz - und das ist wichtig, wenn Sie sich den zeitlichen Zusammenhang bewußt machen, den ich zu Beginn dargestellt habe - im Juni 1997 in Amsterdam auf dem Europäischen Rat beenden. Ob das gelingt, und ob auch inhaltlich vieles andere gelingt bei dieser Regierungskonferenz, hängt davon ab - das wissen wir alle -, wie sich die innenpolitische Situation in Großbritannien entwickelt, ob eine - wie auch immer zusammengesetzte - Regierung in Großbritannien nach dem 1. Mai, also nach der voraussichtlichen Unterhauswahl, schnell genug handlungsfähig ist, um bis Ende Juni zum Abschluß der Konferenz zu kommen. Da würde man unter normalen Umständen sagen: Das ist eine Riesenherausforderung. Ich sage auf der anderen Seite aber dagegen: Unterschätzt die britische Diplomatie nicht. Ich habe in den zwei Jahren, in denen ich mich jetzt mit dieser Frage befasse, die britische Diplomatie in all ihren Finessen kennengelernt und stehe voller Bewunderung davor. Ich möchte also nicht ausschließen, daß die Briten zu dem Zeitpunkt, zu dem gehandelt werden muß, auch sehr schnell und präzise handeln können. Ich möchte es wie gesagt nicht ausschließen, zumindest möchte ich nicht in den Chor derer einstimmen, die sagen, es könne in Amsterdam nichts werden. Wenn es in Amsterdam nichts wird, kommen wir in echte Schwierigkeiten, weil dann wahrscheinlich der übliche Brüsseler Sommer nicht zu vermeiden sein wird. Dann tut sich bis zum Herbst erst einmal gar nichts und dann kommen wir mit der Ratifizierung des Ergebnisses der Regierungskonferenz unmittelbar in den Bundestagswahlkampf 1998 hinein. Möge uns das erspart bleiben. Das ist auch deshalb wichtig, weil wir mit den Verhandlungen mit den neuen Mitgliedern sechs Monate nach Beendigung der Regierungskonferenz loslegen wollen.

Nun ist völlig klar, daß eine ganze Reihe wichtiger Entscheidungen erst in der Schlußphase fallen werden; das betrifft insbesondere alles, was mit den institutionellen Dingen zu tun hat. Bei der institutionellen Gestaltung und - wenn Sie so wollen - somit die klassischen Machtfrage, wird es auf der Regierungskonferenz eine mehr oder weniger solide Vorbereitung geben. Wir werden diesbezüglich alle unsere Pläne in der Schublade liegen haben. Aber Entscheidungen oder Kompromisse wird es da noch nicht geben. Ich sage voraus: Die letzten Stunden des zweiten Verhandlungstages des Europäischen Rates von Amsterdam werden das endgültige Ergebnis hinsichtlich der Frage der Zusammensetzung der Kommission - und wahrscheinlich hinsichtlich der

Frage der Stärke des Kommissionspräsidenten - bringen. Die letzten Stunden der Konferenz in Amsterdam werden Auskunft darüber geben, ob wir an dem Prinzip, daß jeder Mitgliedstaat wenigstens einen Kommissar haben soll, festhalten werden oder nicht. Die letzten Stunden in Amsterdam werden ergeben, ob und gegebenenfalls wie die Stimmengewichtung im Rat verändert werden wird, oder ob es ein System der doppelten Mehrheitsfindung geben wird, wie Deutschland es bevorzugen würde, nämlich zusätzlich zur jetzigen Abstimmung nach den gegebenen Gewichtungen auch noch zu überprüfen, ob das solchermaßen zustandegekommene Ergebnis von Regierungen herbeigeführt worden ist, die zusammengenommen eine entsprechende Mehrheit der Bevölkerung der Europäischen Union abbilden.

All diese Fragen, darüber können wir diskutieren, aber ich kann Ihnen nicht berichten, daß es dort ein Aufeinander-Zugehen der Partner gäbe. Übrigens nicht zuletzt deshalb, weil es bei allen institutionellen Fragen letztlich um die Frage geht, ob wir den kleinen oder kleineren Mitgliedstaaten das Trauma nehmen können, sie würden bei allen drei Organen der Union reduziert, relativiert oder über den Tisch gezogen. Das ist eine Befürchtung, die die kleineren Mitgliedstaaten haben, denn sie sehen natürlich, daß, wenn die Kommission weniger Kommissare haben wird als es Mitgliedstaaten gibt, dieses eher oder zuerst zu Lasten der kleineren Staaten gehen wird - obwohl der französische Staatspräsident gesagt hat, er könne sich durchaus vorstellen, daß in einer Kommission von nur zehn Mitgliedern, die Frankreich wünscht, Frankreich auch einmal eine gewisse Zeit keinen Kommissar hat. Diese Aussage hat einige von den kleineren Mitgliedstaaten zum Schlucken gebracht. Nun hat man natürlich bei so einer Formulierung auch ein gewisses Interpretationsproblem, da man nicht so genau weiß, ob es sich um den Ausdruck der Tatsache handelt, daß man das mit der Gemeinschaftsverpflichtung der Kommissare, die eben nicht mehr Delegierte ihrer Mitgliedstaaten sein sollen, ernst nimmt und Frankreich beweist, daß es auch einmal zurückstehen kann; oder entspringt diese Aussage einem Gedankengebäude, das sehr stark auf intergouvernementale Zusammenarbeit ausgerichtet ist und deshalb die Kommission gar nicht für so wichtig hält, weil man glaubt, man könne die eigenen Interessen im Zweifel auch durchaus zur Geltung bringen, indem man über die Generaldirektionen, die eigentlichen Machtzentren der Kommission, hinreichend Einfluß ausübt. All das sind aber Fragen, über die ich lieber nicht spekulieren möchte.

Auf jeden Fall haben die kleineren Mitgliedstaaten die aufgezeigte Befürchtung; das Gleiche gilt für das Europäische Parlament: Das Europäische Parlament dürfte durch den Vorschlag der Regierungskonferenz - das sage ich voraus - vertraglich auf 700 Mitglieder begrenzt werden. Auch hier befürchten die kleinen Mitgliedstaaten eine Verschlechterung ihres Einflusses, je mehr die Überlegung Platz greift, es wäre doch auch in der Europäischen Union ganz sinnvoll, wenn es einmal irgendwo ein Organ gäbe, das dem Prinzip „One man, one vote" folgte, über dessen Realisierung wir uns in Südafrika so sehr gefreut haben. In der EU gibt es das nirgendwo und bei der Stimmengewichtung im Rat ist das Problem evident: Die Europäische Union wird in den nächsten Jahren voraussichtlich um elf Mitgliedstaaten wachsen; von denen ist nur Polen zu den großen Mitgliedstaaten zu zählen, die anderen zehn zu den eher kleineren. Das heißt, es wird im Rat eine Situation arithmetisch denkbar, wo die sechs großen Mitgliedstaaten zwar 350 von 450 Millionen EU-Bürgern vertreten, gleichwohl im Rat aber keine Mehrheit erzielen können. Das ist für ein Legislativorgan keine besonders schöne Situation, und von daher habe ich grundsätzlich einmal Verständnis für die Forderung der Franzosen nach einer Umgewichtung der Stimmen im Rat. Auf der anderen Seite rücken wir damit ein bißchen mehr ab von dem Grundprinzip des Rates als Organ einer Gemeinschaft *gleicher* Staaten. Wir müssen immerhin schon anerkennen, daß die Stimmgewichtung im Europäischen Rat die Bevölkerungssituation besser repräsentiert, als die Stimmgewichtung des Bundesrates dieses in Hinblick auf die Bevölkerungsstärke der Bundesländer tut. Die Frage lautet aber auch wieder - und darauf kommt es mir an:

Fühlen sich die kleineren Mitgliedstaaten bedroht? Deshalb wird auch das eine schwierige Machtfrage werden.

Die bei weitem nicht letzte, aber für mich wichtigste Frage soll hier sein, wo es denn Umgewichtungen oder Bedrohungen der Balance gibt im Gleichgewicht zwischen den Organen. Die kritischste Frage hierbei ist natürlich, ob es bei dem Initiativmonopol der Kommission bleiben wird, wovon ich nebenbei bemerkt überzeugt bin, was aber insbesondere diesen überaus nervösen Apparat oder Korpus der Kommissionsmitarbeiter nicht davon abhält, hinter jeder Formulierung in einem Papier dieser Regierungskonferenz sofort einen Totalangriff auf die Position der Kommission zu sehen. Hier muß man glaube ich, dann doch die Kirche im Dorfe lassen und sagen, daß das Initiativmonopol der Kommission - so meine private Meinung - nur dort in Gefahr ist, und ich bin bereit, zu dieser Gefahr kräftig beizutragen, wo die Kommission ihr Monopol in der Erledigung ihrer eigenen Angelegenheiten nicht verantwortlich nutzen kann. So ist meine These, daß die Kommission niemals ein Personalstatut zuwege bekommen wird. Da ist aufgrund der eigenen Betroffenheit einfach eine zu starke Verstrickung von Interessen im Spiel. In diesem Punkt bin ich also für eine Beseitigung des Initiativmonopols der Kommission.

Viel wichtiger dürfte für die Mitgliedstaaten aber sein, ob das Aufforderungsrecht gegenüber der Kommission gestärkt wird - dieses vermute ich - und ob es eine Veränderung in Hinblick auf das Recht gibt, Kommissionsvorlagen ändern zu können, was ja gegenwärtig nur einstimmig der Fall sein kann. Diese Vertragsvorschrift der einstimmigen Änderung der Kommissionsvorlagen ist natürlich nur historisch begründbar, weil sie zu Zeiten der Gemeinschaft der Sechs auch durchaus noch zu handhaben war. Gegenwärtig mit 15 Mitgliedstaaten gestaltet sich dieses schon schwieriger. Stellen Sie sich vor, wie einfach es der Kommission, die ja schließlich mit dem Portemonnaie ausgestattet ist, in einer Gemeinschaft mit 26 Mitgliedstaaten fallen dürfte, einen der Mitgliedstaaten zu überzeugen, daß es zweckmäßig sein könnte, die Zustimmung zu einem Antrag, eine Kommissionsvorlage zu verändern, zu verweigern. Von daher würde eine Veränderung dieser Vorschrift - sagen wir Kommissionsvorschläge mit einer superqualifizierten Mehrheit bzw. mit einer Mehrheit n-1 oder n-2 ändern zu können - , eher eine Wiederherstellung des alten Gleichgewichtes herbeiführen, denn das Gleichgewicht hat sich eben durch die Ausweitung von ehemals sechs auf bald 26 Mitgliedstaaten erheblich verschoben. Das sind die Punkte, wo ich Änderungen in Hinblick auf die Rechtsstellung der Kommission oder ihre Möglichkeit, Entscheidungen zu oktroyieren, sehen würde. Ansonsten denke ich, daß die ganze Aufgeregtheit über das Initiativrecht der Kommission unangebracht ist.

Etwas anderes ist das, was außerhalb des Vertrages stattfindet: Das Verwaltungsausschußverfahren, die ganze Komitologiefrage, die bedarf wahrscheinlich in der Tat einer Überholung. Ich werde von hier aus mit wehenden Fahnen zum Landwirtschaftsminister reisen. Der Landwirtschaftsminister verlangt aus gutem Grunde - wie ich finde - eine Veränderung im Komitologiebeschluß, aber das ist etwas, was nicht innerhalb des Vertrages zu regeln ist; der Komitologiebeschluß ist vielmehr Ergebnis einer interinstitutionellen Vereinbarung der Organe. Mit der Revision dieser Vereinbarung müssen wir uns deshalb außerhalb dieser Regierungskonferenz befassen.

Wir werden noch in dieser Woche am Freitag anläßlich des Ministerrates und eines anschließenden Konklaves der Außenminister zum ersten Mal einen Textentwurf des neuen EU-Vertrages bekommen; die irische Präsidentschaft arbeitet daran, wir haben heute Morgen unsere letzten Wünsche in Hinblick auf den Teil „Inneres" und „Recht" dort noch untergebracht. Es wird ein Entwurf mit klaren Optionen und konkreten Artikel-Vorschlägen sein, der dann in Dublin zu beraten ist. Damit hat die niederländische Präsidentschaft anschließend eine gute Grundlage, um weiterarbeiten zu können. An dieser Stelle möchte ich noch einmal darauf hinweisen, daß die irische Präsidentschaft den Prozeß brilliant vorangetrieben hat. Sie ist keineswegs die „care-taker-presidency" gewesen, für die sie von manchen vorher angesehen wurde. Mein Respekt vor der irischen Diplomatie hat also auch enorm zugenommen.

Worum geht es konkret? Drei Aspekte scheinen mir immer im Vordergrund zu stehen, auch in der Frage der Bewertung der Regierungskonferenz von außen: Zum einen muß Europa auf dem Feld der inneren und der äußeren Sicherheit handlungsfähiger werden. Zum zweiten muß das Verhältnis des einzelnen Bürgers zur Union klarer werden. Und zum dritten muß sichergestellt werden, daß auch eine erweiterte Union über leistungsfähige Entscheidungsverfahren verfügt, damit in einer immer heterogener werdenden Gemeinschaft die weitere Vertiefung möglich bleibt.

Zusätzlich stellen sich viele weitere Einzelfragen: Von dem Versuch, die Unabhängigkeit der Gebietskörperschaften, der Gemeinden, vor europäischen Angriffen zu schützen, also die Unabhängigkeit zu wahren, die kommunale Selbstverwaltung im Vertrag unterzubringen, wie es einige der kommunalen Spitzenverbände wünschen, über die Frage des Tierschutzes oder viele andere Details. Darüber können wir hier heute nicht sprechen. Ich möchte mich lediglich auf die groben Linien beschränken. In vielen dieser Detailfragen werden wir Lösungen herbeiführen.

Manche andere Sachen sind - nebenbei bemerkt - Marotten von einzelnen Mitgliedstaaten. Ich denke auch zum Beispiel in der Frage des Ausschusses der Regionen, die in Deutschland ein Riesenthema ist; hier wird es im Maastrichter Vertrag leichte Veränderungen geben: So muß der Ausschuß der Regionen aus dem Wirtschafts- und Sozialausschuß herausgelöst werden und einen eigenen administrativen Unterbau erhalten, aber es wird nicht den Organstatus des Ausschusses der Regionen geben. Da laufen einige Ländermi-nisterpräsidenten absoluten Illusionen nach. Solches wäre mit der Ausnahme zweier weiterer Mitgliedstaaten schon im Ansatz nirgendwo zu verkaufen. Eine Stärkung des Ausschusses der Regionen kann nur stattfinden hinsichtlich seiner Administration, seines Anhörungsrechtes sowie seines Klagerechtes, wenn er denn tatsächlich in eigenen Rechten verletzt ist. Eine grundsätzliche institutionelle Aufwertung dieses Ausschusses sehe ich nicht. Das ist ein Beispiel für ein Thema, das in zwei oder drei Mitgliedstaaten enorme Bedeutung hat, jedoch bei den anderen Partnern überhaupt nicht diskutiert wird. Wir müssen uns jedoch bemühen, das Ganze zu sehen, und das heißt auch, die 15 Ratifikationsverfahren zu sehen, die durchlaufen werden müssen.

Zunächst aber zur inneren und äußeren Sicherheit: Das Ende von Mauer und Stacheldraht hat dem Osten ja nicht nur Demokratie und Marktwirtschaft gebracht, sondern leider auch dem grenzüberschreitenden Verbrechen den Weg geebnet. Die Entwicklung, die wir in Westeuropa vollzogen haben, ich meine damit Schengen, hat auch partiell dazu beigetragen, obwohl die Bilanz nach meiner Auffassung positiv ist. Auf jeden Fall darf der Wegfall der Binnengrenzen nicht dazu führen, daß die Kriminalität diesen für ihre dunklen Machenschaften nutzt. Unsere nationalen Polizeibehörden haben schnell reagiert und ihre Zusammenarbeit verbessert, aber sie sind auch an die Grenze des Möglichen gestoßen. Ich finde, daß Europol - Gott sei Dank haben wir das dieses Jahr zuwege gebracht, auch wenn es sehr viel Kraft gekostet hat, die Unterschriften zusammenzubekommen - insgesamt eine Erfolgsgeschichte ist. Denn der Ansatz ist ein ganz einfacher und pragmatischer: Im Grunde stellt Europol - ich drücke mich jetzt etwas überspitzt und aus meiner Warte gesehen aus - eine menschliche Schnittstelle zwischen 15 Polizeiinformationssystemen dar; alle Probleme, die sich durch eine Vernetzung der 15 Informationssysteme ergeben würden, sind dadurch ausgeblendet worden. Vieles geht einfach pragmatisch und ohne theologische Debatten bei Europol über die Bühne, weil es sonst wahrscheinlich nicht machbar wäre. Aber wir werden dort nicht stehen bleiben können, wir brauchen eine neue Qualität der Zusammenarbeit, und deswegen müssen wir Europol Schritt für Schritt zu einer operativen Polizeibehörde ausbauen. Ich brauche Ihnen nicht zu erzählen, was solches von der Einordnung einer derartigen operativen Polizeibehörde in den rechten Verfassungsrahmen her bedeutet. Da höre ich lieber Ihnen zu, als daß ich Ihnen etwas erzähle.

Darüber hinaus ist es unser Ziel, die Schengen-Zusammenarbeit in den EU-Rahmen zu überführen. Möglicherweise - ich komme noch einmal darauf zurück - als einen der Flexibilitätsfälle, die wir hoffentlich in Zukunft werden haben können. Was die Migrationsfragen anbelangt, haben wir uns vorgenommen, zumindest die Asyl-, die Visa- und die Zollzusammenarbeit unter die Zuständigkeit der Gemeinschaft zu holen. Bei der Frage der Außengrenzenregelungen vermag ich gegenwärtig noch keine Prognose abzugeben. Sie werden es nicht glauben, aber dieses hängt von einer Kleinigkeit wie der Gibraltarfrage ab: Denn was dort seit Jahrzehnten zwischen Spanien und Gibraltar nicht lösbar ist, ist wahrscheinlich auch im Rahmen dieser Regierungskonferenz nicht lösbar. Wichtig ist für uns, darauf brauche ich eigentlich gar nicht hinzuweisen, daß Fortschritte bei der Verbrechensbekämpfung und bei den genannten zu vergemeinschaftenden Fragen begleitet sein müssen von verbesserten Möglichkeiten wirksamer und ausreichender Kontrolle. Deswegen spielt bei einigen Fragen für die Bundesregierung der EuGH und das jeweils zuständige Parlament eine Rolle, wobei dieser auch wiederum philosophisch-theologische Konflikt zwischen den nationalen Parlamenten und dem Europäischen Parlament mir teilweise nicht ganz einleuchtet. Unabhängig von Konsultativrollen, die man jedem Parlament natürlich zubilligen kann, ergibt sich nach meiner Auffassung die Aufteilung der Kompetenzen schlicht aus der Frage, wo eine Vergemeinschaftung stattgefunden hat, wo also die Union bzw. die Kommission zuständig ist und wo es sich um intergouvernementale Zusammenarbeit handelt und folglich nationale Parlamente und Regierungen nach wie vor Zuständigkeiten haben. Eigentlicher Hintergrund dieser Frage ist natürlich, daß die nationalen Parlamente unterschiedliche Rechtsstellungen im Binnenverhältnis zu ihrer nationalen Regierung haben. Während wir über den Art. 23 GG die Beteiligung des Parlamentes hier neu geregelt haben und die Kollegen Fachminister - wie aber auch ich als Koordinator für Europafragen - jeden Mittwochnachmittag im EU-Ausschuß lange auf dem Grill liegen, um über Vergangenes zu berichten und Meinungen in Hinblick auf Zukünftiges darzustellen, so ist das in anderen Staaten weitgehend nicht der Fall. Die Assemblée Nationale ist aus den Beratungen zur Europapolitik vor- und hinterher weitgehend ausgeblendet und versucht nun hier diese verfassungsrechtliche Schwäche über die Europaschiene auszugleichen. Ich kann mir aber nicht vorstellen, daß die anderen das so mitmachen werden. Soweit zur inneren Sicherheit.

Zur äußeren Sicherheit ist zu sagen: Wir wollen den Durchbruch erzielen bei der Verbesserung der Koordination der Außen- und Sicherheitspolitik, wo ja - wie ich persönlich anmerken möchte - wir uns aus der Pfeilerstruktur nicht lösen werden, die Zuständigkeit der nationalen Regierungen nicht angetastet werden wird. Dennoch gilt hier wie bei der inneren Sicherheit, daß der Anspruch, aus der Europäischen Union eine politische Union zu machen, niemals befriedigt werden kann, wenn dieses Prinzip der Solidarität, das ja auch Subsidiaritätsfans nicht außer Acht lassen sollten, auf die rein wirtschaftliche Sphäre reduziert wird, unter Ausblendung der vitalen Sphäre innerer und äußerer Sicherheit. Das heißt, ohne eine Weiterentwicklung der GASP wird die Europäische Union keine politische Union werden. Das geht hin bis zur Ausfüllung des Rahmens, den uns der Vertrag von Maastricht ja schon gesetzt hat bei der Sicherheits- und Verteidigungspolitik. Hier gilt es jetzt, einen Durchbruch zu erzielen. Was die Institutionen angeht, so wollen wir beim Rat eine Arbeitseinheit einrichten, in die aber nicht nur der Sachverstand des Rates, sondern auch der der Mitgliedstaaten, der Kommission und der Westeuropäischen Union eingeht. Diese Einrichtung wird immer als Planungs- und Analyseeinheit bezeichnet, ich bin aber mit dieser Formulierung nicht ganz glücklich, weil wir natürlich mehr machen, als Planungs- und Analyseaufgaben zu bewältigen; diese Einheit soll die operative Außenpolitik unterstützen.

An der Spitze dieser Einheit soll ein Generalsekretär für die GASP stehen, wobei offenbleiben kann, ob es sich hierbei um den gegenwärtigen Generalsekretär des Rates handelt, der in seinen klassischen Aufgaben von einem Vize entlastet wird, oder ob wir zusätzlich zum heutigen Generalsekretär einen weiteren Generalsekretär speziell für außenpolitische Aufgaben einführen. Wesentlich gerade für diejenigen, die sich wegen ihrer europapolitischen Vision die Zuständigkeit eines Außenkommissares wünschen, ist es, daß hier nicht etwas Neues neben der Kommission aufgebaut wird, sondern daß wir bündeln. Denn eines der wesentlichen politischen Ziele für uns muß es sein, den Dualismus zwischen Außenpolitik, für die der Ministerrat verantwortlich ist, und der Außenwirtschaftspolitik, für die die Kommission verantwortlich ist, zu überwinden. Die zunehmenden Widersprüche zwischen Außenpolitik und Außenwirtschaftspolitik müssen überwunden werden, wir brauchen hier mehr Kohäsion. Ich hoffe, daß das gelingt; ich hoffe ebenso, daß die außenpolitische Troika, die sich abzeichnet, bestehend aus Ratspräsident, Generalsekretär für die GASP und Außenkommissar, hilfreich sein wird. Bei all diesen Überlegungen wird von der Überlegung ausgegangen, daß es in Zukunft nicht mehr den gegenwärtigen Unsinn von 4 Außenkommissaren geben wird. Mich zum Beispiel bringt es manchmal zur Verzweiflung, wenn ich in auswärtigen Angelegenheiten der EU unterwegs bin und die Zuständigkeitsproblematik der Kommission sehe.

Die Entscheidungsregeln in der GASP müssen endlich aus der Zwangsjacke des Einstimmigkeitserfordernisses befreit werden. Es gibt sicherlich einen wesentlichen Sonderbereich: Alles, was mit militärischen Einsätzen zu tun haben wird, wird natürlich weiterhin dem Einstimmigkeitserfordernis unterliegen, bzw. kein Mitgliedstaat wird sich das Recht, über den Einsatz seiner Streitkräfte eigenständig zu entscheiden, nehmen lassen. Im wesentlichen wollen wir aber auf Mehrheitsentscheidungen im Bereich der Außenpolitik hinwirken.

Die Personalisierung in Form eines Generalsekretärs für die GASP halten wir, wie gesagt, für erforderlich, denn eine noch so gut koordinierte Außen- und Sicherheitspolitik krankt aufgrund einfacher kommunikationstheoretischer Überlegungen daran, daß wir einer solchen GASP nicht Gesicht und Stimme verleihen. Selbst wenn der Ministerrat - und hin und wieder kommt das auch vor - zu vernünftigen außenpolitischen Entscheidungen kommt, die gemeinsam getragen werden, dann werden Sie ja abends im Fernsehen nicht sehen, daß dort gesagt wird: „Dick Spring, Außenminister der Europäischen Union“, sondern da steht: „Dick Spring, Außenminister Irland“. Die Funktion, die der Ratspräsident wahrnimmt, und wenn er sie noch so gut wahrnimmt, kommt beim Bürger nie an. Deswegen brauchen wir den von mir beschriebenen Generalsekretär, nicht nur als Ansprechpartner für die Regierungen der Mitgliedstaaten, nicht nur zur Koordination der gemeinsamen Außenpolitik EU-intern, sondern auch um gegenüber der „Außenwelt“ der GASP Gesicht und Stimme zu verleihen.

Nun kommen wir auf ein interessantes Thema: Sicherheits- und Verteidigungspolitik. Ich vermag überhaupt keine Prognose dafür zu liefern, was davon letztlich umsetzbar sein wird, weil in dem Punkte gerade Großbritannien unser schwierigster Partner ist. Aber unser Ziel ist klar, nämlich der EU eine sicherheits- und verteidigungspolitische Dimension zu geben. Die Position unserer britischen Freunde ist, diese Dimension dauerhaft außerhalb der EU und innerhalb der WEU als eigenständiger politischer Einheit zu zementieren. Hier liegt der große Widerspruch. Ich denke aber, daß sich hier Optionen und Möglichkeiten ergeben haben, die vor kurzem noch keiner für denkbar gehalten hätte.

Dabei muß ich vielleicht dazu sagen, daß ich die ersten acht Jahre meiner Tätigkeit im Deutschen Bundestag insbesondere mit Fragen der Sicherheitspolitik, der Bundeswehr und der NATO befaßt war. Die NATO ist als Institution ja ebenfalls in Brüssel eingerichtet. Seit ich mich jetzt seit gut zwei Jahren in EU-Kompetenz wieder regelmäßig in Brüssel aufhalte, muß ich feststellen, daß es zwischen der NATO-Institution und den EU-Institutionen in Brüssel eigentlich überhaupt keine Kommunikation gibt, also zwischen den beiden wichtigsten internationalen Organisationen, an denen die Bundesrepublik Deuschland beteiligt ist.

Die beiden Stränge sind absolut separiert. Zu meinen Spielkameraden von der NATO habe ich heute über die EU-Schiene keinen Bezug mehr. Und wenn ich mit ihnen rede oder zum Beispiel einen Vortrag halte vor höchsten Generälen der Nordatlantischen Allianz, dann haben diese das Gefühl, ich käme von einem anderen Stern. Die beiden Prozesse haben nur sehr wenig miteinander zu tun.

Dies läßt sich natürlich historisch begründen: Mit Frankreichs Sonderrolle innerhalb der NATO, die eigentlich eine Sonderrolle fast *außerhalb* der NATO war; mit Spaniens Nichtintegration in den militärischen Kontext; mit der Tatsache, daß die EU Mitgliedstaaten hat, die nicht der NATO und auch nicht der WEU angehören. Staaten, die aus der Neutralität kommen oder sich noch heute als neutral betrachten oder in ihrer Verfassung das Verbot der Beteiligung in einem System kollektiver Verteidigung haben. Das hat den Dialog natürlich auch behindert. Sowohl die Franzosen, als auch die Amerikaner haben wohl auch darauf geachtet, daß nicht allzuviel Dialog stattgefunden hat.

Aber die Situation hat sich verändert. Frankreich ist in die militärischen Strukturen zurückgekehrt, Spanien hat gleiches angekündigt und stellt nebenbei bemerkt den NATO-Generalsekretär, der genau die umgekehrte Erfahrung wie ich gemacht hat. Javier Solana, ein guter Freund von mir, war vorher Vorsitzender des Ministerrates der EU und stellt nun als NATO-Generalsekretär fest, daß keine Kommunikation besteht.

Auch bei den neutralen Staaten haben sich die Dinge verändert. Ich habe in der Reflexionsgruppe vor knapp zwei Jahren eine Idee sozusagen als Stein ins Wasser geworfen: Ob man nicht die Petersberg-Aufgaben des WEU-Vertrages in den EU-Vertrag überführen könnte. Zu meiner großen Überraschung hat das offenbar soweit Wellen geschlagen, daß die Außenministerinnen von Finnland und Schweden genau diesen Vorschlag jetzt offiziell in die Regierungskonferenz eingebracht haben. Diese Idee wurde also durch zwei der Staaten, bei denen wir an sich die größten Probleme gesehen haben, offiziell in die Regierungskonferenz eingebracht, Österreich trägt diesen Vorschlag mit, das größte Problem stellt jetzt wohl noch Irland dar, das offenbar eine sehr restriktive Formulierung in seiner Verfassung hinsichtlich des Eintrittes in ein System kollektiver Verteidigung - was ja Petersberg so noch nicht unbedingt darstellt - hat. Die Iren sind also sehr zurückhaltend.

Ich vermute, auf der Regierungskonferenz wird herauskommen, sofern es keine Fundamentalblockade durch Großbritannien gibt, daß die Petersberg-Aufgaben in den EU-Kontext eingeführt werden, die Etablierung einer Leitlinienkompetenz des Europäischen Rates gegenüber der WEU, eine allgemeine politische Solidaritätsklausel, die natürlich deutlich unterhalb einer Beistandsverpflichtung im Sinne des Artikel 5 des Brüsseler oder Washingtoner Abkommens bleiben wird und, wie ich hoffe, auch ein Fahrplan für eine stufenweise Überführung der WEU in die EU.

Da natürlich die Mitgliedschaften nicht kongruent sind und einige Länder vermutlich - ich denke da an Irland oder Schweden - bei einem neutralen Status bleiben werden, haben wir hier auch wieder möglicherweise einen Flexibilitätsfall vor uns - auf Flexibilität werde ich später noch einmal zurückkommen.

Noch ein Wort zu einer grundsätzlichen Problematik: Ich rede hier nur von institutionellen Vorkehrungen, nicht vom politischen Willen. Denn die Briten beispielsweise sagen uns im Rahmen der Regierungskonferenz häufig, daß man dieses oder jenes doch auch so, ohne vertragliche Grundlagen, machen könne, wenn denn der politische Wille da sei. Aber eine Regierungskonferenz muß sich nun einmal mit Vertragsgrundlagen befassen. Wir haben die vertraglichen Möglichkeiten zu schaffen; ob nachher der politische Wille vorhanden sein wird, von diesen Möglichkeiten Gebrauch zu machen, ist eine andere Frage. Manchmal wird der politische Wille ja auch dadurch gefördert, daß man die vertraglichen Grundlagen schafft. In jedem Fall halte ich es für erforderlich, diese Grundlegungen vorzunehmen, gewissermaßen um die *notwendigen* Bedingungen für Fortschritt zu implantieren - die *hinreichenden* Bedingungen müssen hinterher politisch bewältigt werden. Insofern halte ich diese Fundamentalkritik gegen die Regierungskonferenz, daß dort nur institutionelle Vorkehrungen getroffen würden, also vertragliche Grundlegungen vollzogen würden, für ziemlich irrelevant.

Ich komme zur Frage der Bürger: Wir haben es ja bisher nicht nur mit einer Union zu tun, bei der die Effizienz auf dem Prüfstein steht, sondern es geht auch um eine europäische Identität, es geht um ein Gesellschaftsmodell, das sich nicht im freien Austausch von Dienstleistungen, Kapital und Gütern erschöpft. Deswegen wollen wir - und das wird schwierig - die Rechte des einzelnen durch die Regierungskonferenz stärken. Ich muß dazu sagen, daß die meisten Menschen in Deutschland, abgesehen von den Subtilitäten des Bundesverfassungsgerichtsurteiles zum Maastrichter Vertrag - das zu beurteilen, überlasse ich besser Ihnen, Herr Professor Stern - eine föderale Vision von Europa haben. Insoweit kann das Bundesverfassungsgerichtsurteil als Prozessangebot begriffen werden und nicht als etwas Starres. Und in eine solche föderale Vision oder Konzeption paßt natürlich die Vorstellung von so etwas wie einer Verfassungsgrundlegung für Europa.

Und was anderes ist der Maastrichter Vertrag als eine solche? Und wenn man sich das so vorstellt, dann müßte eigentlich einmal über Grundrechte gesprochen werden. Aber einen Grundrechtskatalog werden wir nicht in den Vertrag bekommen, und ich füge hinzu, daß wir das zur Zeit politisch auch gar nicht wollen. Denn wir haben das Gefühl, daß dann dort Dinge in den Vertrag geschrieben würden, die wir im Hinblick auf das Grundgesetz mit größter Mühe abgewehrt haben. Aber wir würden ganz gerne die noch bestehende Rest-Rechtsschutzlücke schließen, die schließbar würde durch den Beitritt der Union bzw. der EG zur EMRK - unabhängig von der Frage, daß man vor einem solchen Beitritt noch die Frage der Rechtspersönlichkeit der Union lösen müßte, wozu mir von Profis gesagt wird, daß das relativ leicht machbar wäre. Das können aber natürlich Sie besser beurteilen.

Hier gibt es erheblichen Widerstand, der im Wesentlichen politisch bedingt ist, weil man sich scheut, den Prozeß einer Veränderung der EMRK, die es erlauben würde, daß die Europäische Union als Nicht-Staat beiträte, dann anschließend in ein Ratifikationsverfahren in allen Mitgliedstaaten münden zu lassen, sodaß dann beispielsweise im Parlament von Moldawien über die Grundrechtssituation in Irland diskutiert würde. Ich habe eigentlich wenig Verständnis für diesen Vorbehalt, schon weil ich der Auffassung bin, daß - auch wenn wir in einigen Regionen diesbezüglich Probleme haben, ich denke da an Krisenregionen wie Korsika, das Baskenland, Nordirland - die Europäische Union mit ihren Mitgliedstaaten keine Hemmungen haben *darf*, ihre Menschenrechtsbilanz den anderen vorzuzeigen und darüber auch zu diskutieren. Wenn es anders wäre, müßten wir uns ernsthaft danach fragen, was wir falsch gemacht hätten. Ich fürchte allerdings, daß hier bei der Regierungskonferenz kein Fortschritt zustande kommen wird.

Bei der Frage der Unionsbürgerschaft wird es wahrscheinlich relativ wenig Probleme geben, bei der Transparenz wird es einen Fortschritt geben, der allerdings unterhalb der Schwelle der Verletzung des Geheimschutzes liegt. In dieser Frage gehen einige Regierungen sehr weit, und da kann man auch bisweilen, wenn Sie im Internet viel surfen, interessante Informationen höchst vertraulichen Charakters aus der Regierungskonferenz und sonst woher erhalten. Das ist nicht unbedingt das, was ich mir unter Transparenz vorstelle.

Wesentlicher - auch für den politischen Prozess - ist die Vereinfachung der Entscheidungsverfahren. Wir haben in Deutschland nicht zuletzt deshalb so wenig Berichterstattung über Europapolitik, weil kein Mensch unter den Brüsseler und Straßburger Korrespondenten begreift, wie die Europäische Union eigentlich funktioniert. Die Entscheidungsverfahren sind so kompliziert, daß die Journalisten, die eigentlich hier dem Bürger gegenüber eine Mittlerrolle spielen sollten, nicht mitmachen.

Wir haben in der Europäischen Union und auch in Deutschland ein Thema, wo es mit Sicherheit sehr kontrovers zugehen wird, auch zwischen den politischen Parteien im Deutschen Bundestag: Das ist das Thema der Beschäftigung. Auch der Bundesrat hat uns neulich mit einer deutlichen Mehrheit einen Auftrag mit auf den Weg gegeben, für ein Beschäftigungskapitel im Vertrag über die Europäische Union einzutreten. Die Bundesregierung sieht natürlich, daß kaum ein Thema den einzelnen und uns alle so beschäftigt, wie das Thema der Arbeitslosigkeit. Wir haben in Europa fast 20 Millionen Arbeitslose. Aber wir sind der Ansicht, daß diese Ängste nicht zum Spielball politischer Vorteilsnahme werden dürfen, und hier wird in einer Diskussion, die ziemlich leichtfertig von einigen Regierungen losgetreten worden ist, ein Erwartungshorizont aufgebaut, dem ein Vertragskapitel niemals gerecht werden kann.

Unsere große Befürchtung ist, daß entweder die ganze Sache in großen Beschäftigungsprogrammen altkeynesianischen Stils endet, den wir gerade überwunden glaubten - und dazu auch noch in Beschäftigungsprogrammen, die uns bei zweifelhafter Effektivität wahnsinnig teuer zu stehen kommen - , oder daß auf der anderen Seite hier Erwartungen aufgebaut werden, die wir nicht erfüllen werden, was sich nachher in noch mehr Eurofrust niederschlagen wird, als wir ihn bisher schon haben. Das Abschieben der Verantwortlichkeit für die Beschäftigungslage von den Tarifparteien auf den Staat hat in der Bundesrepublik ja schon eine beachtliche Dimension erreicht, und wir versuchen, da ja gerade ein wenig zurückzurudern. Der Versuch einiger Mitgliedstaaten, diese Verantwortung weiter nach Brüssel zu schieben, wird Europa unter dem Strich nicht gut tun. Deshalb ist die Bundesregierung bei diesem Thema so zurückhaltend.

Meine Damen und Herren, ich habe Ihnen jetzt viel gesagt über Fragen, wo die Bürger nach meiner Auffassung erwarten, daß Europa handelt, und wo es populär ist, zum Beispiel bei der Außen- und Sicherheitspolitik, wenn die Regierungskonferenz etwas zu Wege bringt. Aber im Grunde sind die Bürger der Ansicht, und das prägt die Stimmung sehr, Europa handele ohnehin schon viel zu viel. Alle Vorurteile werden dann bemüht, um gegen die Überregulierung und Bürokratie in Brüssel anzuwettern. Diese Kritik ist ja hin und wieder auch berechtigt. Deswegen ist unser Ziel, die Subsidiarität besser im Vertrag zu verankern. Die Bereitschaft unserer Partner, uns zu folgen, ist gleich Null. Was wir gemeinsam mit den österreichischen, den belgischen und britischen Kollegen hier herausholen können, das ist nach meiner Auffassung eine Übernahme des Inhaltes des Beschlusses von Edinburgh zur Subsidiarität in ein Protokoll zum Artikel 3 b des Maastrichter Vertrages. Das ist an dieser Stelle das Ergebnis der Regierungskonferenz, das ich vorhersage. Mehr ist da - wie ich denke - nicht zu machen.

Das liegt, wenn wir das realistisch betrachten, ein bißchen auch daran, daß die Wahrnehmung deutscher Europapolitik bei den Partnern in Brüssel in der letzten Zeit schon mächtig gelitten hat. Und da ist schon einiges an Mißtrauen aufgekommen, ob hinter der Forderung nach mehr Subsidiarität nicht vielmehr die Verabschiedung von der Solidarität steckt. Musterschüler in Europa sind wir eh nicht mehr. Die Angelegenheit mit der Bremer Vulkanwerft oder die Art und Weise, nicht wie der Vertragsartikel bei den Sachsensubventionen interpretiert worden ist, sondern wie auf die unterschiedliche Interpretation anschließend reagiert wurde, nämlich mit schlichtem Rechtsbruch, das hat uns alle schon etwas ins Zwielicht bebracht. Auch die Forderung nach Renationalisierung oder Regionalisierung von Gemeinschaftspolitiken trägt nicht gerade dazu bei, uns aus diesem Verdacht zu lösen. Im Ergebnis will ich nur sagen, daß die Bereitschaft der Partner, uns in der Subsidiaritätsfrage entgegenzukommen, nicht gerade gefördert worden ist.

Ein letzter Punkt, in dem ich die wesentliche strategische Aufgabe für die Regierungskonferenz sehe: Wenn wir für die Osterweiterung fit sein wollen und die Erweiterung mit einer Vertiefung verbinden wollen, dann müssen wir uns die Frage stellen, wie man sich eigentlich vorstellen soll, daß diese Europäische Union auf der Basis des erreichten acquis, auf der Basis des hohen Integrationsstandards, den wir erreicht haben, noch weitere Politikfelder erschließen kann, auf denen noch Integration und Kooperation möglich sind. Da werden wir sicherlich rasch zu dem Ergebnis kommen, daß über das hinaus, was wir schon haben und was zu wahren und zu schützen ist, weitere Betätigungsfelder nur dann zu erschließen sind, wenn wir in Kauf nehmen, daß nicht alle der 26 jeden zusätzlichen Integrationsschritt, zumindest nicht zur gleichen Zeit, mitvollziehen können, vielleicht auch gar nicht mitvollziehen wollen. Und der Problemdruck wird dazu führen, daß es bestimmte Kooperationen - die Franzosen sprechen ja deswegen auch von „coopération renforcée“ statt von Flexibilität - geben wird, so wie es zum Beispiel Schengen gegeben hat und viele andere Formen der Zusammenarbeit bis hin zur Kontaktgruppe beim Jugoslawienproblem.

Die Frage ist, ob diese zukünfigen Kooperationen innerhalb oder außerhalb des institutionellen Rahmens der EU stattfinden werden. Deutschland ist dezidiert der Auffassung, man solle versuchen, solche Kooperationen innerhalb des Rahmens der EU zu organisieren, auch auf die Gefahr hin, daß vielleicht nicht alle mitmachen können. Ähnlich wie bei der Währungsunion - der Vergleich stimmt zwar nicht ganz genau, aber zumindest tendenziell - könnte man sich auch die Entwicklung einer Verteidigungsunion vorstellen, um es einmal etwas plakativ auszudrücken. Denn wenn einige Mitgliedstaaten bei ihrer Position hinsichtlich eines kollektiven Verteidigungssystems bleiben, muß das nicht bedeuten, daß die anderen daran gehindert werden müssen, die Europäische Union ihrerseits auf diesem Gebiet weiterzuentwickeln. Auch bei der Frage der Weiterentwicklung von Europol zu einer operativ tätigen Polizeibehörde möchte ich nicht ausschließen, daß nicht alle der 26 diesen Weg mitgehen oder von vornherein mitgehen.

Wir wollen damit nicht das Europa à la carte, sondern wir empfinden diesen Ansatz - weil er den aquis sichert, weil er niemanden ausschließt, und weil er allerdings auch dem einzelnen Mitgliedstaat die Möglichkeit nimmt, alle anderen an der Weiterentwicklung der Union zu hindern - als einen ausgesprochen integrationsfreundlichen Ansatz. Danach gilt das Prinzip der Gemeinschaftstreue sowohl für die Avantgarde als auch für diejenigen, die zunächst noch nicht in allen Punkten mitmachen. Dieser Ansatz sorgt dann insbesondere auch dafür, daß die Interessen der Gemeinschaft dadurch besser gewahrt sind, daß die Institutionen, die Organe der Gemeinschaft beteiligt werden, wie zum Beispiel die Kommission über einen avis conforme, den man ihr vor einen Einstieg in einen Flexibilitätsfall abverlangen würde.

Das ist in geraffter Form mein Plädoyer für diesen Ansatz der Flexibilität, der mir aber vom Begriff her nicht gefällt, weil Flexibilität mir begrifflich zu nahe an Beliebigkeit liegt. Das sieht ein bißchen so aus, als wenn es um ein neues einfaches Entscheidungsverfahren ginge, nach dem Motto: Paßt das erreichte Ergebnis nicht, das im normalen Entscheidungsverfahren zustande kommen würde, dann wird zur Flexibilität gegriffen. Das wäre ein falscher Ansatz. Denn hier geht es darum, die vertragsstrukturelle Grundlegung vorzusehen für die Fähigkeit der Union, auch unter Wahrung des bisher schon erreichten hohen Integrationsstandes neue Integrationsfelder zu erschließen.
Wenn wir in Hinblick auf den Vertragstext diese Entscheidung nicht jetzt herbeiführen, nachdem wir ohnehin schon den Fehler gemacht haben, immer nur bei der Mitgliederzahl von 6 auf 9 auf 15 zu extrapolieren, dann werden wir diese Entscheidung mit 26 Mitgliedern erst recht nicht treffen können. Die wesentlichen Strukturentscheidungen müssen jetzt bei dieser Regierungskonferenz getroffen werden. Deswegen legt die Bundesregierung hierauf so viel Wert. Vielen Dank.

Die tschechische Perspektive

MAHULENA HOŠKOVÁ

I. Einführung

Das Thema: „Erweiterung der Europäischen Union nach Osten oder Vertiefung oder beides?" stellt zur Zeit eine zentrale Frage in den heutigen Mitgliedstaaten der Union dar und ist richtungsweisend für die künftige Entwicklung der europäischen Integration. Aufgabe der Staaten, die den Beitritt zur Europäischen Union anstreben, ist daher es, sich für eine solche Erweiterung oder zumindest die Vertiefung der europäischen Integration einzusetzen, um so die Diskussion zu beeinflussen.

Der Beitritt zur Europäischen Union gehört zu den wichtigsten Zielen der Außenpolitik der Tschechischen Republik. Vierzig Jahre sozialistischer Ordnung haben tiefe Spuren nicht nur im wirtschaftlichen, sondern auch im gesellschaftlichen und rechtlichen Bereich hinterlassen. Das atemberaubende Tempo des Übergangs zur Marktwirtschaft nach 1989 und die dabei erreichten Erfolge führten leider oft zu der verfehlten Vorstellung von unbeschränkten wirtschaftlichen Möglichkeiten des neuen Systems. Dabei wurde zum Teil die Ansicht geäußert, daß die mit einer Annäherung an die Europäische Union verbundenen Beschränkungen und Eingriffe in den sonst ungehemmten Wirtschaftsablauf die Wirtschaftskraft des Landes beeinträchtigen werde. Daher ist die gesellschaftliche Diskussion über einen Beitritt der Tschechischen Republik zur Union nicht nur von Europaeuphorie geprägt, sondern es werden durchaus auch skeptische Stimmen laut.

Notwendige Voraussetzung der Eingliederung mittel- und osteuropäischer Staaten in die Europäische Union ist die umfassende Vorbereitung auf beiden Seiten. Die gegenwärtige Grundlage für diese Entwicklungen ist das Europa-Abkommen vom 4. Oktober 1993, mit dem eine Assoziation zwischen den Europäischen Gemeinschaften, ihren Mitgliedstaaten und der Tschechischen Republik mit Wirkung ab dem 1. Februar 1995 begründet worden ist.

II. Die Entstehung des Europa-Abkommens

Die Verspätung, mit der das Europa-Abkommen in Kraft getreten ist, kann sicher zu den wenigen negativen Folgen der Auflösung der ČSFR gezählt werden. Denn ein entsprechendes Abkommen mit der damaligen ČSFR war schon zu dem Zeitpunkt unterzeichnet worden, in dem die Verträge der Europäischen Union mit Polen und Ungarn geschlossen worden waren. Bis zu dem Inkrafttreten des Assoziierungsabkommens mit der Tschechischen Republik diente das Interimsabkommen über Handel und Handelsfragen, das zwischen der Europäischen Gemeinschaft für Kohle und Stahl und der ČSFR in Brüssel am 16. Dezember 1991 unterzeichnet worden war, als vorläufige Grundlage des Assoziierungsprozesses. Dieses Interimsabkommen regelte die grundsätzlichen Fragen der gemeinsamen Handelsbeziehungen und war gemäß seinem Art. 46 in seiner Gültigkeit „bis zum Inkrafttreten des am 16. Dezember 1991 unterzeichneten Europa-Abkommens und längstens bis zum 31. Dezember 1992“ beschränkt. Durch die Auflösung der ČSFR und die Verzögerung aller Ratifikationsverfahren kam dem Interimsabkommen eine neue Bedeutung zu. Im Wege eines Briefwechsels wurde die Verlängerung der Geltungsdauer des Interimsabkommens vereinbart und diese am 7. Dezember 1992 durch den Rat der Europäischen Gemeinschaft genehmigt. Inhaltlich beschränkte sich das Interimsabkommen jedoch auf die Problematik des freien Warenverkehrs, der Zahlungsfreiheit und des Wettbewerbs sowie auf einige Fragen über den vorläufigen institutionellen Aufbau zur Erreichung dieser Ziele. Bestimmungen zur Anpassung des Rechtssystems der ČSFR an das Gemeinschaftsrecht sah das Interimsabkommen dagegen nicht vor.

Bereits vor der geplanten Auflösung der ČSFR am 31. Dezember 1992 hatten die künftigen Teilrepubliken der Kommission der Europäischen Gemeinschaft die Aushandlung zweier getrennter Europa-Abkommen vorgeschlagen. Dabei hatten die beiden zukünftigen Republiken Wert darauf gelegt, daß der Inhalt der getrennten Europa-Abkommen dem Inhalt des mit der ČSFR geschlossenen Europa-Abkommens entsprechen sollte. Am 5. April 1993 genehmigte der Rat der Europäischen Gemeinschaft die Verhandlungsdirektiven für zwei getrennte Abkommen mit der Tschechischen Republik und mit der Slowakischen Republik. Diese Europa-Abkommen wurden am 23. Juni 1993 in Brüssel paraphiert; mit dem Inkrafttreten dieser Verträge erlosch auch die Wirkung des Interimsabkommens.

III. Der Inhalt des Europa-Abkommens

Der Text des am 1. Februar 1995 in Kraft getretenen Europa-Abkommens zwischen der Europäischen Union und der Tschechischen Republik entspricht dem Text des ursprünglichen Abkommens mit der ČSFR, wobei folgende Neuerungen zu verzeichnen sind: In die Präambel wurde ein neuer Absatz

über die Achtung der Menschenrechte einschließlich der Rechte von Minderheiten aufgenommen. Ferner wurde ein neuer Artikel 6 eingefügt, der bestätigt, daß die Wahrung der demokratischen Grundsätze und die Achtung der Menschenrechte sowie der Grundsatz der Marktwirtschaft wesentliche Bestandteile des Abkommens sind. Geändert wurde auch die Bestimmung, die den Fall der Nichterfüllung des Abkommens regelt, um die sofortige Aussetzung des Abkommens „im Falle besonderer Dringlichkeit" zu ermöglichen (Art. 117); dazu wurde eine gemeinsame Erklärung aufgenommen, die diesen „Fall besonderer Dringlichkeit" näher definiert. Hiernach liegt ein solcher Fall zum einen dann vor, wenn von einer der Parteien die Erfüllung des Abkommens verweigert wird und keine Sanktionsmöglichkeit nach den allgemeinen Regeln des Völkerrechts besteht. Weiterhin wird ein „Fall besonderer Dringlichkeit" angenommen, wenn von einer der Parteien wesentliche Bestandteile des Abkommens, insbesondere der Art. 6, verletzt werden.
Bei den Hauptpunkten des Abkommens handelt es sich - analog zu den Europa-Abkommen mit Polen, Ungarn oder der Slowakei - um die folgenden Regelungsbereiche:

1. Die Institutionalisierung des politischen Dialogs auf den verschiedenen Ebenen, um den Fortgang der Reformen zu unterstützen und die Annäherung der Tschechischen Republik an die Europäische Union zu fördern.
2. Die stufenweise Errichtung einer Freihandelszone in einem Zeitraum von höchstens zehn Jahren ab dem Inkrafttreten des Abkommens.
3. Die Freizügigkeit der Arbeitnehmer beider Seiten in der Übergangsperiode in einem gewissen, beschränkten Umfang.
4. Die Niederlassungsfreiheit für Staatsangehörige beider Seiten in der Übergangsperiode in einem gewissen, beschränkten Umfang.
5. Regelungen zur Liberalisierung des Dienstleistungsverkehrs.
6. Bestimmungen zur Liberalisierung des Kapitalverkehrs, die auch die Verpflichtung zur Vornahme der Maßnahmen beinhalten, die zur Schaffung der Voraussetzungen für die weitere schrittweise Übernahme der Rechtsvorschriften der Union über den freien Kapitalverkehr in einem Zeitraum von fünf Jahren ab dem Inkrafttreten des Europa-Abkommens erforderlich sind.
7. Das Verbot der wettbewerbsbeschränkenden Kartelle, des Mißbrauchs einer marktbeherrschenden Stellung sowie jeglicher staatlicher Beihilfen,

die durch die Begünstigung bestimmter Unternehmen oder Produktionszweige den Wettbewerb verfälschen oder zu verfälschen drohen.

8. Regeln über die Angleichung der Rechtsvorschriften.
9. Grundprinzipien der wirtschaftlichen, kulturellen und finanziellen Zusammenarbeit.
10. Die institutionellen Bestimmungen, auf deren Grundlage ein Assoziationsrat zur Überwachung der Durchführung des Abkommens eingesetzt wurde.

IV. Die verfassungsrechtliche Einordnung des Europa- Abkommens

Die tschechische Verfassung ordnet das Europa-Abkommen systematisch der Kategorie der „internationalen Verträge" zu. Entsprechend dieser Einordnung gestaltet sich das Verfahren, nach dem die innerstaatliche Verabschiedung des Abkommen in der Tschechischen Republik erfolgte. Gemäß Art. 49 der tschechischen Verfassung wurde es als „Wirtschaftsvertrag allgemeiner Art" vom Parlament angenommen und gemäß Art. 63 Abs. 1 der tschechischen Verfassung vom Staatspräsidenten ratifiziert.

Eine Inkorporation in die innerstaatliche Rechtsordnung sieht die Verfassung gemäß ihrem Art. 10 jedoch nur für „ratifizierte und verkündete internationale Abkommen zum Schutz der Menschenrechte und Grundfreiheiten, durch die die Tschechische Republik gebunden ist" vor. Auch die Zuständigkeit des tschechischen Verfassungsgerichts bei völkerrechtlichen Fragen beschränkt sich gemäß Art. 87 der Verfassung auf die „internationalen Verträge nach Art. 10", also die besagten ratifizierten und verkündeten internationalen Verträge über Menschenrechte und Grundfreiheiten. In der Praxis bestehen aber naturgemäß Unsicherheiten bei der Entscheidung, ob ein internationales Abkommen oder einer seiner Bestandteile der Kategorie der Abkommen „zum Schutz der Menschenrechte und Grundfreiheiten" zuzuordnen ist. Diese Frage stellte sich beispielsweise auch im Falle des Übereinkommens über die Beteiligten an Verfahren vor der Europäischen Menschenrechtskommission oder dem Europäischen Gerichtshof für Menschenrechte. Das tschechische Parlament tendierte in diesem Fall zu einer eher großzügigen Auslegung des Merkmals „zum Schutze der Menschenrechte und Grundfreiheiten" und sah auch dieses eher prozessuale Abkommen als Abkommen im Sinne von Art. 10 der tschechischen Verfassung an und unterstellte es damit dem Kompetenzbereich des Verfassungsgerichtes.

Folge der Inkorporierung der Verträge, die Menschenrechte zum Gegenstand haben, ist nach dem besagten Art. 10 der Verfassung die unmittelbare Anwendbarkeit dieser Abkommen und ihr Vorrang vor dem Gesetz. In der Rechtslehre herrscht allerdings Uneinigkeit hinsichtlich der Funktionsweise eines solchen Vorranges. Wird die einfachgesetzliche Bestimmung außer Kraft gesetzt oder wirkt das internationale Abkommen aufgrund des Grundsatzes vom *lex posterior*? Gilt dieser Vorrang auch gegenüber dem Verfassungsrecht?

Noch komplizierter ist die Situation - übrigens ähnlich wie in der Slowakischen Republik oder in Polen - im Falle derjenigen internationalen Verträge, die nicht in die Kategorie menschenrechtlicher Abkommen nach Art. 10 der Verfassung fallen - wie dies beim Europa-Abkommen der Fall ist - obwohl hierin beispielsweise auch wirtschaftsbezogene Grundrechte enthalten sind. Die tschechische Verfassung enthält nur eine Regelung des Verhältnisses zwischen innerstaatlichem Recht und dem Recht derjenigen völkerrechtlichen Verträge, die die Regelung der Menschenrechte zum Inhalt haben. Entsprechende Regelungen im Hinblick auf das internationale Gewohnheitsrecht, auf die übrigen internationalen Verträge sowie auf die Rechtsakte von internationalen Organisationen, denen die Tschechische Republik angehört, fehlen. Nach der überwiegenden Auffassung in der tschechischen Staatsrechtslehre binden die Verpflichtungen, die aus den letztgenannten Bereichen des Völkerrechts resultieren, nur den Staat. Im Falle des Europa-Abkommens soll diese Ansicht auch dem Art. 117 des Abkommens entsprechen, wonach die Vertragsparteien verpflichtet sind, alle allgemeinen oder besonderen Maßnahmen zu treffen, die zur Erfüllung ihrer Verpflichtungen aus dem Abkommen erforderlich sind. Für den Fall, daß in völkerrechtlichen Abkommen bestimmte Fragen durch sogenannte „Self-executing-Bestimmungen" geregelt werden und diese Regelungen im Gegensatz zum innerstaatlichen Recht stehen, sollen die Bestimmungen aus dem völkerrechtlichen Vertrag Vorrang vor dem innerstaatlichen Recht im Sinne eines Anwendungsvorrangs genießen. Falls sie die Rechte und Pflichten von Personen oder Organisationen betreffen, was in der Regel der Fall sein wird, müssen sie nach § 3 des Gesetzes Nr. 542/1992 in der amtlichen Gesetzessammlung verkündet werden. Falls diese nicht nach Art. 10 der Verfassung inkorporierten Abkommen ein Bestandteil des innerstaatlichen Rechts werden sollen, müssen sie nach der überwiegenden Auffassung in der Rechtslehre in die tschechische Rechtsordnung transformiert werden. Dies kann auf verschiedenen Wegen geschehen. Zum einen ist eine solche Transformation durch die rezeptive Aufnahme des Wortlautes einer Bestimmung aus einem internationalen Vertrag in den tschechischen

Gesetzestext möglich. Zum zweiten kann eine Anpassung des innerstaatlichen Rechts an die Vorgaben des internationalen Abkommens erfolgen. Weiterhin ist eine Transformation auch durch entsprechende Hinweise in den tschechischen Gesetzen, die unterschiedliche Formen haben können, denkbar. Eine Mindermeinung vertritt die Auffassung, daß es auch solche Bestimmungen gebe, auf die sich der Einzelne vor Behörden und Gerichten berufen könne, ohne daß diese zuvor in die tschechische Rechtsordnung transformiert worden seien. Dies soll nach der genannten Auffassung beispielsweise für die Bestimmungen des Europa-Abkommens über die Freiheit des Warenverkehrs, die Niederlassungsfreiheit, die Kapitalverkehrsfreiheit und den freien Wettbewerb gelten.

V. Die Anwendung des Europa-Abkommens im innerstaatlichen Recht

Die Bestimmungen der Art. 69 bis 70 des Europa-Abkommens verpflichten die Tschechische Republik zur Angleichung ihres Rechtssystems an das Recht der Europäischen Union. Nach der Auflösung der ČSFR wurde die Rechtsangleichung nach den Maßgaben der Regierungsanordnung Nr. 396 aus dem Jahre 1991 vollzogen. Ab dem 4. Mai 1994 galt dann die Regierungsanordnung Nr. 237 über die Annäherung der Rechtsvorschriften der Tschechischen Republik an das Recht der Europäischen Union. Durch diese Anordnung wurde der stellvertretende Ministerpräsident verpflichtet, die Arbeiten zur Rechtsharmonisierung zu koordinieren. Die aus den Parlamentswahlen dieses Jahres hervorgegangene Regierung unterzog die organisatorische Sicherung der Rechtsharmonisierung gewissen Änderungen. Zwei- bis dreimal pro Jahr tagt nun ein aus den Ministern zusammengesetzter Regierungsausschuß für die Europäische Integration (Vládní výbor pro evropskou integraci), der vom Ministerpräsidenten geleitet wird. Einmal pro Monat tagt der beim Auswärtigen Amt eingerichtete Arbeitsausschuß für die Umsetzung des Europa-Abkommens (Pracovní výbor pro provádení evropských dohod), der sich aus Vertretern der Ministerien zusammensetzt und vom stellvertretenden Außenminister *Svoboda* präsidiert wird. Dem Justizministerium obliegt nun die Aufgabe, eine ständige Übersicht über den Umfang der Rechtsangleichung zu schaffen. Diese Aufgabe lag früher in der Zuständigkeit des Amtes für Gesetzgebung und öffentliche Verwaltung. Im Rahmen dieses neuen Arbeitsbereiches entstand im Sommer dieses Jahres ein detailliertes Dokument, in dem alle geltenden tschechischen Gesetze, die einen Zusammenhang mit dem Gemeinschaftsrecht aufweisen, auf das Ausmaß ihrer Kompatibilität mit dem

Gemeinschaftsrecht überprüft wurden. Je nach dem Grad ihrer Vereinbarkeit wurden sie dabei in vier Kategorien unterteilt. In die Gruppe derjenigen Rechtsnormen, die eine hinreichende Übereinstimmung mit dem Recht der Europäischen Union aufweisen, wurde beispielsweise das tschechische Zivilgesetzbuch eingegliedert. In die Kategorie der problematischen Rechtsnormen, die keine genügende Kongruenz zum Gemeinschaftsrecht aufweisen, gehört nach dem Dokument des Justizministeriums u.a. das tschechische Gesetz über den Verbraucherschutz.

Für die innerstaatliche Gesetzgebung, die durch das Europa-Abkommen erforderlich wird, sind die Sachministerien bzw. die tschechische Nationalbank, das Statistische Amt, das Amt für Normalisierung etc. verantwortlich. Jeder Gesetzentwurf, der von einem dieser zentralen Staatsorgane vorgelegt wird, muß eine Klausel über die Kompatibilität des Gesetzentwurfes mit dem Gemeinschaftsrecht enthalten. Diese Klausel wird in die entsprechende Gesetzesvorlage aufgenommen und ist so Bestandteil der Gesetzgebungsmaterialien. Um die Übersicht über den Stand der Angleichung der Rechtsvorschriften zu vereinfachen, sind in letzter Zeit die Ministerien verpflichtet worden, sogenannte „Position-Papers" zu erarbeiten, die Aufschluß über die Frage geben sollen, in welchem Umfang die Vorgaben des Europarechts Angleichungen des tschechischen Rechts in den einzelnen Bereichen erforderlich machen. Man geht nämlich davon aus, daß im Falle des Beitritts die tschechische innerstaatliche Gesetzgebung ohne besondere Übergangsfristen mit den Maßgaben des Rechts der Europäischen Union konfrontiert werden wird.

VI. Beispiele für den Einfluß des Europarechtes auf die tschechische Rechtsordnung

1. Medienrecht

Der Rat für Rundfunk und Fernsehen hält die Schaffung eines gesetzlichen Rahmens für Konzentrationsprozesse im Medienwesen für eine erforderliche legislatorische Maßnahme. Ein entsprechendes Gesetzeswerk sollte nach der Meinung des Rates auch solche Maßnahmen einbeziehen, die einer erhöhten Transparenz im Hinblick auf die Eigentumsverhältnisse an den Medien dienen und die Anpassung der tschechischen Medienstrukturen an den europäischen Standard ermöglichen. Auch das tschechische Rundfunk- und Fernsehgesetz ist nach Meinung des Rates im Vergleich zu den Normen des Gemeinschaftsrechts zu liberal, was zum Beispiel die Quotenregelung für europäische Produktionen oder die Frage der Werbungszeiten und des Werbungsanteiles betrifft.

2. Steuerrecht

Dem tschechischen Verfassungsgericht diente Art. 90 des Europa-Abkommens zur Begründung eines Urteils aus dem Jahre 1995, in dem es um die steuerliche Begünstigung von kleinen, unabhängigen Bierbrauereien ging. Nach diesem Urteil liegen die vorgesehenen Steuerbegünstigungen für Brauereien mit einem Jahresausstoß von höchstens 200.000 Hektolitern Bier auf der Linie, die Kompatibilität der tschechischen Gesetzgebung mit dem Gemeinschaftsrecht herzustellen. Denn gemäß Art. 90 des Europa-Abkommens sei die Tschechische Republik gehalten, diejenigen steuerrechtlichen Voraussetzungen zu schaffen, die die Gründung kleinerer und mittlerer Unternehmen förderten. Darüber hinaus stützte das Verfassungsgericht seine Entscheidung über die angefochtene Steuerbegünstigung auch auf die Richtlinie Nr. 92/84 des Rates der Europäischen Gemeinschaft, wonach die Mitgliedstaaten das aus den kleineren Brauereien stammende Bier in einem geringeren Maße besteuern können.

3. Verwaltungsrecht

Auch in seinem Urteil vom 27. November 1996 über die Möglichkeit der gerichtlichen Überprüfung von Entscheidungen der Verwaltungsorgane im Bereich der Telekommunikation hat das tschechische Verfassungsgericht seine Argumentation subsidiär mit den Aussagen des Gemeinschaftsrechts geführt und sich auf die Richtlinie 95/72/EC vom 13. Dezember 1995 gestützt. Nach dieser Richtlinie wird die Überprüfung von Streitigkeiten über Telephonrechnungen durch Verwaltungsorgane nicht ausgeschlossen, wenn diese Entscheidungen ihrerseits der Überprüfung durch ein unabhängiges Tribunal unterliegen. Nach Ansicht des tschechischen Verfassungsgerichts weist diese Richtlinie - vor den Hintergrund ihrer Bemühungen um eine Mitgliedschaft in der Europäischen Union - auch die Richtung für entsprechende Regelungen in der tschechischen Republik. Die geltende tschechische Regelung entspreche den in der Richtlinie gestellten Vorgaben aber nur im Hinblick auf die Möglichkeit einer Überprüfung der Verwaltungsentscheidung. Hinsichtlich der Frage der Unabhängigkeit und Unparteilichkeit des Tribunals, das die Entscheidungen der Verwaltung kontrollieren solle, stehe die tschechische Regelung dagegen in Widerspruch zum Gemeinschaftsrecht.

VII. Verfassungsrechtliche Probleme des Beitritts

Gemäß der Präambel des Europa-Abkommens dient die zwischen der Europäischen Union und der Tschechischen Republik getroffene Assoziierung der Verwirklichung des angestrebten Zieles einer Vollmitgliedschaft. Die Entwicklung in Richtung auf die Vollmitgliedschaft wird auch erhebliche Auswirkungen für die Ausgestaltung der tschechischen Verfassung haben. Denn für den Fall eines Beitritts der Tschechischen Republik zur Europäischen Union gibt es in der tschechischen Verfassung nicht viele Bestimmungen, an die angeknüpft werden könnte.

Art. 9 Abs. 1 der tschechischen Verfassung bestimmt, daß die Verfassung nur durch Verfassungsgesetze geändert werden kann. Gemäß Art. 2 der Verfassung, wonach „das Volk die Quelle der gesamten Staatsgewalt" ist, kann durch Verfassungsgesetz festgelegt werden, wann das Volk Staatsgewalt unmittelbar, also etwa auch durch ein Referendum, ausübt.

Einigkeit besteht hinsichtlich der Notwendigkeit eines Verfassungsgesetzes, das entweder die Verfassung selbst ändert oder neben die Verfassung tritt. Zur Zeit wird der Weg eines eigenständigen Verfassungsgesetzes favorisiert, um die Verfassungsordnung in ihrer Gesamtheit nicht in zu starken Maß zu berühren. Hierbei ist zu erwähnen, daß die tschechische Rechtsordnung, wie übrigens auch die österreichische, neben der Verfassung noch sogenannte Verfassungsgesetze kennt. Um nur ein Beispiel zu nennen, ist der Grundrechtskatalog nicht in der Verfassung selber festgeschrieben, sondern in einer „Charta der Grundrechte und Grundfreiheiten" verankert, die als Teil der Verfassungsordnung angesehen wird.

Die tschechische Regierung bevorzugt offenbar den Weg über ein allein vom Parlament zu verabschiedendes Verfassungsgesetz, mittels dessen das Parlament zur Ratifikation des Beitrittsvertrages ermächtigt werden soll. Die Opposition hingegen tendiert zu der Lösung eines vom Parlament zu verabschiedenden Verfassungsgesetzes, nach dem eine bindende Volksabstimmung über den tschechischen Beitritt zur Europäischen Union vorgesehen ist. Das politische Hauptargument der Regierung besteht in der Sorge, daß die Frage des EU-Beitritts in den Massenmedien nicht angemessen behandelt und Gegenstand populistischer Argumente werden könnte. Aufgrund der mir vorliegenden Informationen scheint aber der Eindruck gerechtfertigt, daß sich die Opposition durchsetzen wird. Da die nächsten Parlamentswahlen für das Jahr 2000 anstehen, muß damit gerechnet werden, daß diese schon stark von der Frage des Unionsbeitrittes geprägt sein werden.

Die Frage des Verlusts staatlicher Souveränität durch die Mitgliedschaft in der Europäischen Union, wie sie in Deutschland im Zusammenhang mit der Ratifikation des Maastrichter Vertrages heftig erörtert wurde, wird in der Tschechischen Republik bisher nur selten diskutiert. Eine Ausnahme aus der jüngsten Zeit stellt insoweit die Darlegung der verfassungsrechtlichen Probleme einer tschechischen Mitgliedschaft in der Europäischen Union von Prof. *Klokocka* dar. Nach Auffassung *Klokockas* wären in diesem Fall eine Reihe von Verfassungsbestimmungen zu ändern. Zunächst müßte Art. 1 der Verfassung, der von der Tschechischen Republik als „souveränem" Rechtsstaat spricht, entsprechend geändert werden. Art. 10 der Verfassung, wonach nur die internationalen Abkommen zum Schutz der Menschenrechte und Grundfreiheiten unmittelbar verbindlich sind und Vorrang vor dem Gesetz genießen, bedürfte ebenfalls einer Anpassung. Zu den wichtigsten Aufgaben in verfassungsrechtlicher Sicht gehöre jedoch die eindeutige Formulierung, wie weit sich die tschechische Rechtsordnung für das Gemeinschaftsrecht öffne und welchen ihrer Prinzipien dagegen ein grundlegender und unantastbarer Charakter zukomme.

Die kroatische Perspektive

SINIŠA RODIN

I. Einleitung

Als *Joseph Weiler* sich 1982 mit dem Verhältnis von Recht und Politik im Prozeß der europäischen Integration befaßte, stellte er die Frage, in welchem Maße das Recht überhaupt für diesen Prozeß relevant sei.[1] Indem er die innenpolitischen und normativen Bestandteile der Europäischen Union untersuchte, kam er zum Schluß, daß im Integrationsprozeß das Recht und besonders die Rechtsprechung des Europäischen Gerichtshofes und der nationalen Gerichte eine außerordentlich wichtige Rolle spielen.

Eine ähnliche Frage könnte man heute in Bezug auf das Verhältnis Kroatiens und der übrigen aus dem Zerfall Jugoslawiens hervorgegangenen Staaten zur Europäischen Union stellen. In welchem Maße ist das Recht für den Beitritt überhaupt relevant? Die Rechtsregulation ist immer Ausdruck einer bestimmten Politik. Sie bestimmt die Bereitschaft für die Annahme einer bestimmten Rechtsverpflichtung. Es stellt sich deswegen zum einen die Frage, welche normativen Schritte von Seiten Kroatiens unternommen worden sind, damit es die Rechtsverpflichtungen, die aus der Mitgliedschaft in der Europäischen Union folgen, erfüllen kann, und andererseits, was die Union unternommen hat oder unternehmen will, um den Annäherungsprozeß und den Beitritt Kroatiens in die Union rechtlich zu regulieren.

Ich werde zunächst die Schritte darstellen, die Kroatien unternommen hat, um sein Rechtssystem nach den Maßstäben der Union umzugestalten, und dann - in Ermangelung rechtlich formulierter Grundsätze - die Außenpolitik der Europäischen Union gegenüber Kroatien darstellen.

II. Die Reform des kroatischen Rechtssystems

Das mit nationalem Konsens unterstützte erklärte Ziel des kroatischen Staates war seit seiner Konstituierung die Schaffung eines unabhängigen Kroatien im

[1] Vgl. *Joseph Weiler*, „Community, Member States and European Integration: Is the Law Relevant?“, in: Journal of Common Market Studies, Band 21 (1982-83), S. 39 ff.

vereinten Europa. Das beweisen die Bestimmungen aus der Verfassung von 1990 und die späteren normativen Lösungen, aus denen das Bemühen des Verfassungs- und Gesetzgebers sichtbar wird, das kroatische Rechtssystem für das internationale Recht und für den Beitritt zu supranationalen Organisationen offen zu halten. Das ist trotz des niedrigen Niveaus der Beziehungen zwischen der EU und Kroatien mit seinen zweifellos negativen Folgen für die Anpassung des kroatischen Rechtssystems an das Gemeinschaftsrecht erreicht worden. Es wird mit Recht hervorgehoben, daß Kroatien von der EU keine ausreichende fachliche Hilfe für die Anpassung des kroatischen Rechtssystems an das Recht der Europäischen Gemeinschaften bekam, sodaß Kroatien auf eigene Ressourcen angewiesen war.[2] Insgesamt ist das kroatische Rechtssystem während der letzten 5 Jahre für den möglichen Beitritt Kroatiens in die EU vorbereitet worden. Ich möchte hier zunächst einen Blick auf das Verhältnis des kroatischen zum internationalen Recht werfen, sodann auf die verfassungsrechtliche Grundlage für einen Beitritt Kroatiens zu supranationalen Organisationen zu sprechen kommen, und schließlich den in der kroatischen Verfassung angelegten Schutz der Grundrechte betrachten.

1. Das Völkerrecht als Teil des kroatischen Rechts

Im Unterschied zu der früheren dualistischen Ansicht bezüglich des Verhältnisses zwischen Völkerrecht und innerem Recht, die der alten Verfassung Jugoslawiens aus dem Jahre 1974 zu Grunde lag, ist die kroatische Verfassung aus dem Jahr 1990 monistisch verfaßt. Das wird nicht nur aus der Entstehungsgeschichte der kroatischen Verfassung sichtbar[3], sondern auch aus Art. 134 der Verfassung, der den Status der internationalen Verträge im inneren Recht regelt. Das Gerichtshofgesetz aus dem Jahr 1994[4] sieht ganz ausdrücklich die Möglichkeit der unmittelbaren Anwendung der internationalen Verträge vor. Über die Regeln des internationalen Gewohnheitsrechts schweigt die Verfassung, aber aus der gesetzgebenden Praxis ist ersichtlich, daß auch seine Anwendung möglich ist.[5] Über den Status der Rechtsnormen, die von

---

[2] Vgl. Ivan Šimonović and Andrej Plenković, „The Croatian European Story", in: Croatian International Relations Review, Vol. II., No. 3 (1996), S. 6.

[3] Vgl. die Zagreber Tageszeitung „Vjesnik" vom 27. November 1990, S. 6.

[4] Vgl. Narodne novine (Gesetzgebungsblatt) 3/1994, S. 53 ff.

[5] Vgl. z.B. Gesetz über die Ratifikation völkerrechtlicher Verträge (Zakon o sklapanju i izvršavanju međunarodnih ugovora), Narodne novine (Gesetzgebungsblatt) 28/1996, S. 1109 ff.

Seiten der internationalen oder übernationalen Institutionen erlassen werden, gibt das Gerichtshofsgesetz Auskunft: Art. 5 Abs. 3 dieses Gesetzes bestimmt: „Die Gerichte wenden auch andere Vorschriften, die im Einklang mit der Verfassung, den internationalen Verträgen oder dem Gesetz der Republik Kroatien erlassen worden sind, an". Die Gerichte haben also die gesetzliche Ermächtigung auch zur Anwendung solcher Vorschriften, die im Einklang mit internationalen Verträgen erlassen werden. Eine ähnliche Fassung enthält Art. 2 Abs. 1 des European Communities Act von 1972: „Alle Verpflichtungen, die von Zeit zu Zeit entstehen, oder die sich aufgrund des Vertrages offenbaren, werden anerkannt als anwendbare Rechtsnormen...". Die Praxis der kroatischen ordentlichen Gerichtshöfe nach dem Inkrafttreten der Verfassung von 1990 ist spärlich, aber sie folgt dieser Richtung. Auch die Praxis des Obersten Gerichtshofes weist klar in Richtung auf einen monistischen Zugang.[6] Die Praxis des Verfassungsgerichts ist etwas umfangreicher. So berief sich das Verfassungsgericht bei der Aufhebung des Art. 115 Abs. 4 des Strafgesetzes[7] unmittelbar auf internationale Abkommen, unter anderem auf die Europäische Menschenrechtskonvention.[8] Bereits im Jahre 1993 berief sich das Verfassungsgericht in Form eines obiter dictum auf das internationale Recht.[9] Trotz der anfänglichen Unsicherheit in der Praxis[10] steht heute fest, daß das Verfassungsgericht das kroatische Recht im Lichte des internationalen Rechts und sogar der Europäischen Menschenrechtskonvention, die immer noch kein Bestandteil des inneren Rechts ist, deutet.[11]

---

[6] Vgl. Vrhovni sud Republike Hrvatske (Amtliche Sammlung der Entscheidungen des Obersten Gerichtshofes), Revision 1631/1989, 24. Oktober 1991.

[7] Vgl. die Entscheidung U-I-272/1992, 9. März 1994, Narode novine (Gesetzgebungsblatt) 25/1994, S. 891 ff.

[8] Bei seiner Entscheidung über die Verfassungswidrigkeit der angegriffenen rechtlichen Vorschriften hatte das Gericht die allgemeinen Grundsätze der Europäischen Menschenrechtskonvention (Art. 6 lit. c und Art. 13), die Allgemeine Erklärung der Menschenrechte (Art. 10) und den Pakt über die bürgerlichen und politischen Rechte der Vereinten Nationen (Art. 2 und Art. 14 Abs. 3 lit. b und c) im Blick.

[9] Vgl. die Entscheidung U-I-147, 206, 209, 148, 207, 222/1992 vom 24. Mai 1993, veröffentlicht in: Narodne novine (Gesetzgebungsblatt) 49/1993, S. 1292 (1295); Korrektur dieser Entscheidung in: Narodne novine (Gesetzgebungsblatt) 57/1993, S. 1464 ff..

[10] Vgl. Siniša Rodin, „Constitutional Court of the Republic of Croatia and International Law", in: Zeitschrift für ausländisches öffentliches Recht und Völkerrecht, Band 55 (1995), S. 783 ff.

[11] Kroatien hat die Konvention am 6. November 1996 unterschrieben. Die Ratifizierung soll im Jahre 1997 erfolgen.

2. *Verfassungsgrundlagen für die Mitgliedschaft Kroatiens in internationalen und supranationalen Organisationen*

Die kroatische Verfassung bietet die Möglichkeit für den Beitritt Kroatiens zu internationalen Organisationen und Bündnissen sowie die Möglichkeit der Übertragung von Befugnissen auf diese Organisationen. Die entsprechenden völkerrechtlichen Verträge sind vom kroatischen Parlament (Sabor) mit einer Zweidrittelmehrheit zu bestätigen.[12] Das Verfahren ist in Art. 135 der Verfassung geregelt. Das Recht zur Verfahrenseinleitung hinsichtlich eines Beitrittes der Republik zu einem Staatenbündnis steht einem Drittel der Parlamentsabgeordneten, dem Präsidenten der Republik und der Regierung zu. Die Zustimmung des Volkes zu einer solchen völkerrechtlichen Verpflichtung ist im Wege eines Plebiszites einzuholen. Diese Zustimmung liegt bei einer einfachen Mehrheit der Stimmen aller Wähler vor.

3. *Grundrechtsschutz*

Im Wege der Annäherung an die EU hat Kroatien am 6. November 1996 die Europäische Menschenrechtskonvention unterschrieben und sich dazu verpflichtet, diese im Laufe des Jahres 1997 zu ratifizieren. Die Verfassungsfreiheiten und Rechte der Menschen und Bürger werden innerstaatlich durch die ordentlichen Gerichtshöfe und letztinstanzlich durch das Verfassungsgericht geschützt.[13] Das Instrument dafür ist die Verfassungsbeschwerde, die in den Art. 28 bis 30 des Verfassungsgesetzes über das Verfassungsgericht[14] geregelt ist. Im kroatischen Rechtssystem sind die Grundrechte auch in allgemeinen Gesetzen ausgeprägt. Ein solches ist beispielsweise das Gesetz über die Menschenrechte und ethnische und nationale Gemeinschaften oder Minderheiten in der Republik Kroatien. Nach überwiegender Meinung beinhalten diese Gesetze keine neuen Rechte, sondern konkretisieren die von der Verfassung bereits gewährten Rechte und Freiheiten.

Das Verfassungsgericht schützt die in Art. 3 der Verfassung benannten Grundwerte der Verfassungsordnung der Republik Kroatien. Dort sind ausdrücklich genannt Freiheit, Gleichheit, nationale Gleichberechtigung, Frieden, soziale Gerechtigkeit, die Menschenrechte, Privateigentum, Umwelt-

[12] Vgl. Art. 133 Abs. 2 der kroatischen Verfassung.

[13] Vgl. Art. 125 der kroatischen Verfassung.

[14] Der kroatische Titel dieses Gesetzes lautet „Ustavni zakon o Ustavnom sudu", veröffentlicht in Narodne novine (Gesetzgebungsblatt) 13/1991, S. 420 ff.

schutz, Rechtsstaatlickeit und das demokratische Mehrparteiensystem.[15] Aus der Rechtsprechung geht hervor, daß das Verfassungsgericht die allgemein gewährleisteten Grundrechte und Freiheiten im Lichte der durch Art. 3 der Verfassung geschützten Grundrechte der Verfassungsordnung deutet. Grundlage einer Verfassungsbeschwerde muß die Verletzung eines konkreten Verfassungsgrundrechts oder die Verletzung des allgemeineren Art. 3 der Verfassung sein.[16]

Zusammenfassend ist zu sagen, daß die kroatische Verfassung die Grundrechte und Freiheiten in einem sehr weiten Umfang verbürgt und der Verfassungsgerichtshof diese im Sinne der Europäischen Menschenrechtskonvention deutet. Vom Standpunkt des materiellen Rechts aus gesehen besteht kaum ein Unterschied zwischen den Gewährleistungsinhalten der Europäischen Menschenrechtskonvention und denjenigen der kroatischen Verfassung.

III. Die bestehenden Ebenen der Zusammenarbeit

Die beschriebene Entwicklung des kroatischen Rechts bleibt ohne Auswirkungen auf die Zusammenarbeit mit der Europäischen Union. Die Beziehungen zwischen der Union und Kroatien befinden sich vielmehr auf einem bedauerlich niedrigen Niveau. Der Kontakt beläuft sich im wesentlichen auf das Allgemeine Präferenzsystem (APS). Die Mittel aus dem PHARE-Programm sind im August 1995 suspendiert worden. Von allen Ländern des ehemaligen Jugoslawiens hat nur die heutige Republik Jugoslawien schwächere Beziehungen zur Europäischen Union. Zur heutigen Republik Jugoslawien hat die Europäische Union nämlich gar keine Beziehungen aufgenommen. Alle anderen Nachfolgestaaten des ehemaligen Jugoslawiens einschließlich Mazedoniens haben Beziehungen zu der EU auf einer deutlich höheren Ebene. Den größten Vorsprung hat Slowenien, das jüngst den Assoziationsvertrag unterschrieb und gute Aussichten auf einen baldigen Beitritt zur Europäischen Union hat. Der Krieg als Ursache für die Benachteiligung Kroatiens kann heute, ein Jahr nach dem Kriegsende, keine ausreichende Erklärung für diese Situation mehr bieten. Trotzdem bleiben die Beziehungen zwischen der Union und Kroatien unverändert zurückhaltend. Zwar gibt es Anzeichen

[15] Vgl. Jadranko Crnić, „Vladavina Ustava", Zagreb 1994, S. 107 f.
[16] Vgl. Jadranko Crnić, a.a.O. S. 107 f.; Entscheidung U-III-267/1993 vom 3.11.1993.

für eine Besserung der Beziehungen; diesbezüglich ist aber der allgemeine politische Rahmen, in welchem die Europäische Union die Zusammenarbeit mit Kroatien konzeptioniert, von großer Bedeutung. Nach der Stellungnahme der Kommission und des Ministerrates werden die Beziehungen zu Kroatien nur aufgrund des sogenannten breiteren oder regionalen Zugangs möglich. Diese Stellungnahme findet sich in dem Bericht der Kommission über die gemeinsamen Prinzipien für die künftigen Vertragsbeziehungen mit den Staaten Südosteuropas sowie in den Beschlüssen des Ministerrates vom 26. Februar, 10 Juni und 30. Oktober 1996.

1. Der regionale Zugang und die Politik der Bedingungen

Die Figur des regionalen Zugangs ist Ausdruck des Bestrebens der Europäischen Union, eine gleichgewichtige Politik gegenüber den „südöstlichen europäischen Staaten“ zu betreiben. Kroatien wurde dabei zusammen mit Jugoslawien, Bosnien, Mazedonien und Albanien in die Gruppe dieser südöstlichen Staaten eingeordnet. Die Union will mit diesen Staaten eine koordinierte Politik führen, die alle Staaten der Gruppe gemeinsam erfaßt. Die Politik der Bedingungen ist der Hauptmechanismus für die Durchführung dieser regionalen Politik. Die Verträge der Union mit den genannten Staaten sollen Elemente klarer politischer und wirtschaftlicher Bedingtheit erhalten. So wird seitens der Union die Achtung der Menschen- und Minderheitsrechte sowie die Achtung der Rechte der Vertriebenen und Flüchtlinge vorausgesetzt. Es sollen demokratische Institutionen errichtet sowie politische und wirtschaftliche Reformen durchgeführt werden. Von den genannten Staaten wird weiterhin die Bereitschaft verlangt, offene partnerschaftliche Beziehungen aufzubauen und den Bestimmungen des Friedensvertrages in ihrer Gesamtheit zu nachzukommen. Von der heutigen Republik Jugoslawien verlangt man außerdem, die umfassende Autonomie des Kosovo zu garantieren.[17] Es handelt sich demnach um zwei Gruppen von Forderungen: Die erste Gruppe betrifft die Achtung und Erfüllung der völkerrechtlichen Verpflichtungen, die zweite Gruppe die gegenseitige Zusammenarbeit der Staaten in der Region.

---

[17] Vgl. Pressestelle der Europäischen Kommission in Brüssel, Dokument IP/96/876 vom 2. Oktober 1996.

a) Die Erfüllung der völkerrechtlichen Verpflichtungen

Die jüngste Aufforderung der Europäischen Union an die genannten Staaten mit dem Inhalt, die völkerrechtlichen Verpflichtungen zu erfüllen, ist in den Beschlüssen des Ministerrates vom Oktober 1996 enthalten. Bei dieser Gelegenheit wurde wiederholt, daß der regionale Zugang ein Mittel zur Förderung des Friedensprozesses darstellen soll. Der Ministerrat erklärte, daß die Entwicklung der Beziehungen der Europäischen Union mit den Staaten der Region nur auf der Basis der von der Union gestellten Vorbedingungen erfolgen könne.[18] Insbesondere verlangt die Union die volle Erfüllung der Verpflichtungen aus den Abkommen von Dayton, Paris und Erdut sowie die Aufnahme der rückkehrenden Kriegsflüchtlinge in ihren Heimatorten. Diese Voraussetzungen stellen eine wesentliche Bedingung für die Intensivierung der Beziehungen zwischen den Staaten der Regionalgruppe und der Europäischen Union dar.

b) Die regionale Zusammenarbeit

Das zweite Kriterium ist die Qualität der Zusammenarbeit zwischen den Staaten der Regionalgruppe. In den Beschlüssen des Ministerrates vom 30. Oktober 1996 heißt es, daß der Fortschritt in der Entwicklung der vertraglichen Beziehungen von den Beziehungen der Staaten der Regionalgruppe untereinander abhängen wird. Auf dieser Grundlage entwirft die Kommission den Vertrag zur Gestaltung der Beziehungen zwischen der Europäischen Union und den Staaten der Regionalgruppe Südosteuropa. Die Beziehungen, die die Regionalgruppenstaaten untereinander knüpfen sollen, sollen sich als kooperative und gutnachbarschaftliche Beziehungen darstellen. Als Gebiete der Zusammenarbeit zwischen den Staaten Südosteuropas werden die Energiewirtschaft, die Telekommunikation, der Transport, die Landwirtschaft und der Umweltschutz genannt.

Zurückblickend auf die Geschichte der Beziehungen der Europäischen Gemeinschaften zu den Staaten, die später Mitglieder dieser Gemeinschaften geworden sind, beispielsweise Griechenland, Spanien und Portugal, ist anzumerken, daß die Erfüllung der allgemeinen politischen Forderungen als Bedingung für eine Zusammenarbeit kein neues Phänomen ist. Das Niveau der Beziehungen der Union mit dritten Staaten war immer schon von der Stufe

[18] vgl. Beschluß des Ministerrates vom 30.10.1995, 26.2.1996 und 1.5.1996.

der Demokratisierung und der Achtung der Menschenrechte in diesen Ländern abhängig. So wurde beispielsweise zur Zeit der griechischen Diktatur der Handels- und Kooperationsvertrag mit Griechenland suspendiert. In ähnlicher Weise war auch die Annäherung Spaniens und Portugals an die Union erst möglich, nachdem die Diktaturen in diesen Ländern abgeschafft worden waren. Insofern kann man die Politik der Bedingungen als eine Konstante in der Außenpolitik der Europäischen Union verstehen.

2. Die Institutionalisierung der Regionalpolitik

Neu in Bezug auf die frühere außenpolitische Praxis ist aber der Versuch, die Politik der Bedingungen durch die Schaffung einer neuen Generation von Handels- und Zusammenarbeitsverträgen zu institutionalisieren. Mehr Einzelheiten darüber enthält der Bericht, den die Kommission am 2. Oktober 1996 dem Ministerrat übermittelt hat.[19] Aus diesem Bericht geht die Absicht hervor, die Mittel der Außenpolitik der Europäischen Union, mit denen die Stabilität in dem Gebiet des ehemaligen Jugoslawiens wiederhergestellt werden soll, festzuschreiben. Dabei sollte man sich die Gewichtung bzw. die Bedeutung der einzelnen Bedingungen vor Augen führen. Die Bandbreite dieser Bedingungen umfaßt solche Voraussetzungen, die schon die Phasen betreffen, in denen von Zusammenarbeit noch fast keine Rede sein kann, bis hin zu Voraussetzungen, die schließlich in die vertragliche Gestaltung übernommen werden sollen.

Die absolute Vorbedingung für den Anfang der Verhandlungen mit der Union ist die volle und endgültige Achtung der Verpflichtungen aus dem Vertrag von Dayton und Erdut. Noch vor Abschluß dieses Vertrages muß die politische Bereitschaft zur Aufnahme der rückkehrenden Flüchtlinge, die sich in den Ländern der Union aufhalten, ausgesprochen werden. Nach der Erfüllung dieser anfänglichen Verpflichtungen können erste Verträge ausgehandelt und abgeschlossen werden. Diese Verträge sollen sich von den früheren Handels- und Zusammenarbeitsverträgen unterscheiden und sind als neue Vertragskategorie anzusehen. Zwar können diese Verträge über die inhaltliche Gestaltung der Handels- und Zusammenarbeitsverträge der ersten Generation hinausgehen, dennoch werden sie nicht dem eines Assoziationsvertrags, wie ihn die Union beispielsweise mit Slowenien geschlossen hat, entsprechen.

---

[19] Vgl. Pressestelle der Europäischen Kommission in Brüssel, Dokument IP/96/876 vom 2. Oktober 1996.

Vielerorts wird darauf hingewiesen, daß der Grad der Annäherung der Europäischen Union an einen beitrittswilligen Staat sich grundsätzlich danach bemißt, ob dieser Staat den erforderlichen wirtschaftlichen Entwicklungsstand aufweist, dieses Kriterium jedoch nicht alleiniger Maßstab für die Entscheidung über eine Anhebung des Niveaus der Zusammenarbeit darstellt. Dazu hat die Kommission die Möglichkeit einer Aufnahme von sogenannten evolutiven Klauseln in die Vertragswerke geschaffen. Die Staaten der Regionalgruppe Südosteuropa könnten somit prinzipiell tiefere Beziehungen zur Europäischen Union herstellen. Neuartig ist jedoch, daß selbst die evolutiven Klauseln an die Erfüllung bestimmter Bedingungen geknüpft sind. Die Nichterfüllung dieser Bedingungen führt dann die Suspension des gesamten Vertrages herbei. Diese Gestaltung stellt eine Neuigkeit, wenn auch nicht in der außenpolitischen Praxis, so doch im Vertragsrecht der Union dar.[20]

IV. Das Problem des regionalen Zugangs aus kroatischer Sicht

Auf den ersten Blick stellt die Politik des regionalen Zugangs einen wirtschaftlich sinnvollen Weg dar, da auf diese Weise die beitrittswilligen Staaten zu ihrer Mitgliedschaft in der Union zunächst unter Beweis stellen müssen, daß sie zu einer Integration untereinander fähig zu sind.[21] Darüber hinaus handelt es sich bei der Politik des regionalen Zugangs auch um einen erprobten Weg, der kein Novum in der Außenpolitik der Europäischen Union begründet. In der Geschichte der Europäischen Union stellt nämlich der regionale Zugang den Regelfall dar und nicht der individuelle Zugang eines einzelnen Beitrittskandidaten. Dabei ist an Organisationen wie die EFTA und die CEFTA zu denken, die den Anschluß ihrer Mitglieder an die Europäische Union erfolgreich vorbereitet haben. Die allmähliche Liberalisierung des Handels zwischen den Staaten außerhalb der Union ist somit als ein bedeutender Faktor im Prozeß ihrer wirtschaftlichen und politischen Annäherung an die Europäische Union anzusehen.

Die Kritik Kroatiens am regionalen Zugang basiert aber auf folgenden Überlegungen: Die Einordnung Kroatiens in die Gruppe der Balkanstaaten

---

[20] Auf diese Weise wurde z.B. das Handels- und Kooperationsabkommen zwischen der EG und Griechenland ausgesetzt.

[21] Vgl. Robert Bideleux, Bringing the East back, in: Robert Bideleux and Richard Taylor (Hrsg.), European Integration and Disintegration, London, New York 1996, S. 246.

anstelle einer Einordnung in die Gruppe der Mitteleuropäischen Staaten ist nicht nachvollziehbar. Dies gilt schon deshalb, weil für die Bildung einer „Region der Balkanstaaten“ jede Grundlage fehlt. Die Staaten der heutigen Regionalgruppe Südosteuropa haben in dieser Zusammenstellung zu keinem Zeitpunkt in geschichtlicher oder rechtlicher, in sozialer oder in wirtschaftlicher Hinsicht eine Einheit dargestellt. Das zeigt sich am deutlichsten am albanischen Beispiel. Auf der anderen Seite hat man Slowenien aus dieser Regionalgruppe herausgelöst, obwohl es sich geographisch in nächster Nähe zu Kroation befindet. Als gemeinsamer Nenner der Staaten, die in die Regionalgruppe Südosteuropa eingeordnet wurden, findet sich weder die Größenordnung des Bruttosozialproduktes noch die allgemeine Entwicklungsstufe. Auch andere Kriterien wie die Richtung des wirtschaftlichen Austausches[22], der Grad der Achtung der Menschenrechte, der Grad der Anpassung des nationalen Rechts an das Gemeinschaftsrecht[23] oder die Mitgliedschaft im Europarat[24] können die gemeinsame Einstufung dieser Staaten in eine Regionalgruppe nicht begründen. Anscheinend wurde bei der Zusammenstellung der Regionalgruppe Südosteuropa allein die Tatsache berücksichtigt, daß alle diese Länder unmittelbar oder mittelbar den Folgen des Krieges in der Region ausgesetzt waren bzw. noch sind.

Es zeigt sich also, daß bei der Bildung der Regionalgruppe ausschließlich auf die außenpolitische Ziele der Europäischen Union abgestellt wurde, ohne Rücksicht auf die Frage zu nehmen, ob diese nur auf dem Papier geschaffene Staatengruppe in tatsächlicher Hinsicht eine ausreichende Homogenität aufweist. Wollten die Staaten dieser künstlichen Zwangsgemeinschaft die ihnen

---

[22] Der Wirtschaftliche Austausch zwischen der Europäischen Union und Kroatien beläuft sich auf ein Volumen von ungefähr 60% des kroatischen Außenhandels, der wirtschaftliche Austausch zwischen Kroatien und Slowenien auf 11% des kroatischen Außenhandels; der wirtschaftliche Austausch mit Ländern aus der Region ist marginal: Das Volumen des wirtschaftlichen Austausches mit Bosnien und Herzegowina beträgt er 3,23% und mit Mazedonien 0,87% des kroatischen Außenhandels.

Quelle: Šimonović, Plenković, The Croatian European Story, Croatian International Relations Review, Vol. II, No. 3 (1996), S. 5 ff.

[23] Vgl. Siniša Rodin, „Ustavnopravni aspekti članstva u Europskoj Uniji“, Dissertation, Zagreb 1995, S. 351 ff. und Siniša Rodin, Europska integracija i ustavno pravo, Institut za međunarodne odnose, Zagreb 1997, S. 209 ff.

[24] Einige Staaten aus der Region sind Mitglieder des Europarates, andere sind es nicht: Kroatien ist seit dem 6. November 1996 Mitglied, die Bundesrepublik Jugoslawien hat überhaupt keine Beziehungen zum Europarat.

von der Europäischen Union auferlegten Bedingungsvoraussetzungen erfüllen, so müßten sie überhaupt erst zu einer Region zusammenwachsen. Dieses Vorhaben kann jedoch noch über Jahrzehnte unerfüllt bleiben. Zudem unterbräche ein solcher Prozeß möglicherweise die wirtschaftliche Zusammenarbeit Kroatiens mit den mitteleuropäischen Staaten. Effizienter wäre es vielmehr, die Zusammenarbeit der Europäischen Union mit jedem einzelnen der beitrittswilligen Staaten eigenständig zu gestalten und zu fördern. Damit bliebe der natürliche Kreislauf von Waren, Personen, Gütern, Kapital und Dienstleistungen nicht auf das Gebiet der Regionalgruppe beschränkt, sondern hielte auch in das Gebiet der Union Einzug.

Unklar ist für die beitrittswilligen Staaten auch, welche Interessen hinter dem Prinzip des regionalen Zugangs stehen. Will die Union tatsächlich die rasche Annäherung und volle Mitgliedschaft der Regionalgruppenstaaten oder ist eine Vertagung des Beitrittsprozesses auf ungewisse Zeit wie im Falle der Türkei zu erwarten? Um diesen Befürchtungen entgegenzutreten, wäre es wünschenswert, in der Präambel der Verträge sowie in deren evolutiven Klauseln die Aufnahme des beitrittswilligen Staates in die Union als das Ziel des Integrationsprozesses eindeutig zu benennen.

Nicht auszuschließen ist weiterhin, daß die schwächeren Mitglieder der Regionalgruppe die anderen Gruppenstaaten beim Fortschritt behindern. Zwar besagen die Dokumente des Ministerrates und der Kommission insoweit, daß der einzelne Regionalgruppenstaat nicht für etwaige Defizite seiner Gruppenpartner verantwortlich gemacht werden darf („none of the countries will be held responsible for a lack of reciprocal readiness from its potential regional partners"). Diese politische Deklaration muß aber unbedingt auch normativ in den Vertragstext aufgenommen werden, um zu verhindern, daß der Beitritt eines Staates durch die Passivität oder den Widerstand eines Gruppenpartners behindert werden kann. Beispielsweise ist es ganz fraglich, ob die heutige Republik Jugoslawien überhaupt den Beitritt zur Union anstrebt. Bis jetzt hat keine offizielle jugoslawische Institution diesen Willen ausgesprochen. Dagegen ist die Aufnahme Kroatiens in die Europäische Union eines der wichtigsten Ziele der kroatischen Außenpolitik.[25] Zwar hat die Kommission deutlich ausgesprochen, daß kein Staat in der Region von einem anderen durch mangelnde Zusammenarbeit in seinem Annäherungs-

---

[25] Ivan Šimonovic and Andrej Plenković, The Croatian European Story, in: Croatian International Relations Review, Vol. II, No. 3 (1996), S. 5 ff.

prozess an die Union behindert werden darf. Aber schon allein der Aufwand, der für die Feststellung betrieben werden müßte, ob eine unverschuldete Behinderung Grund für die Verzögerung der vorbereitenden Maßnahmen eines kooperativen Regionalgruppenstaates ist, wird dessen Annäherungsprozeß in zeitlicher Hinsicht verlangsamen. Es ist weiterhin durchaus denkbar, daß ein Staat aus der Region die Zusammenarbeit nur vorspielt. Ein solcher Staat könnte beispielsweise unannehmbare Aufnahmebedingungen an die Europäische Union stellen und so die Annäherung der anderen Staaten an die Union verhindern oder zumindest bremsen. Ein derartiges Verhalten könnte dann die ganze Regionalgruppe in der politischen und ökonomischen Einflußsphäre des nicht kooperierenden Staates halten. Es wäre viel annehmbarer, die Annäherung Kroatiens an die Europäische Union aufgrund objektiver Kriterien zu definieren, deren Erfüllung leicht überprüfbar ist. Die Politik des regionalen Zuganges aber erlegt dem kroatischen Staat die Einhaltung von Kriterien auf, zu deren Erfüllung er von dem politischen Willen seiner einstigen Gegner abhängig ist.

Weiterhin ist zu berücksichtigen, daß die Anwendung der regionalen Zugangspolitik im Falle Kroatiens politische Folgen zeigt, die sich mit den Zielen der Union wohl nicht vereinbaren lassen. Die antieuropäischen Kräfte und der Widerstand gegen die europäischen Integration erfreuen sich in Kroatien eines neuen Zulaufes, weil die seitens der Europäischen Union betriebe Integrationspolitik von Kroatien die politische Zusammenarbeit mit Personen erfordert, die nach der Überzeugung der öffentlichen kroatischen Meinung vor dem Kriegsverbrechertribunal in Den Haag stehen müßten. Auch die Unterzeichnung und Ratifikation eines Vertrages, nach dem Kroatien in die südöstliche und nicht in die mitteleuropäische Region Europas eingeordnet wird, wird auf sehr starken Widerstand aller politischen Parteien und der kroatischen Öffentlichkeit stoßen.

Neben den oben aufgezählten Gründen leidet der regionale Zugang an einem inneren Widerspruch. Es ist bekannt, daß die Stufe der Zusammenarbeit der Europäischen Union mit dritten Staaten von mehreren Faktoren abhängt, unter anderem auch von dem Grad der Achtung der Menschenrechte, den der jeweilige Staat aufweist. Zweifellos muß der Schutz der Menschenrechte in allen Staaten, auf die sich die regionale Politik bezieht, verbessert werden. Das gilt auch für Kroatien. Doch es bestehen zwischen den Regionalgruppenstaaten immer noch erhebliche Unterschiede. Für jeden Gruppenstaat gilt es, die Anhebung seines Schutzstandards auf das in der Union bestehende Niveau zu verfolgen. Je näher ein Staat diesem Ziel kommt, desto mehr Recht müßten ihm zustehen, seine Zusammenarbeit mit anderen Staaten davon abhängig zu machen, inwieweit diese Staaten den erreichten Schutzstandard respektieren. Um es mit anderen Worten zu sagen: Der regionale Zugang kann nur erfolgreich sein, wenn alle Staaten den Schutz der Menschenrechte auf einem entsprechenden, in etwa gleichen Niveau gewähren. Ansonsten kann der Staat mit dem niedrigsten Schutzstandard die gesamte regionale Gruppe blockieren. In diesem Zusammenhang ist kaum verständlich, wieso die Europäische Union an eine Intensivierung der Beziehungen zu Kroatien die Voraussetzung knüpft, daß das Land mit solchen Staaten zusammenarbeitet, die die Menschenrechte nicht achten, die keine demokratischen Institutionen haben und denen es an dem Willen zu politischen und wirtschaftlichen Reformen fehlt.

V. Resümee

Insgesamt ist festzuhalten, daß trotz aller unternommenen Anstrengungen, das kroatische Rechtssystem zu reformieren, die Aussichten Kroatiens auf eine Aufnahme zur Europäischen Union keineswegs gut sind. Die Krise der Beziehungen zwischen der Union und Kroatien ist so ernst, daß sie im Falle der weiteren Verschiebung ihrer Behebung dazu führen kann, einen Beitritt Kroatiens zur Union auf einen nicht absehbaren Zeitpunkt zu verschieben. Eine solche negative Entwicklung kann nur durch kroatische und westeuropäische Bemühungen in gleichem Maße verhindert werden. Die Europäische Union muß wahrnehmen, daß sich Kroatien als ein mitteleuropäisches Land und nicht als ein Balkanland fühlt. Die Festlegung Kroatiens auf den Balkan schafft in der kroatischen öffentlichen Meinung ein negatives Bild von der Union. Die Maßnahmen zur Förderung der regionalen Zusammenarbeit müßten Kroatien vielmehr mit seinen Nachbarn Italien, Slowenien und Ungarn verbinden. Denn die Verbindung Kroatiens mit den Balkanstaaten isoliert das Land von den traditionellen mitteleuropäischen Partnern und entfernt es von der Europäischen Union.

Dagegen muß Kroatien seine völkerrechtlichen Verpflichtungen erfüllen und als stabilisierende Kraft auftreten. Es muß insbesondere die Forderungen der Union bezüglich der Achtung der Menschenrechte, der Durchführung des Abkommens von Dayton und der Zusammenarbeit mit dem Gerichtshof in Den Haag erfüllen.

Letztlich müssen die Union und Kroatien von der Voraussetzung ausgehen, daß die Zusammenarbeit mit den Nachbarn nötig und wünschenswert ist.

Dabei darf die Verwirklichung außenpolitischer Zielsetzungen der Europäischen Union den kroatischen Staat nicht von Mitteleuropa trennen. Inzwischen ist laut der Beschlüsse der Kommission die Annäherung Kroatiens an die Union „grundsätzlich möglich". Es wäre gut, wenn das Tempo der Annäherung nur vom Verhalten und Bemühen Kroatiens abhängig bleibt, und nicht vom guten Willen und den politischen Interessen seiner „regionalen Nachbarn".

Diskussion

Zu Beginn der Diskussion richtete *Brunner* die Frage an *Hošková*, ob es zutreffe, daß das Europa-Abkommen in der tschechischen Verfassungslehre nicht als ein menschenrechtliches Abkommen angesehen werde. Dies wurde von *Hošková* bejaht. *Brunner* wies unter Bezug auf die im Europa-Abkommen enthaltenen Vereinbarungen über die Freizügigkeit und weitere europarechtliche Grundfreiheiten auf die Möglichkeit hin, nur die einschlägigen Bestimmungen als menschenrechtliche Vereinbarungen anzusehen, dem Europa-Abkommen also partiell menschenrechtlichen Charakter zuzusprechen. Dann enthalte das Abkommen einen zweistufigen Regelungsgehalt.

Dagegen wandte *Hošková* ein, daß nach der tschechischen Verfassung das Europa-Abkommen gerade als wirtschaftsrechtliches Abkommen allgemeiner Art einzustufen sei und deshalb nicht als menschenrechtliches Abkommen im eigentlichen Sinn angesehen werden könne. Auf Nachfrage *Brunners* räumte *Hošková* allerdings ein, daß eine intensive Diskussion über den Menschenrechtsgehalt des Europa-Abkommens und dessen Einstufung bislang nicht geführt worden sei. Allerdings sei eine derartige Diskussion im Zusammenhang mit anderen Abkommen geführt worden, die in einzelnen Artikeln menschenrechtliche Bestimmungen beinhalten. Dabei habe es sich in der Mehrzahl um bilaterale Nachbarschaftsabkommen etwa mit Deutschland und Polen gehandelt, in denen auch Vereinbarungen über Minderheitenrechte getroffen wurden. Auch diese Abkommen seien trotz dieser menschenrechtlichen Komponente nicht als menschenrechtliche Abkommen verabschiedet worden.

Stern erklärte unter Zustimmung *Brunners*, daß diese eindimensionale Zuordnung auf der Basis der deutschen Staatsrechtslehre nicht ganz verständlich sei. Ein ähnliches Problem habe in Deutschland bei dem Vertrag über die Wirtschafts-, Währungs- und Sozialunion mit der DDR vorgelegen. Damals habe man ebenfalls nicht erkannt, daß es sich bei diesem Vertrag im Grunde genommen um einen Verfassungsvertrag handelte. Dieser Charakter sei jedoch dadurch vorgegeben gewesen, daß der Vertrag wesentliche Verfassungsgrundsätze für die damalige DDR enthielt.

Auf Nachfrage *Pechsteins* erklärte *Hošková*, daß auch eine verfassungsgerichtliche Klärung über den menschenrechtlichen Gehalt des Abkommens bislang nicht erfolgt sei. Die Diskussion über diesen Punkt finde fast ausschließlich in der Literatur statt, allerdings habe sich auch das Parlament mit dieser Frage befaßt.

Geiger warf unter Bezugnahme auf das von *Hosková* benannte Erfordernis der Transformation des Europa-Abkommens in nationales tschechisches

Recht die Frage auf, welcher Rang durch eine solche Transformation einer Regelung beigemessen werden könne.

Hošková wies zur Antwort auf die Unklarheit der tschechischen Verfassungslehre in diesem Punkt hin. Es gebe verschiedene Modelle der Transformation. Diese seien für die Praxis jedoch nicht relevant; es handele sich vielmehr um einen eher akademischen Streit. Ihrer Auffassung nach sei eine Transformation in die tschechische Rechtsordnung für jede einzelne Bestimmung notwendig, wenn die praktische Wirksamkeit des Europa-Abkommens gesichert werden solle. Dies ergebe sich schon daraus, daß die Inhalte des Abkommens in der Praxis wenig bekannt seien. Unter Bezug auf eine Zwischenfrage *Geigers* wies die Referentin auf die bislang geringe praktische Relevanz des Problems hin. Vor den ordentlichen Gerichten sei es bis jetzt nie zu Rechtstreitigkeiten mit Bezug zu dieser Problematik gekommen. Der einzige ihr bekannte Fall praktischer Bedeutung sei eine Entscheidung des Verfassungsgericht aus dem Jahre 1995, in welcher das Europa-Abkommen bei der Urteilsbegründung eine Rolle gespielt habe.

Stern griff diesen Punkt auf und wies auf die Parallele zur Handhabung in Polen hin. Auch dort werde das Europa-Abkommen als ergänzendes Recht angesehen und eingesetzt.

Brunner stimmte den Ausführungen *Rodins* zu, daß Kroatien von Seiten der Mitglieder der Europäischen Union eine unfaire Behandlung zuteil komme. Er äußerte er die Auffassung, dieses Vorgehen stelle eine Technik dar, der sich die Staaten der westlichen Welt regelmäßig bedienten. Sie helfe auch in anderen Zusammenhängen, eine unliebsame Öffnung zu vermeiden oder zumindest zu verzögern. Zwar sei das grundsätzliche Interesse des Westens, keine politischen Unsicherheitsfaktoren und Konflikte in die Gemeinschaft hereinzulassen, verständlich und berechtigt. Die Situation stelle sich jedoch anders dar, wenn man selber Mitverursacher politischer Spannungen sei, wie im Falle Kroatiens. Denn der amerikanische Außenminister Baker habe im Juni 1991 anläßlich seines Besuches in Belgrad die serbische Aggression indirekt ermutigt, und die UNO habe zur Sicherung der serbischen Beute beigetragen, als sie in den von den Serben eroberten Gebieten, nämlich in der Krajina sowie in Ost- und Westslawonien, UNPROFOR-Truppen stationiert habe. Durch diese Handlung seien die ethnischen Säuberungen hinter den Grenzen und damit der Völkermord erst möglich geworden. Angesichts dieser Vorgehensweise hinterher Opfer und Täter dazu aufzufordern, ihr Verhältnis untereinander in Ordnung zu bringen und miteinander zu reden, stelle ein widersprüchliches Verhalten dar. Darüber hinaus sei eine derartige Aufforderung kaum erfolgsversprechend. Etwas ähnliches sei im Verhältnis Ungarns zu Rumänien und der Slowakei geschehen, wo die Minderheitenproblematik nach dem Ersten Weltkrieg durch die Westmächte geschaffen worden sei. Es bestehe heute keine Möglichkeit politischen Druckes für die ungarische Seite, um die Verhältnisse in Ordnung zu bringen. Denn bei einem rein bilateralen Kontakt liege die stärkere Position stets bei Rumänien bzw. bei der Slowakei. Auch in diesem Fall bestehe seitens der westlichen Staaten die Tendenz, die Beteiligten zur Klärung untereinander aufzufordern und erst dann eine erweiterte supranationale Einbindung wie etwa den Beitritt zur Europäischen Union zu gewähren. Hinter der beschriebenen Vorgehensweise stehe nach Auffassung *Brunners* somit Methode.

Anschließend kam *Rodin* auf die Figur des regionalen Zugangs zu sprechen, die auch Gegenstand seines Referates gewesen war, und bezeichnete diese als eine besondere Form der Außenpolitik der Europäischen Union. Diese Politik werde allerdings nicht nur von außenpolitischen Überlegungen, sondern auch von internen Spannungen innerhalb der Europäischen Union geprägt. Ob Kroatien zum Opfer dieser Spannungen werde, erweise sich später. Völliger Pessimismus sei dabei allerdings noch nicht angebracht, denn die Politik des regionalen Zugangs stelle bisher nur eine Orientierungshilfe dar und sei noch nicht in eine rechtliche Form gegossen worden. So bleibe Spielraum für Änderungen dieser Handlungsstrategie. Er befürchte, daß die gegenseitige Zuordnung Kroatiens und Serbiens, die wegen des geographischen Zusammenhangs von der Europäischen Union vorgenommen werde, negative politische Folgen für den kroatischen Staat zeitige. Denn die kroatischen Parteien seien sich darin einig, eher auf die Kooperation mit der Europäischen Union zu verzichten als die in diesem Zusammenhang erfahrene bzw. zu erwartende Behandlung mit den gestellten Bedingungen zu akzeptieren.

Nach Ansicht *Pechsteins* ist in der Politik des regionalen Zuganges auch eine französisch-englische Reaktion auf die sehr frühzeitige Anerkennung Kroatiens durch die Bundesrepublik zu sehen, die als außenpolitische Eigenmächtigkeit angesehen worden sei. Insofern seien die Kroaten vielleicht auch Opfer eines neuartigen außenpolitischen Auftretens Deutschlands, dem Franzosen und Briten mit der Sorge vor einem Wiederaufleben alter Kriegspartnerschaften begegneten. Weiterhin sprach *Pechstein* das Thema des Grunderwerbs und der Niederlassungsfreiheit von Sudetendeutschen in der tschechischen Republik an, das er als heikel bezeichnete. Er richtete in diesem Zusammenhang an *Hošková* die Frage, ob man sich in der tschechischen Öffentlichkeit hinreichend im Klaren darüber sei, daß am Ende aller Übergangszeiten die freie Niederlassung, der freie Aufenthalt und der freie Kapitalverkehr auch für diesen Personenkreis eröffnet sein müsse. Vor diesem Hintergrund halte er die Entschärfung dieses sehr komplizierten und auch die deutsch-tschechischen Verhältnisse belastenden Aspektes bereits im Vorfeld des Beitritts für sinnvoll. Dabei biete sich die anstehende deutsch-tschechische Aussöhnungserklärung als Regelungsträger an.

Hošková bemerkte unter allgemeiner Zustimmung, bei dieser Frage handele es sich vermutlich um den in Tschechien bekanntesten Teil des Europa-Abkommens. Die Aussöhnungserklärung werde allerdings aufgrund ihres rein politischen Charakters keine rechtliche Bedeutung haben. Unabhängig davon sei sie der Auffassung, daß sich die tschechische Rechtsordnung auch ohne zwingenden Zusammenhang mit einem Beitritt zur Europäischen Union in den Fragen des Grunderwerbs und der Freizügigkeit dem Ausland öffnen müsse.

Pechstein wies darauf hin, daß die Dänen in Sorge vor dem Aufkauf aller dänischen Ferienhäuser an der Küste sich zunächst im Rahmen eines Rechtsaktes, dann auch mit einem Protokoll des Maastrichter Vertrags, also primärrechtlich, hätten absichern lassen, daß ihre Bestimmungen über das Verbot zum Zweitwohnungserwerb unangetastet bleiben. Er fragte, ob man in Tschechien auf eine ähnliche Regelung zugunsten der Tschechischen Republik hoffe.

Hošková bejahte diese Frage und wies auf die große Immobiliennachfrage insbesondere auch von österreichischer Seite hin. Insoweit liege eine vergleichbare Problematik vor. Die tschechische Gesetzgebung werde dieses Problem berücksichtigen.

Die ungarische Perspektive

FERENC MÁDL

Ich möchte mich im Folgenden schwerpunktmäßig mit den Argumenten befassen, die für eine Mitgliedschaft der ost- und mitteleuropäischen Staaten in der Europäischen Union sprechen, natürlich ohne dabei auch mögliche Gegenargumente aus den Augen zu verlieren. Dazu sind nicht nur Überlegungen rechtlicher Art anzustellen, sondern auch historische, wirtschaftliche, politische und kulturelle Gegebenheiten zu berücksichtigen.

In der „Financial Times" vom 16. Mai 1996 findet sich ein interessantes Streitgespräch, das den Meinungsstand in Großbritannien hinsichtlich der Bewertung der Chancen und Risiken der Mitgliedschaft in der Europäischen Union auf den Punkt bringt und dessen Titel bezeichnenderweise lautet: „European Union: Angel or Demon?". In diesem Gespräch vertritt *Sir Leon Britton* die Seite des Befürworters der britischen Unionsmitgliedschaft und resümiert mit knappen Worten: „Our future lies in Europe." Die Gegenposition bezieht der Abgeordnete des House of Commons *Jim Redwood*, nach dessen Ansicht die Mitgliedschaft Großbritanniens in der Europäischen Union das Land in die Misere führe. Eine föderalistische Integration gefährde Großbritannien als Nation, was sich in der Bedrohung der Symbole britischer Identität zeige. Aktuellstes Beispiel sei dabei die Infragestellung der Qualität des britischen Roast-Beef durch die von BSE-Angst geprägte Anordnung der Schlachtung britischer Rinder. Führte man ein Streitgespräch dieser Art in Ungarn, so lauteten die Argumente der Integrationsgegner vielleicht folgendermaßen: Die kräftige ungarische Gulaschsuppe darf man nicht mit fremder Kochkunst vermischen, da sie sonst zu einer wässrigen Minestrone zu verkommen droht. Die Befürworter hielten möglicherweise dagegen: Bei tüchtiger Anstrengung im europäischen Wettbewerb findet sich neben der traditionellen Gulaschsuppe bald auch Steak Tartare, Hühnerschnitzel und Roast-Beef auf dem ungarischen Tisch.

Aber zurück von gastronomischem Humor zu ernsteren Fragen: Im folgenden habe ich die 16 wichtigsten Argumente für eine Mitgliedschaft der ost- und mitteleuropäischen Staaten in der Europäischen Union zusammengefaßt. Einige von ihnen sind allgemeiner Natur und wirken vielleicht sogar banal. Dennoch müssen sie meines Erachtens bei einer umfassenden Betrachtung der Frage einer Osterweiterung der Europäischen Union unbedingt mitberücksichtigt werden.

Als erstes und vielleicht auch wichtigstes Argument ist die gemeinsame europäische Geschichte zu nennen. Vor rund tausend Jahren siedelte das Karpatenvolk, aus dem Osten und Süden vertrieben, im Karpatenbecken. Die Landnahme stellte sowohl das Karpatenvolk als auch seine damaligen Nachbarn vor große Herausforderungen. Eingekeilt zwischen Römischem und Byzantinischem Reich sowie den slawischen Völkern mußte das Karpatenvolk kämpferisch seine Existenz und Staatlichkeit verteidigen. Seit dies gelungen ist, teilt der ungarische Staat die gemeinsame europäische Geschichte. Ungarn und die übrigen europäischen Staaten haben sich über die Jahrhunderte gegenseitig beeinflußt und bereichert. Einerseits hat Europa mit seiner Kultur zum Überleben des ungarischen Volkes und Landes beigetragen. Andererseits hat auch Ungarn für Europa eine wichtige Rolle gespielt. Schon 1450 nannte Papst Pius II. Ungarn die Bastei Europas, der westlichen Kultur und des Christentums gegen die türkischen Einflüsse und Machtansprüche. Noch vor einigen Tagen, zum vierzigsten Jahrestag der Ungarischen Revolution von 1956, erklärte *Bill Clinton*, daß bei Überwindung der mächtigsten Militärdiktatur, die die Welt kennengelernt hat, Ungarn eine herausragende Rolle gespielt hat. Der Fall der Berliner Mauer begann mit der Öffnung der ungarischen Grenzen. Ungarische Entschlußkraft hat also einen erheblichen Teil zu der politischen Wende im Jahre 1989 beigetragen und so den neuen Kurs der europäischen Geschichte mitbestimmt.

Weiterhin sind die geographische und geopolitische Lage Ungarns ein wichtiges Argument für eine umfassende europäische Integration, die auch Mittel- und Osteuropa in den europäischen Kontext einbindet. Rußland wird die Mitgliedschaft der mittel- und osteuropäischen Staaten Europas in der Europäischen Union hinnehmen müssen. Seine Sicherheitsbedenken gegen diese Mitgliedschaft können durch eine Vereinbarung zwischen der NATO und Rußland gemildert werden, zumal die unruhigen Abschnitte der langen russischen Grenze nicht im Westen liegen. Letztlich sollte die Einsicht in die Bedeutung der Stabilität Europas auch für die Entwicklung Rußlands die von russischer Seite geäußerten Bedenken entkräften.

Als nächstes Argument für die Osterweiterung der Europäischen Union ist das gemeinsame kulturelle Erbe Europas zu nennen: Die griechisch-römischen Wurzeln, Ethik, Religion, Philosophie, Architektur und Kunst, der christliche Glaube - wer würde bestreiten, daß Krakau, Prag oder Budapest Teil einer europäischen Tradition sind? Die Renaissance, die Aufklärung,

Universitäten und Wissenschaft, auch das wirtschaftswissenschaftliche Denken, all dies teilen die Ungarn und die übrigen Beitrittskandidaten mit dem westlichen Europa. Nicht zuletzt teilen sie auch die Verantwortung für eine moralische Erneuerung, wie sie meines Erachtens in ganz Europa leider sehr von Nöten ist. Auf einer Plenarsitzung der Europäischen Akademie der Wissenschaften und Künste in Salzburg betonte der Präsident des „Club of Ro me“, die größte Herausforderung der Welt liege in der Eindämmung des moralischen Verfalls. Diesem müsse in Zukunft viel Kraft entgegengesetzt werden, da er sich vielerorts als Hauptfeind wirtschaftlicher Entwicklung darstelle. Diese Herausforderung stehe in der gemeinsamen Verantwortung der Länder, die das gemeinsame europäische kulturelle Erbe tragen. Dieser Auffassung des Präsidenten des „Club of Rome“ stimme ich zu.

Auch das politische und juristische Denken entwickelte sich durch wechselseitige Beeinflussung der binneneuropäischen Werteordnungen. Dies wiederholt sich heute in allen Gesellschaftbereichen. Es sind hier Begriffe wie Demokratie, Rechtsstaatlichkeit, Eigentum und Soziale Marktwirtschaft zu nennen, alles Bereiche, in denen die Staaten Mittel- und Osteuropas bei ihrer Anstrengung, die in Kopenhagen zusammengestellten Voraussetzungen für eine Mitgliedschaft in der Europäischen Union zu erfüllen, große Fortschritte erzielen. Nach diesen Kopenhagener Kriterien ist eine stabile und funktionsfähige Demokratie ebenso Beitrittsvoraussetzung eines jeden Kandidaten wie die Leistungsfähigkeit seiner nationalen, nach den Regeln der Marktwirtschaft ausgerichteten Wirtschaftsordnung im internationalen Wettbewerb. Denn die Beitrittskandidaten müssen die Fähigkeit, aber auch die Bereitschaft einer Übernahme des bestehenden ‘acquis communautaire’ zu ihrer Aufnahme nachweisen. In diesem Bereich ist in Ungarn viel erreicht worden. Fachleute, zu denen auch Experten aus den heutigen Mitgliedstaaten der Europäischen Union und deren Organe gehören, erteilen dem Beitrittskanditaten Ungarn gute Beurteilungen. Die Umsetzung der Kopenhagener Kriterien liegt nach verschiedenen Beurteilungen bereits zwischen 60% und 90%.

Dieser hohe Grad der Annäherung der Wirtschaftsordnungen erklärt sich nicht zuletzt durch die schon historisch stark verknüpften und verflochtenen Handelsbeziehungen. Diese wurden in den letzten Jahren weiter intensiviert. Der Handelsumsatz durch Exporte aus den Staaten der Europäischen Union nach Ungarn ist um 300% gestiegen, die Exporte von Ungarn in die Union verzeichnen ein Wachstum von mehr als 200%, wobei natürlich das niedrige Ausgangsvolumen zu berücksichtigen ist.

Im Rahmen der Beitrittsdiskussion müssen auch die psychischen Auswirkungen eines politischen Alleinseins bzw. Alleinbleibens der beitrittswilligen Staaten gesehen werden. Ein politisches Vakuum muß vermieden werden. Ohne die Aussicht auf eine Mitgliedschaft in der Europäischen Union droht auch die Gefahr der armutsbedingten Abwanderung aus den mittel- und osteuropäischen Staaten bzw. innerhalb dieser Staaten in Richtung Westen. In einigen dieser Länder sitzen schon heute viele Menschen auf ihren Koffern. Ihnen sollte nicht das Signal zum Aufbruch gegeben werden.

Die positive wirtschaftliche Entwicklung der mittel- und osteuropäischen Länder ist eine wichtiger Stabilitätsfaktor für ganz Europa. Die Beitrittskandidaten brauchen weitere Hilfe in Form von Kapital- und Technologietransfer sowie durch die Vermittlung effizienter Management-Strategien. Eine Mitgliedschaft in der Europäischen Union wird dabei positive Entwicklungen fördern und die bestehenden Defizite weiter mindern.

Für die Staaten der Europäischen Union sind dagegen die neuen Märkte in Mittel- und Osteuropa von großer Bedeutung. Nicht zufällig haben große Investoren wie beispielsweise VW, Opel, Siemens, Philips, die Hypo- und die Dresdner Bank ein starkes wirtschaftliches Interesse an Geschäften in Ungarn bekundet. Man braucht die Expansion der Märkte, um auf dem Weltmarkt mit den großen Volkswirtschaften der USA, Japans und den entwickelten Regionen Südostasiens konkurrieren zu können. Ein größeres wirtschaftliches Europa ist deshalb wegen der Herausforderungen, die die Globalisierung der Wirtschaftsbeziehungen mit sich gebracht hat, unentbehrlich.

Der Prozeß der Privatisierung der Volkswirtschaften in den Staaten Mittel- und Osteuropas birgt die Gefahr in sich, daß sich Machtkonzentrationen durch Großeigentum anstelle von ausgewogenen Eigentumsverhältnissen herausbilden. Dieser Gefahr wirken Investitionen aus dem Ausland entgegen, da sie eine Situation gegenseitigen Wettbewerbs sowie gegenseitiger Kontrolle und Machtbeschränkung schaffen.

Vor dem Hintergrund der Osterweiterung der Europäischen Union erfahren auch andere regionale Integrationsprozesse Auftrieb, beispielsweise die Arbeit der regionalen Integrationsinstitutionen der CEFTA, die Mitteleuropäische Initiative oder das Baltische Progressionsarrangement.

Hand in Hand mit diesen Initiativen wird die Erweiterung der Europäischen Union auch zur Lösung der Minoritätenprobleme in den Staaten Mittel- und Osteuropas beitragen. Denn Minderheitenrechte bzw. Minderheitenschutz sind Ausdruck demokratischer Rechtsstaatlichkeit. In diesem Sinne garantiert innerhalb der Europäischen Union das Autonomieprinzip die

Selbstbestimmung ethnischer Minderheiten. Am Maßstab dieser Wertentscheidung werden die beitrittswilligen Staaten Mittel- und Osteuropas ihre bestehenden Minoritätenkonflikte lösen müssen, um an der europäischen Integration teilhaben zu können.

Die finanzielle Unterstützung durch die Europäische Union aus den Strukturfonds und anderen Projekten stellt natürlich einen wichtigen positiven Aspekt eines möglichen Beitritts Ungarns und anderer Kandidaten dar. Diese Unterstützung sollte - wie etwa *Prof. Sachs* und *Sir Ralph Dahrendorf* betonen - als natürliche historische Verpflichtung eines starken Westens verstanden werden, der sich seiner historischen Verantwortung bewußt ist. Übergangslösungen werden bei den Staaten Mittel- und Osteurops auf größere Akzeptanz stoßen, wenn diesen Ländern vermittelt werden kann, daß der Westen seine Verantwortung wahrnimmt.

Hinsichtlich der unmittelbaren Kosten einer Osterweiterung der Europäischen Union gibt es höchst unterschiedliche Einschätzungen. Das Budget der Union beläuft sich 1996 auf 150 Milliarden DM. Teilweise werden die geschätzten Kosten einer Osterweiterung extrem hoch angesetzt und allein der Beitritt der vier Višegrad-Staaten mit 110 Milliarden DM pro Jahr veranschlagt. Andere, wie zum Beispiel der Kommissar *Fischler*, rechnen dagegen mit jährlichen Unkosten in Höhe von nur 10 bis 12 Milliarden DM für den Beitritt aller zehn Kandidaten. Die verschiedenen Prognosen zu der Unkostenfrage klaffen also deutlich auseinander. Vor kurzem äußerte die Kommissarin *Wulff-Matthis* die Ansicht, eine Erweiterung der Europäischen Union um die Beitrittskandidaten Mittel- und Osteuropas verursache Kosten in Höhe von 4,46% des Bruttoinlandproduktes der heutigen Union. Dies halte ich für eine Größenordnung, die sich verkraften läßt.

Zwar muß realistischer Weise davon ausgegangen werden, daß die Beitrittsstaaten zunächst wesentlich mehr Transferzahlungen aus Kassen der Europäischen Union erhalten werden, als sie ihrerseits an Budgetzahlungen leisten. Bei der Bilanzierung der finanziellen Verhältnisse, die bei der Osterweiterung zu erwarten sind, dürfen jedoch nicht ausschließlich Budgeteinzahlungen den Fonds-Auszahlungen gegenübergestellt werden. In eine solche Bilanz müssen vielmehr auch die mittelbaren wirtschaftlichen Vorteile Berücksichtigung finden, die die heutigen Mitgliedstaaten aus einer Erweiterung ziehen. Dabei muß vor allem an die mittelbaren Gewinne gedacht werden, die die heutigen Unionsmitglieder aus der Erschließung neuer Absatzmärkte in den Staaten Mittel- und Osteuropas ziehen werden. Investitionen in diesen Ländern werden erhebliche Dividenden zugunsten der westlichen Investoren erwirtschaften. Wie schnell und auf welchem Niveau sich auch die Wettbewerbsfähigkeit und das Wirtschaftspotential der Beitrittsstaaten entwickeln wird - die indirekten Mehreinnahmen durch eine Osterweiterung werden für die heutigen Mitgliedstaaten der Europäischen Union noch für einen langen Zeitraum von großem Vorteil sein.

Aber die Europäische Union darf auch nicht allein an ihren finanziellen Einrichtungen gemessen werden. Die ideellen Gewinne für die Völker Europas - Frieden, Freiheit, Stabilität, Solidarität, Lebensqualität, Mobilität - lassen sich nicht in Geldwerten ausdrücken. Diese Werte tragen zur kulturellen und ethischen Entwicklung des Einzelnen bei, wie auch zur Fortentwicklung des gemeinsamen europäischen Kulturerbes.

Unabhängig von all den genannten Argumenten, die deutlich für eine Osterweiterung der Europäischen Union sprechen, sehe ich keine Alternative zu der umfassenden Einbeziehung der östlichen Partner in den Prozeß der europäischen Integration. Dieser Prozeß hat ein Niveau erreicht, bei dem das Scheitern der Integration Folgen zeitigte, die sich als weitaus negativer darstellen, als alle befürchteten Belastungen durch die umfassende Integration.

Natürlich gibt es neben den von mir hier aufgezeigten Argumenten für eine Osterweiterung der Union auch kritische Stimmen, die Gehör verdienen, beispielsweise die Warnung vor dem Verlust der Eigenstaatlichkeit oder der Schuldenfalle. Diese Mahnungen müssen ernstgenommen werden, um die Integration Europas zu ihrem nächsten Erfolg zu führen. Alle Mitglieder einer erweiterten Europäischen Union werden von der Integration profitieren. Wir stehen heute vor der historischen Möglichkeit und politischen Notwendigkeit, den Traum eines friedlichen und geeinten Europas Wirklichkeit werden zu lassen. Sollten wir diese Chance nicht wahrnehmen, ließen wir Europa zu einem Europa des Westens zurücktreten, zurücktreten hinter die Grenzen des mittelalterlichen Reiches der Karolinger, zurücktreten zu einem neuzeitlichen politischen Torso, zu dem Europa in Potsdam und während des Kalten Krieges reduziert wurde.

Otto Schlecht, einer der Architekten des deutschen Wirtschaftswunders, Theoretiker, aber auch pragmatischer Baumeister der Sozialen Marktwirtschaft, sagte 1994: „Nach Jahren der Rezession stehen, alles in allem, die Zeichen gut für goldene Jahre, obwohl noch vieles zu tun bleibt. Und in solchen Zeiten muß man mit der Hoffnung in die Zukunft handeln." Die Zukunft umschrieb *Victor Hugo* mit den Worten: „Die Zukunft hat viele Namen. Für die Schwachen ist sie das Unerreichbare. Für die Furchtsamen ist sie das Unbekannte. Für die Tapferen ist sie die Chance." Nutzen wir die Chance!

Die polnische Perspektive Verfassungsrechtliche Aspekte

BOGUSLAW BANASZAK

I. Vorbemerkung

Der Zusammenbruch des sozialistischen Modells in Mittel- und Osteuropa ermöglichte das Ende der Ost-West-Spaltung unseres Kontinents. *Adam Mischnik* schrieb mit Recht, der Kommunismus „war antieuropäisch, weil er gleichermaßen weder den Ernst gotischer Kirchen ertrug, die eine Vergötterung Stalins ablehnten, noch die Freizügigkeit voltairianischer Spötter duldete, die mit ihrem skeptischen Hohn den Nonsens der stalinistischen Dialektik bloßstellen. Der Widerstand gegen den Kommunismus appellierte deshalb stets an europäische Werte, die von Kommunisten nur allzu gern als Kosmopolismus abgetan und mit 'jüdischen Verschwörungen' in Verbindung gebracht wurden."[1] In dieser Situation wundert es nicht, daß von Beginn der Transformationsprozesse an eine der wichtigsten Aufgaben der Staatsorgane die Durchführung einer wesentlichen Wende in der Außenpolitik sowie des Rechtssystems hin zu Europa war. Europa war und ist für viele das Versprechen einer besseren Zukunft. Nun aber stellte sich die Frage, was Europa eigentlich sei und was Gegenstand der Neuordnung sein würde. Im Folgenden werde ich mich auf die verfassungsrechtlichen Probleme der Osterweiterung der Europäischen Union aus polnischer Sicht konzentrieren, nicht aber auf die wirtschaftlichen, sozialen und kulturellen Aspekte.

Bei der Frage der Transformation der Rechtssysteme in Mittel- und Osteuropa ist zu beachten, daß die Mitgliedstaaten die Europäische Gemeinschaften durch völkerrechtliche Verträge errichtet haben. Nach überwiegender Auffassung kommt ihr jedoch keine Rechtspersönlichkeit zu, vielmehr hängt das Handeln der Europäischen Union und auch die Entwicklung des Gemeinschaftsrecht in hohem Maße vom Zusammenwirken der Mitgliedstaaten ab. Auf diese Weise ist bei der Transformation der osteuropäischen Rechtssys-

[1] *A. Mischnik*, Der politische Traum von Europa, in: M.-T. Tinnefeld, L. Philipps, S. Heil (Hrsg.), Informationsgesellschaft und Rechtskultur in Europa, Baden-Baden 1995, S. 45 f.

teme der Standard zweier Rechtssysteme zu berücksichtigen: Das supranationale EU-Recht und das Recht der Mitgliedstaaten.

II. Probleme der rechtlichen Anpassung an die europäischen Standards

Der polnische Verfassungsgeber stand vom Beginn der Transformation an vor der Notwendigkeit einer grundlegenden Reform des Rechtssystems. Hierbei stellte sich zum einen die Frage nach der Fortgeltung alter Rechtsnormen und der durch sie begründeten Rechtsverhältnisse in der Gegenwart. Zum anderen galt es, das polnischen Rechtssystems an die europäischen Rechtsstandards anzupassen, um hierdurch den Weg Polens in den Europarat und in die Europäische Union zu ermöglichen.

Der erstgenannte Problemkreis wurde schon während der Gespräche am Runden Tisch im Jahre 1989 gelöst. Die damalige Opposition und die in dieser Zeit regierenden Kräfte entschieden sich, den Übergang zum Rechtsstaat in evolutionärer Weise vorzunehmen. Das bisherige Recht wurde nicht automatisch außer Kraft gesetzt und die vorsichtigen Reformen sollten nicht den Rahmen der Verfassung und der Gesetze verlassen. Vielmehr wurden die bisherigen Rechtsinstitute entsprechend rechtsstaatlicher Prinzipien und Formen geändert, also im Wege der Neukodifizierung, der Novellierung oder der Aufhebung alter Rechtsnormen sowie durch Auslegung des geltenden Rechts.

Da sich Polen nach der politischen Wende bis zum heutigen Tage keine neue Verfassung gegeben hat und damit der Rückgriff auf integrationsfreundliche Normen im Verfassungsrecht nicht möglich ist, hat sich der polnische Gesetzgeber für eine andere Lösung zur politischen, rechtlichen und wirtschaftlichen Anpassung an die Europäische Union und den Europarat entschieden. Hiernach soll die erforderliche Anpassung auf der Ebene des einfachen Rechts und auf der des internationalen Rechts erfolgen. Hierbei kommen dem zwischen Polen und der Europäischen Union geschlossenen Assoziierungsvertrag sowie dem Beitritt Polens zur Europäischen Menschenrechtskonvention eine besondere Bedeutung zu. Bei der Erarbeitung neuer Gesetze zog der polnische Gesetzgeber bewußt vergleichbare gesetzliche Regelungen und die jüngste Verfassungsrechtsprechung der Mitgliedstaaten der Europäischen Union zu Rate, ebenso die Rechtssetzung der Organe der Europäischen Gemeinschaften und die Rechtsprechung der Gerichtshöfe in Luxemburg und in Straßburg. An dieser Stelle ist hervorheben, daß in Polen für alle wichtigen politischen Kräfte das Hauptanliegen in der Verfassungsdebatte die

Definition des Verhältnisses des polnischen Staates zu der europäischen Idee ist.

III. Das Verfassungssystem in der Zeit der Transformation

Zu Beginn der Transformation mußte die sozialistische Verfassung geändert werden, um den Weg für Reformen überhaupt zu eröffnen. Aus verschiedenen Gründen ist es in Polen in der ersten Phase des Transformationsprozesses jedoch nicht zur Totalrevision der Verfassung gekommen, obwohl während der Gespräche am Runden Tisch zunächst alle politischen Kräfte eine neue Verfassung wollten. Nach Ansicht der damaligen Regierungsparteien sollte jedoch nur eine Reform der alten Verfassung erfolgen. Da diese Koalition 65% der Sitze der ersten Parlamentkammer, dem Sejm, innehatte, wurde der verfassungsrechtliche Status dieser provisorischen Lösung in Form der Verfassungsnovelle vom 7. April 1989 zunächst festgeschrieben.

In der Verfassungsnovelle vom 7. April 1989 wurden die wichtigsten Grundlagen der alten sozialistischen Staatsordnung aufgehoben. An Stelle der Einheit der Gewalten wurde das Prinzip der Gewaltenteilung eingeführt. Die führende Rolle der kommunistischen Partei wurde zugunsten eines echten Parteienpluralismus abgeschafft. Da es jedoch nur zu partiellen Reformen der Verfassungsordnung kam, versuchte man, bestehende Lücken im Verfassungsgefüge durch einfache Gesetze zu schließen. Auf dieselbe Weise wurden die bestehenden, aber in der Regel sehr allgemein gehaltenen, Verfassungsvorschriften konkretisiert. Alle Gesetze, die im ersten Jahr nach dem Systemwechsel verabschiedet wurden, waren letztlich Resultate des sogenannten „Runden-Tisch-Vertrages". Sie brachten gründliche Änderungen mit sich und schufen die Basis für die Reformen, die die Wiederanknüpfung der polnischen Rechtsordnung an die Tradition und Gegenwart der europäischen Rechtskultur ermöglichen sollten, wie man besonders an der Grundrechtsgesetzgebung in den Jahren 1989 und 1990 sieht. Analysiert man diese Rechtsakte, so läßt sich feststellen, daß das Verständnis der Rolle des Einzelnen im Staat eine grundlegende Änderung erfahren hat, da nach heutiger Konzeption der einzelne Bürger als Individuum betrachtet wird. Desweiteren hat der Staat in vielen Bereichen auf seine Monopolstellung und auf die Freiheitsbeschränkungen, die mit der Klassenideologie verbunden war, verzichtet. Die staatliche Willkür gegenüber dem Bürger wurde durch das Legalitätsprinzip und die Möglichkeit gerichtlicher Kontrolle ersetzt.

Der Wahlsieg der Gewerkschaft Solidarność im Juni 1989 und der Zerfall der bisherigen Regierungskoalition ermöglichten es, den Prozeß der Verfassungsänderung zu beschleunigen und ihm eine andere Richtung zu geben. Das sogenannte „realsozialistische" Staatsmodell sollte nun endgültig abgeschafft werden. Die Verfassungsnovelle vom 29. Dezember 1989 ist Ausdruck dieser Bemühung, sie schaffte die Voraussetzungen für eine von Grund auf neue politische und ökonomische Ordnung in Polen. Sämtliche Verfassungsnormen, die den ehemals sozialistischen Charakter des Staates ausmachten, wurden aufgehoben. Polen wurde zu einem demokratischen Rechtsstaat erklärt, der sich verpflichtete, die Prinzipien der gesellschaftlichen Gerechtigkeit zu verwirklichen.

Das Parlament, das im Juni 1989 gewählt wurde, konnte jedoch eine seiner wichtigsten Aufgaben, nämlich die Einführung einer neuen Verfassung, nicht erfüllen. Im Dezember 1989 bildeten die beiden Parlamentskammern eine Verfassungskommission. Man wollte die neue Verfassung am 3. Mai 1991, dem 200. Jahrestag der Verabschiedung der ersten polnischen und gleichzeitig auch ersten nationalen Staatsverfassung in Europa, verabschieden. Diese Lösung hatte aber von Anfang an viele Gegner, deren Zahl ständig wuchs. Die Tatsache, daß sich damals das Parlament nur zum Teil auf eine demokratische Legitimation berufen konnte, ließ Zweifel aufkommen, ob man diesem Gremium die verantwortungsvolle und in ihren Auswirkungen weitreichende Aufgabe der Verfassungsschöpfung anvertrauen konnte.

In diesem Zusammenhang müssen zwei Aspekte hervorgehoben werden. Zum einen war der sogenannte „Runde-Tisch-Vertrag" nicht mehr gültig, so daß eine weitere reformierende Ergänzung der bisherigen Verfassungsordnung auf der Grundlage dieser Vereinbarung nicht mehr in Frage kam. Andererseits sollten die gesellschaftlichen, politischen und wirtschaftlichen Änderungen in Polen auf der Grundlage und im Rahmen der Verfassung und der Gesetze durchgeführt werden, wobei das Parlament eine Totalrevision der Verfassung nicht zustande brachte. In dieser schwierigen Situation bestand die beste Lösung in einer Teilnovellierung der Verfassung durch das Parlament, die weitergehende Änderungen der Verfassungsordnung ermöglichen und die Basis für eine umfassende Reform darstellen konnte. Die novellierten Verfassungsbestimmungen konnten dann in einfachen Gesetzen erweitert und konkretisiert werden. Zu den wichtigsten Reformen, die auf diese Weise durchgeführt wurden, gehörten die Schaffung der territorialen Selbstverwaltung und die Ersetzung der Wahlmodalitäten des Staatspräsidenten, der bis dahin durch die Nationalversammlung eingesetzt worden war und direkt durch das ganze Volk legitimiert wurde. Dieser Ansatz, daß eine Staatsverfassung gleichermaßen „von unten" geschaffen werden kann, indem man zunächst einfache Gesetze schafft, die eine Grundlage für die neuzuschaffenden Institutionen und Prinzipien bilden, wird schon seit längerer Zeit von einigen Wissenschaftlern und Politikern vertreten. Hiernach soll erst dann, wenn sich das einfachem Recht bewährt hat, eine Übernahme dieser Rechtsordnung auf Verfassungsebene erfolgen.

Vorrangige Aufgabe des im Oktober 1991 erstmals umfassend demokratisch legitimierte Parlament war es, eine neue Verfassung vorzubereiten. Zuerst setzte man im April 1992 in einem entsprechenden Gesetz das Verfahren fest, das zur Verabschiedung der neuen Verfassung führen sollte. Die neue Verfassung soll demnach in zwei Schritten angenommen werden. In einer ersten Phase entscheidet die Nationalversammlung, die sich aus den beiden Parlamentskammern zusammensetzt, mit Zweidrittelmehrheit, wobei mindestens die Hälfte ihrer Mitglieder anwesend sein muß. In einem zweiten Schritt stimmt der Souverän, also das polnische Staatsvolk, per Referendum über den Verfassungsentwurf ab. In dieser Phase muß die neue Verfassung mit der Mehrheit der Abstimmungsteilnehmer angenommen werden. Zukünftig können Änderungen der polnischen Verfassung nur noch im Sejm durch eine Zweidrittelmehrheit beschlossen werden, die anschließend vom Senat bestätigt werden müssen, ohne daß es hierbei jedoch zu einer direkten Mitsprache des Volkes kommt.

Das Verfassungsgesetz vom April 1992 markiert den Beginn einer neuen Phase der Verfassungsentwicklung in Polen. Es erklärt die noch geltende, mittlerweile mehrmals novellierte, Verfassung von 1952 zu einem vorläufigen Rechtsakt. Diese Erklärung machte schließlich die Vorbereitungen zur Einführung einer neuen Verfassung endgültig erforderlich. Eine der ungewollten, vermutlich aber unvermeidlichen Folgen der Parlamentszersplitterung nach der Wahl im Jahre 1991 war, daß der notwendige Konsensus für eine Totalrevision der Verfassung kaum mehr zu erreichen war. Daher begann man, entsprechend der polnischen Tradition, die radikale Systemänderung mit einer sogenannten „Kleinen Verfassung". Von polnischer Tradition kann hier deshalb gesprochen werden, weil ähnliche Akte, die jedoch nur die Organisation und die Tätigkeit der obersten Staatsorgane betrafen, bei Schaffung einer Verfassungsordnung nach dem Ersten und auch dem Zweiten Weltkrieg stattgefunden haben. Auch diese Regelungen ersetzten nicht die Verfassung, waren aber zur Regelung wichtiger Materien erforderlich.

Die „Kleine Verfassung“, die aus nur einem Verfassungsgesetz besteht, wurde im Oktober 1992 verabschiedet. Sie beschränkt sich auf die Regulierung der gegenseitigen Beziehungen zwischen der gesetzgebenden und der vollziehenden Gewalt sowie der territorialen Selbstverwaltung zueinander. Durch sie wird die gesamte, bisher geltende Verfassung von 1952 aufgehoben, zugleich aber die Erklärung ausgesprochen, daß viele der alten Bestimmungen, genauer fast zwei Drittel, weiter in Kraft bleiben. Dabei ist jedoch festzuhalten, daß es sich bei den Bestimmungen, die weiterhin Geltung beanspruchen, mehrheitlich um die nach 1989 in die Verfassung aufgenommenen Vorschriften handelt. Diese Lösung kann man als eine Distanzierung des frei gewählten Parlaments von der Verfassung von 1952 verstehen, die trotz aller Änderungen noch viele Schwachstellen aufwies und im nationalen Bewußtsein mit der Ära Stalins in Verbindung gebracht wurde. Verfassungsrechtlich bedeutet der gewählte Weg, daß alle heute noch geltenden Normen der Verfassung 1952 ihre normative Bedeutung nur der „Kleinen Verfassung“ verdanken und mit ihrer Aufhebung ebenfalls außer Kraft gesetzt werden.

Die „Kleine Verfassung“ betont in ihrem Artikel 1 das Prinzip der Gewaltenteilung. Die Legislativorgabe sind der Sejm und der Senat. Der Senat berät über jedes vom Sejm beschlossene Gesetz und kann es binnen 30 Tagen annehmen, einen Änderungsvorschlag einbringen oder es zurückweisen. Der Sejm kann seinerseits einen Änderungsvorschlag des Senats oder dessen Zurückweisung mit seiner absoluten Mehrheit ablehnen.

Obwohl bei den Verhandlungen am Runden Tisch Solidarność darauf gedrängt hatte, die Kompetenzen des Staatspräsidenten einzuengen, wurden gegen den Willen der Gewerkschaft im Rahmen der Verfassungsnovelle vom April 1989 dem Staatspräsidenten umfangreiche Kompetenzen gewährt, um den Kommunisten ein Organ an die Hand zu geben, dessen Macht der des Parlaments gleichkam. Diesen Zustand ließen auch die Gruppierungen, die mit der Solidarność 1991 an die Macht kamen, im Wesentlichen unverändert. Im Folgenden wurde die Stellung des Staatspräsidenten im Bereich der vollziehenden Gewalt sogar noch verstärkt.

Er ist der oberste Vertreter des Staates in innerstaatlichen Angelegenheiten und bei den auswärtigen Beziehungen. Im Bereich des Auswärtigen übt er die allgemeine Leitung aus sowie ratifiziert und kündigt internationale Verträge. Wenn diese Verträge die Staatsgrenzen oder Verteidigungsbündnisse zum Inhalt haben oder wenn sie die Notwendigkeit einer Gesetzesänderung implizieren, bedürfen sie einer durch das Gesetz erteilten Ermächtigung. Der Staatspräsident übt weiterhin in Fragen der Sicherheit die allgemeine Leitung aus und ist Oberbefehlshaber der Streitkräfte.[2] Er kann den Kriegs- oder Ausnahmezustand anordnen. Er hat ein unbeschränktes Gesetzinitiativrecht, kann ein vom Parlament beschlossenes Gesetz dem Verfassungsgerichtshof zur Überprüfung vorlegen, er kann die Unterzeichnung des Gesetzes verweigern und es zur erneuten Beratung an den Sejm zurückverweisen. Ein solches Veto des Präsidenten kann vom Sejm mit Zweidrittelmehrheit verworfen werden. Ist der Sejm außerstande, eine Regierung zu berufen oder ein Haushaltsgesetz zu verabschieden, so kann der Präsident Sejm und Senat auflösen. Darüber hinaus erläßt der Staatspräsident Rechtsverordnungen und Anordnungen, die zu ihrer Gültigkeit - wie auch andere Amtsakte des Präsidenten - der Gegenzeichnung durch den Premierminister oder den sachlich zuständigen Minister bedürfen.[3] Der Präsident übt weiterhin Einfluß auf die Regierungsbildung aus. Der Premier kann die Vorschläge für die Berufung des Ministers des Inneren, des Ministers für Auswärtige Angelegenheiten und des Ministers für die Nationale Verteidigung erst nach Rücksprache mit dem Staatspräsidenten machen. Der frühere Präsident *Lech Wałęsa* vertrat sogar die Auffassung, daß diese Posten von ihm zu besetzen seien, was zwar zu Kontroversen führte, aber de facto von allen Regierungen in den Jahren 1990 bis 1995 bestätigt wurde. Eine politische Verantwortlichkeit kommt dem Staatspräsidenten nicht zu. Er kann lediglich wegen der Verletzung der Verfassung, der Gesetze oder wegen Begehung einer Straftat auf Antrag der Nationalversammlung vor dem Staatsgerichtshof zur Verantwortung gezogen werden.

Der Ministerrat, das zweite Glied der Exekutive, wird in einem recht komplizierten Verfahren berufen. Vereinfacht kann davon gesprochen werden, daß der Ministerrat zu seiner Berufung sowohl das Vertrauen des Sejm als auch das des Staatspräsidenten benötigt. Eine politische Verantwortlichkeit der Regierung gegenüber dem Präsidenten ist nicht vorgesehen. Einzig der Sejm kann durch ein Mißtrauensvotum den Rücktritt der Regierung erzwingen. Die Regierung lenkt die Innen- und Außenpolitik Polens und leitet die gesamte Regierungsverwaltung. Dabei ist nicht zu vergessen, daß der Staatspräsident die allgemeine Leitung im Bereich der Außenpolitik sowie der äußeren und inneren Sicherheit ausübt. Inwieweit er auf diesen Feldern

---

[2] Diese Funktion hat nach herrschender Meinung in der polnischen Verfassungslehre nur zivilen und keinen militärischen Charakter und entspricht einer geistigen Führung; vgl. *J. Galster, W. Szyszkowski, Z. Wasik, Z. Witkowski*, Prawo konstytucyjne, Toruń 1991, S. 202.

[3] Art. 47 der „Kleinen Verfassung" legt die Ausnahmen fest, bei denen eine Gegenzeichnung nicht erforderlich ist.

die praktische Politik bestimmen kann, ist immer noch unklar, so daß Kompetenzstreitigkeiten vorprogrammiert sind. Im Bereich der Rechtssetzung wurde die Position der Regierung durch die „Kleine Verfassung“ erheblich gestärkt. Sie sieht vor, daß der Sejm auf begründeten Antrag des Ministerrats diesen per Gesetz zum Erlaß von Rechtsverordnungen mit Gesetzeskraft ermächtigen kann. Diese Kompetenz des Ministerrats ist zwar zeitlichen und materiellen Einschränkungen unterworfen[4], jedoch stehen dem Sejm keine Überprüfungsmöglichkeiten für bereits erlassene Rechtsverordnungen zu. Ein Kontrollrecht hat nur der Staatspräsident aufgrund seiner Unterzeichnungsbefugnis bzw. durch sein Vorlagerecht zum Verfassungsgerichtshof. In begründeten Fällen kann der Ministerrat einen eigenen Gesetzesentwurf zur Eilvorlage erklären. Diese Befugnis soll der Beschleunigung des Gesetzgebungsverfahrens insbesondere bei Wirtschaftssachen dienen.

Die „Kleine Verfassung“ sieht weiterhin die Möglichkeit der direkten Ausübung der Staatsgewalt durch das Volk vor. Gemäß Art. 19 der „Kleinen Verfassung“ kann in Angelegenheiten von besonderer Bedeutung für den Staat ein Referendum durchgeführt werden. Seine Durchführung kann der Sejm oder der Staatspräsident anordnen. Während der Sejm mit absoluter Mehrheit über das Referendum entscheidet, hat der Präsident die Zustimmung des Senats einzuholen.

Die „Kleine Verfassung“ führte im Bereich der Judikative dagegen zu keinen Veränderungen. Zur Schaffung einer unabhängigen Stellung des Gerichtswesens wurde bereits 1989 ein neues Staatsorgan, nämlich der Landesrat für die Gerichtsbarkeit, geschaffen. Die Struktur der Gerichte blieb nach 1989 im Wesentlichen unverändert. Neben den ordentlichen Gerichten, mit dem Obersten Gericht an der Spitze, existiert ein Hauptverwaltungsgericht, ein Verfassungsgerichtshof und ein Staatsgerichtshof. Die wichtigsten Änderungen der Judikative betrafen nicht die Struktur der Gerichte, sondern deren Arbeitsweise und Rolle im Staat. Das ehemalige sozialistische System hatte das Gerichtswesen passiv werden lassen und die gerichtliche Tätigkeit - zugespitzt formuliert - auf die Wortlautauslegung des eng verstandenen, positiven innerstaatlichen Rechts beschränkt. Nach 1989 hat sich die Judikative neuen Aufgaben zugewandt und sich zu einer gleichberechtigten Gewalt im

---

[4] Verfassungsänderungen, Novellierung der Wahlordnungen, Regelung von Grundrechten gehören zur Prärogative des Parlaments und können in diesem Wege nicht normiert werden (Art. 23 Abs. 4 der „Kleinen Verfassung“). Das Ermächtigungsgesetz muß den Gegenstand und die Dauer der Verordnungskompetenz der Regierung bestimmen.

System der „checks and balances“ entwickelt. Sie kontrolliert die zwei anderen staatlichen Gewalten und legt diesen gegebenenfalls Beschränkungen auf. Eine spürbare Wende macht sich auch in der Arbeitstechnik der Gerichte bemerkbar; diese lösten sich von einer reinen Wortlautauslegung der Gesetze und integrierten die systematische sowie die teleologische Auslegungsmethode in ihre Arbeitsweise. Diese Erweiterung der juristischen Arbeitsmittel führt zu einer zunehmenden unmittelbaren Anwendung sowohl der Verfassung als auch der internationalen Vereinbarungen.

IV. Perspektiven der Verfassungsreformpolitik

Nach der Wahl von 1993 äußerte die neubesetzte Verfassungskommission den Willen, einen endgültigen Entwurf der Verfassung möglichst bald zur Beschlußfassung vorzulegen und dem Volksreferendum zu unterbreiten. Diese Vorgabe wurde leider nicht erfüllt, da der Verfassungsentwurf höchstwahrscheinlich erst im Frühjahr 1997 vorliegen wird. Zu den größten Hindernissen für die Verabschiedung der neuen Verfassung gehören die folgenden Faktoren: Zunächst wird das Parlament wegen seiner Tätigkeit in der laufenden Tagespolitik an der konzentrierten und effizienten Arbeit an der neuen Verfassung gehindert und unterscheidet sich damit von einem ausschließlich als Verfassungsgeber arbeitenden Gremium, einer reinen Konstituante. Darüber hinaus ist es schwer, die erforderliche Zweidrittelmehrheit im Parlament zusammenzubringen; Zwar hält sich die Zersplitterung des Parlaments wegen der Fünf-Prozent-Sperrklausel, die in den Sejm-Wahlen 1993 eingeführt wurde, in Grenzen. Die Regierungskoalition ist jedoch derart heterogen, daß die Konsensbildung nicht leicht fällt. Des Weiteren führt die starke Personalisierung der politischen Konflikte dazu, daß sich der Blickwinkel von einer übergeordneten und ganzheitlichen Sicht auf politische Akteure verschiebt. Dieses erschwert die sachliche Arbeit. Schließlich wird die Repräsentativität der Nationalversammlung in Zweifel gezogen. Wegen der bereits erwähnten Sperrklausel ist es vielen politischen Parteien nicht gelungen, Plätze im Parlament zu gewinnen. Damit sieht sich ein Drittel aller Wähler nicht in der Nationalversammlung vertreten. Diese Wähler sind von Anfang an gegen jeden Verfassungsentwurf der Nationalversammlung. Unabhängig davon hat sich auch das Episkopat der katholischen Kirche in Polen in letzter Zeit sehr kritisch zu einigen Punkten des Verfassungsentwurfes geäußert. All das erschwert den gesellschaftlichen Konsens bereits im Vorfeld des Referendums.

Die bisherigen Arbeiten an der neuen Verfassung sind trotzdem nicht ohne Ergebnis geblieben. Der Unterausschuß der Verfassungskommission hat im Juni 1996 einen einheitlichen Entwurf der Verfassung vorbereitet. Hieran wird deutlich, wie weit die Konzeption der neuen Verfassung schon gediehen ist. Die Diskussion über wichtige Fragen, die beispielsweise die Präambel oder einzelne Grundprinzipien wie das Recht auf Leben betreffen, ist zwar noch im Gange. Dabei bildet der Entwurf des Unterausschusses jedoch eine gute Grundlage für die effiziente weitere Arbeit an der Verfassung. In vielen Bereichen sind die Schlußlösungen auch schon so gut wie gefunden. So herrscht Einigkeit darüber, daß Polen ein unitarischer, republikanischer, rechtsstaatlicher und demokratischer Staat sein wird. Bei einigen bedeutenden Materien bestehen zwischen den wichtigen politischen Kräften keine großen Differenzen. Hierzu gehören der Umfang der politischen Grundrechte und -freiheiten, der Ausbau von Rechtsschutzmöglichkeiten gegen Grundrechtsverletzungen sowie die Erweiterung des subjektiven Geltungsbereiches von Grundrechtsregelungen auf alle Personen, die sich im Geltungsbereich der polnischen Rechtsordnung befinden. Umstritten bleibt dagegen nach wie vor Art und Umfang sozialer Grundrechte, die Frage des Schutzes des ungeborenen Lebens oder die Bedeutung des Prinzips weltanschaulicher Neutralität des Staates.

V. Verfassungsrechtliche Aspekte der Beitrittsfähigkeit Polens

Das polnische Rechtssystem ist seit Beginn des Transformationsprozesses einem erheblichen Änderungsprozeß unterworfen. Dabei ist es uns - wie bereits ausgeführt - noch nicht gelungen, eine neue Verfassung zu verabschieden. Um mit den Worten von *Łętowska* zu reden, beginnt in Polen die Verfassung „von unten“ zu wachsen. Man kann eine Verfassung entwickeln, indem man ihren Text schreibt und verabschiedet. Man kann sie aber auch „von unten“ schaffen, indem man Gerichts- und Verwaltungsverfahren in Normen umsetzt. Dieses ist der richtige Weg zum Rechtsstaat, wenngleich er mühsam und langsam ist. Ob dieses Ziel erreicht wird, hängt in hohem Maße von den Gerichten ab, von deren Kreativität und deren Fähigkeit zur Erfüllung der ihnen von der Verfassung zugedachten Funktion, also von einer Gerichtsbarkeit, die sowohl einen nachlässigen Gesetzgeber als auch eine opportunistische Vollzugsgewalt korrigiert.[5] Diese Art der Schaffung einer Verfassung erweitert auch die Aufgaben des Gesetzgebers, der die Struktur einiger Institutionen erst auf der Ebene der einfachen Gesetzgebung regeln soll. Erst nachdem sich diese Gesetze in der Praxis bewährt haben, werden sie in die Verfassung aufgenommen. Auf diese Weise können wertvolle Erfahrungen für die zukünftige Verfassungsgebung gewonnen werden, Erfahrungen, die die Chancen der Schaffung einer ausgereiften und dauerhaften Verfassung in hohem Maße erhöhen.

Mit den Verfassungsänderungen aus den Jahren 1989 bis 1996, die der Einführung eines demokratischen Rechtsstaats dienten, wurde die alten Gesetze nicht automatisch außer Kraft gesetzt, sofern sie verfassungskonform waren, galten die vorkonstitutionellen Normen fort. In einigen Fällen hielt man eine andere Auslegung der bestehenden Normen angesichts der veränderten politischen und wirtschaftlichen Gegebenheiten für ausreichend. Die Interpretation von Normen findet jedoch ihre Grenze in dem Wortlaut. In solchen Fällen braucht man neue Gesetze, die die Prinzipien der neuen wirtschaftlichen und politischen Ordnung konkretisieren und die strukturelle Grundlage für deren Entwicklung schaffen. Ein neues Gesetz kann dabei in einigen Fällen eine notwendige Verfassungsnovellierung ersetzen.

So wurde auf der Ebene der einfachen Gesetzgebung trotz des Fehlens der notwendigen Verfassungsänderungen auch die Angleichung des polnischen Rechtssystems an die Standards des Europarechts eingeleitet. Seit einigen Jahren wird bei jeder Normsetzung deren Konformität zum Europarecht geprüft. Neben dem Vorteil der Wirtschaftlichkeit, weil eine mit dem Europarecht konforme Gesetzgebung im Falle des tatsächlichen Beitritts Polens zur Europäischen Union eine Vielzahl späterer Korrekturen vermeidet, erleichtert diese Vorgehensweise auch den Dialog mit der Union.

Eine primär an Anpassungserfordernissen orientierte Reformpolitik machte die polnische Verfassung immer weniger homogen und verstärkte deren Erscheinungsbild als „Stückwerk". Heute besteht die polnische Verfassungsordnung aus drei Normenkomplexen, nämlich dem Verfassungsgesetz über das Verfahren der Vorbereitung und Verabschiedung der Verfassung, der „Kleinen Verfassung" und den noch geltenden Normen der Verfassung von 1952. Der letztgenannte Komplex zeichnet sich durch eine hohe

[5] *E. Łętowska*, Konflikte zwischen Bürger und Staat im Transformationsprozeß, in: Recht in Ost und West 5/1995, S. 139.

Unübersichtlichkeit aus, die darauf zurückzuführen ist, daß die dort niedergeschriebenen Regelungen zu unterschiedlichen Zeitpunkten vor dem Hintergrund zum Teil erheblich unterschiedlicher Kontexte entstanden sind. Eine Systematik in dem Sinne, daß alle Regelungen der Verfassung Ausdruck eines einheitlichen Lösungsversuches der zum Entstehungszeitpunkt für verfassungsrechtlich relevant erachteten Fragen sind und auf der Grundlage einer einheitlichen Wertordnung aufbauen, existiert im Falle der polnischen Verfassungsordnung daher nicht.

Trotzdem enthält die polnische Verfassungsordnung viele Prinzipien, die in Einklang mit den europäischen Rechtsstandards stehen. Viele Regelungen, die der Angleichung an das europäische Rechtsniveau dienen, sind durch die einfache Gesetzgebung in die polnische Rechtsordnung eingeführt worden. Zu den wichtigsten Prinzipien aus diesem Bereich gehören die Rechtsstaatlichkeit, die Gewaltenteilung, das legislativ-exekutive System des Gleichgewichts, die Grundrechte und Rechtsschutzmittel zu ihrer Durchsetzung sowie die territoriale Selbstverwaltung. Die polnischen Gerichte leisten darüber hinaus ihren Beitrag zum Prozeß der Anpassung des polnischen Rechtssystems. Aus der Judikatur der polnischen Gerichtsbarkeit können viele Beispiele entnommen werden, die die Anwendung des internationalen Rechts, insbesondere der Europäischen Menschenrechtskonvention, im innerstaatlichen Bereich belegen.[6]

VI. Schlußbemerkungen

Es gab verschiedene Gründe, die der sofortigen Verabschiedung einer neuen Verfassung nach der Wiedererrichtung der Demokratie in Polen entgegenstanden. Einerseits galt es, möglichst rasch die Funktionsfähigkeit der Demokratie zu gewährleisten. Der komplexe Prozeß einer Verfassungs- und Rechtsüberleitung mußte in Gang gesetzt werden. Das erste polnische Parlament nach der politischen Wende konnte wegen mangelnder demokratischer Legitimation eine Totalrevision der Verfassung nicht durchführen und mußte sich mit der Novellierung der Verfassung sowie der Forcierung der einfachen Gesetzgebung zufrieden geben.

Trotzdem kann der polnischen Verfassungspolitik ein gutes Zeugnis ausgestellt werden. Es ist Polen gelungen, mit kleinen Schritten die gesamte Ver-

---

[6] Vgl. *Łętowska*, a.a.O., S. 136 f.

fassungsordnung zu ändern und die Grundlagen für einen demokratischen Rechtsstaat zu schaffen. In dem komplexen Änderungsprozeß versuchte man, die nötigen Anpassungen an die europäischen Rechtsstandards - sowohl denen des Europarates als auch der Europäischen Union - vorzunehmen. Der Verfassungsgeber beschränkte sich von Anfang an auf den evolutionären Weg der Transformation.
Seit 1989 stellt die Verfassungsreform mit den erforderlichen intensiven Vorbereitungsarbeiten ein herausragendes Anliegen dar. Im Rahmen der Arbeiten an dem Verfassungsentwurf wurden im Grunde von Anfang an die verfassungspolitischen und -rechtlichen Erfordernisse berücksichtigt, die sich mit einem Beitritt Polens zur Europäischen Union stellen. Fast alle Verfassungsentwürfe sehen deshalb entsprechende Bestimmungen vor, und daher werden auch in der neuen Verfassung spezielle „Europa-Artikel" enthalten sein. Das Thema der europäischen Integration ist heute eines der wichtigsten Verfassungsthemen. Schon jetzt, also bei fehlender Totalrevision der Verfassung, sind in Polen die rechtlichen Grundlagen für die Annäherung der Rechtssysteme geschaffen. Der politische Konsens im Hinblick auf die erforderliche Verfassungsänderung für einen Beitritt Polens zur Europäischen Union ist geschaffen und die entsprechende verfassungsrechtliche Regelung wird vorbereitet.

Erweiterungsfähigkeit der Europäischen Union und europarechtliche Beitrittsvoraussetzungen

MATTHIAS PECHSTEIN

I. Einleitung

Das Thema „Erweiterungsfähigkeit der Europäischen Union und europarechtliche Beitrittsvoraussetzungen" wirkt harmloser als es der damit angesprochene Zusammenhang eigentlich erlaubt. Es geht dabei nämlich nicht um zwei miteinander unverbundene Einzelfragen, die sich nacheinander abhandeln ließen, sondern es geht bei der Erweiterungsfähigkeit der Europäischen Union um eine oder gar um die rechtlich und vor allem politisch entscheidende Voraussetzung der anstehenden Osterweiterung der Europäischen Union. Während bislang lediglich in der wissenschaftlichen Literatur gelegentlich die Erhaltung der Integrationssubstanz der Gemeinschaften als eine „ungeschriebene Beitrittsvoraussetzung" behauptet wurde[1], hat dies der Europäische Rat ausdrücklich zur Bedingung des Beitritts der Staaten Mittel- und Osteuropas gemacht[2]. Auf dem Treffen des Europäischen Rates von Kopenhagen im Juni 1993 wurde zwar einerseits die Beitrittsperspektive für diese Staaten eröffnet, andererseits wies der Europäische Rat aber darauf hin, daß dabei „die Stoßkraft der europäischen Integration zu erhalten und ihr innerer Zusammenhalt zu wahren" sei und machte dies mithin zu einer zusätzlichen und in dieser Ausdrücklichkeit neuen Beitrittsbedingung. In Anbetracht sowohl der Zahl der den Beitritt wünschenden Staaten als auch im Hinblick auf die gewaltige, jede bisherige Erweiterung weit übertreffende Steigerung der politischen und vor allem wirtschaftlichen Heterogenität einer Europäischen Union mit evtl. 25 oder gar 27 Mitgliedstaaten, die fast den ganzen europäischen Kontinent erfaßt, ist dies ein ernst zu nehmendes Problem. Die Integrationsidee und die Institutionen der drei Europäischen Gemeinschaften waren ja

---

[1] *Meier*, Die rechtlichen Grenzen für einen Beitritt zu den Europäischen Gemeinschaften, Europarecht (EuR) 1973, S. 12 ff. (14, 19); Meng, in: von der Groeben/Thiesing/Ehlermann (G/T/E), EWG-Vertrag, 4. Auflage, 1991, Art. 237, Rdnr. 31.

2 EG-Bulletin, 6/1993, S. 13.

ursprünglich nur auf sechs politisch und ökonomisch recht homogene Staaten angelegt, wenngleich der entfernte Wunsch nach einem vereinten Gesamteuropa dabei mit Pate stand. Diese grundsätzliche Offenheit wurde in dem mittlerweile durch Art. O des Unionsvertrags ersetzten Art. 237 EG-Vertrag festgeschrieben, der jedem europäischen Staat das Recht gibt, die Mitgliedschaft zu beantragen - ohne ihm allerdings ein Recht auf Aufnahme einzuräumen. Ob jedoch das ursprüngliche Integrationskonzept der Sechs für eine den gesamten Kontinent erfassende Europäische Union so recht paßt, mußten die Gründungsväter der Gemeinschaften noch nicht näher überdenken. Immerhin mußte dieses Konzept schon bei den bisherigen Erweiterungen auf nunmehr fünfzehn Staaten gewisse Verunklarungen der Zielsetzung hinnehmen und die Institutionen und Abläufe knirschen immer wieder hörbar.

Der historische Traum von einem vereinten Europa, das alle seine Staaten und Völker in einer friedlichen und freiheitlichen gemeinsamen Ordnung zusammenführt, erhält jetzt einerseits die erste Realisierungschance der europäischen Geschichte. Andererseits stellt sich die Frage, ob die Wahrnehmung dieser Chance nicht zugleich der Anfang einer Erosion der europäischen Integrationsidee ist, die zerstören kann, was die Grundlage der gemeinsamen Zukunft sein sollte. Wird das westeuropäische Erfolgsmodell der Integration, das auch als Gegenentwurf zur totalitären Ordnung des sowjetisch beherrschten Ostens des Kontinents entworfen wurde, nach dem Ende der kommunistischen Gewaltherrschaft das Opfer seiner Anziehungskraft auf genau diese Staaten? Diese Sorge und der verständliche Unwille der meisten derzeitigen Mitgliedstaaten, das Erreichte zur Disposition zu stellen, ist die berechtigte Grundlage der Forderung nach einer Erhaltung der „Stoßkraft der europäischen Integration“ bei der anstehenden Erweiterung. Die Erhebung dieses Aspekts zu einer ungeschriebenen Beitrittsbedingung durch den Europäischen Rat ist daher konsequent. Der Europäische Rat hat die aus der grundsätzlichen Erweiterungsbereitschaft folgenden Fragen der institutionellen Reformen der Union bzw. der Gemeinschaften auch auf die Tagesordnung der zur Zeit laufenden Regierungskonferenz für „Maastricht II“ gesetzt. Soweit sich der Presse entnehmen läßt, ist für die entscheidenden Probleme allerdings noch bei weitem kein Konsens erreicht und in Anbetracht des begrenzten zeitlichen Rahmens der Konferenz mag man sogar daran zweifeln, daß es gelingt, die Union auf dieser Konferenz wirklich erweiterungsfähig zu machen. Die gleichzeitigen Probleme der Realisierung der Währungsunion - die allerdings nicht Thema der Regierungskonferenz ist -, die Erkundung der Möglichkeiten, die beiden intergouvernementalen Säulen der Union, Gemeinsame Außen- und Sicherheitspolitik (GASP) sowie Zusammenarbeit in den Bereichen Justiz und

Inneres (ZBJI), effizienter zu machen und die Vorwirkungen der anstehenden Reform des Finanzrahmens der Union scheinen manchmal der Frage der Osterweiterung die ihr gebührende Aufmerksamkeit zu nehmen. Gleichwohl schafft der positive Grundsatzbeschluß über die Osterweiterung zusammen mit dem politischen Druck auf eine möglichst rasche Realisierung derselben einen nützlichen Zwang zur Durchführung der erforderlichen Reformen.

Im folgenden soll zunächst ein kurzer Exkurs über die Rechtsnatur der Europäischen Union erfolgen, um die rechtliche Bedeutung eines Beitritts zu ihr klarzustellen. Danach werden die europarechtlichen Beitrittsbedingungen erörtert. Zum Schluß sollen die dringendsten Fragen der Erweiterungsfähigkeit der Union angesprochen werden, die keinesfalls nur institutioneller Art sind, sondern auch an wichtige Politikbereiche sowie an das Gesamtkonzept der Integration Reformforderungen stellen.

II. Exkurs: Die Struktur der Europäischen Union und die rechtliche Bedeutung eines Beitritts

Seit dem Inkrafttreten des Vertrags von Maastricht am 1. November 1993 besteht die Europäische Union. Im allgemeinen Sprachgebrauch ist mittlerweile auch nur noch von ihr die Rede, während die drei alten Europäischen Gemeinschaften wie vom Boden verschwunden zu sein scheinen. Die Europäischen Gemeinschaften bestehen aber als eigenständige Völkerrechtssubjekte in Form von Internationalen Organisationen mit supranationalen Befugnissen fort. Zu diesen drei Gemeinschaften - Europäische Gemeinschaft, Europäische Atomgemeinschaft und Europäische Gemeinschaft für Kohle und Stahl - ist nunmehr die durch den Maastrichter Vertrag ausdrücklich erst "gegründete" (Art. A Abs. 1) Europäische Union hinzugetreten. Der Unionsvertrag führt dabei aus, daß Grundlage der Union die Europäischen Gemeinschaften, ergänzt durch die durch den Unionsvertrag eingeführten Politiken und Formen der Zusammenarbeit sind (Art. A Abs. 3).

Um zu verstehen, was der von Art. O des Unionsvertrags ermöglichte „Beitritt zur Europäischen Union“ bedeutet, ist zu klären, welche neue Integrationsdimension die Union der westeuropäischen Einigung hinzufügt. Der Vertrag über die Europäische Union enthält neben Grundsatz- und Schlußbestimmungen teilweise beträchtliche Änderungen der Gründungsverträge der drei alten Europäischen Gemeinschaften - darunter die Bestimmungen über die Wirtschafts- und Währungsunion. Darüber hinaus beinhaltet er die Bestimmungen über die Gemeinsame Außen- und Sicherheitspolitik sowie über die

Zusammenarbeit in den Bereichen Justiz und Inneres. Anders als die drei Europäischen Gemeinschaften sind die Gemeinsame Außen- und Sicherheitspolitik sowie die Zusammenarbeit in den Bereichen Justiz und Inneres rein intergouvernemental organisiert. Dies bedeutet, daß sie ohne Überordnung eines selbständigen supranationalen Hoheitsträgers allein zwischen den Regierungen der Mitgliedstaaten auf der völkerrechtlichen Basis souveräner Gleichheit koordiniert werden.

Die verschiedenen Säulen der Union, die supranationalen Säulen der Europäischen Gemeinschaften einerseits und die intergouvernementalen Säulen der GASP und ZBJI andererseits, sind daher durch ganz verschiedene Strukturprinzipien gekennzeichnet. Das Verhältnis von Supranationalität und Intergouvernementalität zueinander stellt dabei die Zentralfrage der künftigen Gestaltung der europäischen Integration dar. Die Entscheidung für die Übertragung weiterer staatlicher Kompetenzen auf die supranationalen Gemeinschaften bedeutet einen entsprechenden Kompetenzverlust für die Mitgliedstaaten. Sie können zwar noch im Rahmen des Ministerrates der Gemeinschaften über die einzelnen, sie dann bindenden Rechtsakte entscheiden. Dabei sind sie allerdings bei Mehrheitsentscheidungen der Möglichkeit des Überstimmtwerdens sowie generell dem Initiativrecht der Kommmission und den Mitgestaltungsbefugnissen des Europäischen Parlaments ausgesetzt. Bei der rein intergouvernementalen Kooperation bleiben die Mitgliedstaaten dagegen Träger der entsprechenden Kompetenzen und haben wegen des regelmäßigen Einstimmigkeitserfordernisses die Möglichkeit, ihnen nicht genehme Entscheidungen zu verhindern.

Diese teilweise supranational, teilweise intergouvernemental ausgestaltete Europäische Union ist zunächst eindeutig kein europäischer Staat. Hierfür fehlt es insbesondere an einem europäischen Staatsvolk, aber auch an der Kompetenz-Kompetenz. Wegen des rechtlichen Doppelcharakters ihrer verschiedenen Säulen ist die Union als solches auch weder eine eigene Internationale Organisation, noch ist sie als Ganzes lediglich eine Form intergouvernementaler Kooperation. Sie hat nach fast unstreitiger Ansicht auch keine eigene Rechtspersönlichkeit[3]. Die vom Bundesverfassungsgericht gewählte Bezeichnung der Europäischen Union als "Staatenverbund zur Verwirklichung einer immer engeren Union der staatlich organisierten Völker Europas" veranschaulicht dagegen zunächst sehr treffend, daß die Vertragsstaaten der

---

[3] Vgl. *Hilf*, in: Grabitz/Hilf, EUV/EGV, Stand: 10. Ergänzungslieferung, Okt. 1996, Art. A EUV, Rdnr. 25 ff., m.w.N.; *Koenig/Pechstein*, Die Europäische Union, 1995, S. 20 ff.

Union beabsichtigen, "im Verbund" zu handeln. Allerdings gehören auch die drei Europäischen Gemeinschaften als Teil der Grundlage der Union (Art. A Abs. 3 EUV) mit zu diesem Verbund. Daher ist es erforderlich, die Union wegen der Einbindung der drei Gemeinschaften als einen Verbund von Staaten und Internationalen Organisationen - eben den drei Europäischen Gemeinschaften - anzusehen[4].

Das "Verbundhafte" der Union, das auch in der alle Unionssäulen umfassenden Zielsetzung des Unionsvertrags (Art. B) eine Ausrichtungsvorgabe erhält, wird dabei durch eine Abstimmungsverpflichtung zwischen den drei supranationalen Gemeinschaften und den beiden anderen, intergouvernementalen Unionssäulen, GASP und ZBJI, dem Kohärenzgebot[5], rechtlich gefaßt. Die Organisation dieser Verbundhaftigkeit ist daher die entscheidende neue Integrationsdimension des Unionsvertrags. Ohne diese Organisation der Verbundhaftigkeit bestünde nämlich die Gefahr des bloßen Nebeneinanders der unterschiedlichen Integrationsansätze. Durch die Abstimmungsverpflichtung wird dagegen eine zielorientierte Bündelung von Aktionen und Kompetenzen erreicht, die es erlaubt, von einem verbundhaften, unierten Vorgehen der Unionsstaaten und der drei Gemeinschaften zu sprechen. Substantiviert mag dies dann Union heißen. Diese Substantivierung darf jedoch nicht darüber hinwegtäuschen, daß die Union nicht in einem irgend gearteten körperschaftlichen Sinn verstanden werden darf, sondern nur in einem materiell-rechtlichen Sinn.

Der Beitritt eines Staates zur Europäischen Union beinhaltet daher juristisch durchaus Verschiedenes: Zum einen den Beitritt zu drei als Völkerrechtssubjekten eigenständigen supranationalen Organisationen - Europäische Gemeinschaft, Europäische Atomgemeinschaft und Europäische Gemeinschaft für Kohle und Stahl -, zum anderen die Beteiligung an den beiden Bereichen intergouvernementaler Zusammenarbeit GASP und ZBJI. Art. O des Unionsvertrags macht dabei deutlich, daß ein beitretender Staat sich an allen Säulen der Union beteiligen muß und sich nicht etwa auf die Teilnahme an der Wirtschaftsintegration in der Europäischen Gemeinschaft beschränken kann. Damit ein Beitritt allerdings rechtlich und politisch möglich wird, bedarf es der Erfüllung bestimmter Beitrittsvoraussetzungen durch den beitrittswilligen Staat.

---

[4] Vgl. zu dieser Verbundkonstruktion ausführlich *Koenig/Pechstein*, (Anm. 3), S. 27 ff.

[5] Dazu *Pechstein*, Das Kohärenzprinzip als entscheidende Integrationsdimension der Europäischen Union, EuR 1995, 247 ff.

III. Europarechtliche Beitrittsvoraussetzungen

1. Beitrittsvoraussetzungen nach Art. O EUV

Art. O Unionsvertrag verlangt auf seiten des Beitrittskandidaten eigentlich nur, daß es sich um einen europäischen Staat handelt. Beide Kriterien sind bei den beitrittswilligen Staaten Mittel- und Osteuropas fraglos gegeben. Die Frage, wo die Ostgrenze Europas liegt, ist bei den bisherigen Beitrittskandidaten aus Mittel- und Osteuropa irrelevant; im übrigen ist dies keine rein geographisch, sondern eine zunächst politisch zu definierende Bedingung, die im übrigen im Vertragsänderungsverfahren des Art. N EUV modifiziert werden könnte.

2. Sonstige allgemeine Beitrittsvoraussetzungen

a) Allgemeines

Wichtiger sind die zunächst aus der bisherigen Beitrittspraxis zu entnehmenden allgemeinen Beitrittskriterien, die sich nicht aus Art. O EUV ergeben, sowie die besonderen, von den europäischen Organen speziell im Hinblick auf die Osterweiterung formulierten Bedingungen. Der Rechtscharakter der allgemeinen Beitrittsbedingungen war dabei bis zum Inkrafttreten des Maastrichter Vertrags nicht ganz unproblematisch. Wollte man den aus der bisherigen Beitrittspraxis entnehmbaren Beitrittsbedingungen nicht lediglich politischen Charakter beimessen, so wären sie wohl als primäres Gemeinschaftsgewohnheitsrecht anzusehen gewesen. Mittlerweile lassen sich jedoch diese Kriterien fast sämtlich auf durch den Maastrichter Vertrag eingeführte neue Bestimmungen des Unions- und Gemeinschaftsrechts zurückführen. Damit stehen sie zwar möglicherweise im Rahmen eines Beitrittsverfahrens nach Art. O EUV nicht zur Disposition der Mitgliedstaaten. Im Vertragsänderungsverfahren nach Art. N EUV, das die Grundlage der derzeitigen Regierungskonferenz ist, wären jedoch diese Bedingungen selbstverständlich änderbar, da die Mitgliedstaaten weiterhin die „Herren der Verträge" sind[6]. Wahrscheinlich ist dies allerdings nicht, sieht man von der noch näher anzusprechenden Frage der Einführung einer „Flexibilisierungsklausel" ab. Im üb-

---

[6] Eine inhaltliche Einschränkung der Änderungsbefugnis der Mitgliedstaaten ergibt sich auch nicht aus dem EWR-Gutachten des EuGH, vgl. *Koenig/Pechstein*, (Anm. 3), S. 38; *Pechstein*, (Anm. 5), S. 252; vgl. auch *Meng*, in: G/T/E, Art. 237, Rdnr. 31.

rigen hat der EuGH es abgelehnt, einen Beitritt anhand abstrakter Kriterien ex ante zu überprüfen, sondern hat ausgeführt, die Bestimmungen des damaligen Art. 237 EWGV „legen für die Aufnahme neuer Mitgliedstaaten ein genaues und wohlabgegrenztes Verfahren fest, in welchem die Beitrittsbedingungen ... zu erarbeiten sind. Die rechtlichen Bedingungen eines solchen Beitritts sind also im Rahmen dieses Verfahrens noch zu bestimmen, ohne daß es möglich wäre, ihren Inhalt vorweg unter Einschaltung der Gerichte festzulegen."[7] Bei der Entwicklung dieser Beitrittsbedingungen hätten die Mitgliedstaaten auch einen großen Spielraum. Dies dürfte auch nach der rechtlichen Fixierung des Kerns dieser Beitrittsbedingungen in einzelnen Bestimmungen des Unions- und Gemeinschaftsrechts gelten. Der Gerichtshof hat allerdings über die ex post-Überprüfung eines Beitritts an allgemeinen Beitrittsbedingungen nicht entschieden und hinsichtlich der neu kodifizierten Bedingungen wird man eine solche Kontrolle auch zumindest bei den gemeinschaftsrechtlichen Regelungen für denkbar halten müssen. Die Mitgliedstaaten haben die ihnen eingeräumte Gestaltungsfreiheit über einen begrenzten Kanon von Beitrittsbedingungen hinaus, die jeder beitrittswillige Staat erfüllen muß, bislang allerdings nur im Hinblick auf die Festlegung von Übergangsfristen genutzt.

Die allgemeinen Beitrittsbedingungen außerhalb des Art. O EUV betreffen im wesentlichen drei Punkte: Anforderungen an das politische System des beitrittswilligen Staates, Anforderungen an seine Wirtschaftsordnung - beides hat der Europäische Rat von Kopenhagen noch einmal ausdrücklich bekräftigt[8] - sowie die Verpflichtung zur Übernahme des gesamten sog. acquis communautaire.

b) Anforderungen an das politische System

Seit dem Inkrafttreten des Maastrichter Vertrages sieht Art. F Abs. 1 des Unionsvertrags ausdrücklich vor, daß die Regierungssysteme der Unionsstaaten auf demokratischen Grundsätzen beruhen. Dies muß auch für einen neu beitretenden Staat gelten, da mit dem wirksam gewordenen Beitritt das gesamte Gemeinschafts- und Unionsrecht in dem neuen Mitgliedstaat anwendbar wird. Eine entsprechende Forderung galt allerdings auch schon früher, nicht zuletzt aufgrund der Erklärung des Europäischen Rates zur Demokratie vom April 1978. Darin erklären die Staats- und Regierungschefs, daß u. a. die Aufrecht-

[7] EuGH, Rs. 93/78, Slg. 1978, S. 2203 (2211).
[8] EG-Bulletin 6/1993, S. 13.

erhaltung der parlamentarischen Demokratie wesentliches Element ihrer Zugehörigkeit zu den Europäischen Gemeinschaften ist[9]. Daraus sowie aus Art. F Abs. 1 EUV ergibt sich zwar nicht, in welchem Umfang den Parlamenten tatsächlich Kompetenzen zustehen müssen, jedoch wäre damit die Aufnahme - oder auch die weitere Mitgliedschaft - eines Staates, der das faktische Bestehen einer Diktatur nur unter dem Mäntelchen der Demokratie zu verbergen suchte, nicht vereinbar. Die kommunistischen „Volksdemokratien" Osteuropas wären schon von daher nicht aufnahmefähig gewesen. Bislang haben die EG-Mitgliedstaaten bei diesem Kriterium entscheidend auf die Verfassungswirklichkeit abgestellt, nicht dagegen auf den bloßen Verfassungstext, aber auch nicht auf die Verankerung der demokratischen Gesinnung im Volk. Die Aufnahme Spaniens und Portugals erfolgte nach Jahrzehnten der Diktatur vielmehr gerade um des erklärten Ziels einer Stärkung der jungen Demokratien willen. Stimmen jüngere Umfragen in den beitrittswilligen Staaten Mittel- und Osteuropas, so müßte man allerdings auch hier Sorgen um die Demokratie haben, da die Bürger von ihrem Nutzen offenbar nur zum kleineren Teil überzeugt sind[10]. Dies ist zwar wegen der vielfach unerfüllten Wohlstandserwartungen, die sich an die Übernahme westlicher demokratischer Formen geknüpft haben, verständlich; ein Unsicherheitsfaktor bleibt es gleichwohl.

Die beitrittswilligen Staaten müssen außerdem die Menschenrechte achten, zumindest in dem Umfang, den die Europäische Menschenrechtskonvention festlegt. Dies ergibt sich im Ansatz ebenfalls aus Art. F Abs. 2 Unionsvertrag, der die Union - und also auch die Unionsstaaten - auf die Standards der EMRK festlegt. Über den Geltungsumfang des Art. F Abs. 2 EUV hinaus gilt dies aber auch aufgrund der erwähnten Erklärung des Europäischen Rats von 1978. Dies und die Anforderungen an das parlamentarische Regierungssystem müssen im Unterschied zu den weiteren Bedingungen auch schon bei Aufnahme der Beitrittsverhandlungen vorliegen.

c) Anforderungen an die Wirtschaftsordnung

Da die beitretenden Staaten die Wirtschaftsordnung des Gemeinschaftsrechts zu übernehmen haben, müssen sie auch eine marktwirtschaftliche Ordnung mit

---

[9] *Meng*, in: G/T/E, Art. 237, Rdnr. 42; *Vedder*, in: Grabitz/Hilf, EUV/EGV, Art. 237, Rdnr. 6 ff.; *Klein*, in: Hailbronner/Klein/Magiera/Müller-Graff, Handkommentar zum EU-Vertrag, Stand: 6. Ergänzungslieferung, Juni 1997, Art. O, Rdnr. 9 f.

[10] *Dauderstädt*, Ostmitteleuropas Demokratien im Spannungsfeld von Transformation und Integration, Integration 1996, S. 208 ff. (212 ff.).

freiem Wettbewerb haben. Der mit dem Maastrichter Vertrag eingefügte Art. 3a Abs. 1 EG-Vertrag verpflichtet nunmehr ausdrücklich die Wirtschaftspolitik der EG und damit auch die der Mitgliedstaaten auf eine „offene Marktwirtschaft mit freiem Wettbewerb". Über die Allokation der Produktionsfaktoren hat im Rahmen des Gemeinsamen Marktes allein der Markt zu entscheiden[11]. Damit ist die Aufrechterhaltung umfassender Staatshandelsmonopole unvereinbar, da die Bestimmungen über Handelsmonopole (Art. 37 EGV) ausdrücklich als Ausnahme zu den Grundregeln des freien Warenverkehrs (Art. 30, 34 EGV) angelegt sind[12]. Für die anderen Grundfreiheiten gilt das Gleiche. Jedenfalls für die wirtschaftlich am weitesten fortgeschrittenen Staaten Mittel- und Osteuropas dürfte dies auch kein Hindernis sein.

d) Übernahme des acquis communautaire

Die Übernahme des sog. acquis communautaire ist eine notwendige Ergänzung zu der Tatsache, daß mit dem wirksam gewordenen Beitritt das gesamte Gemeinschaftsrecht einschließlich der Rechtsprechung der Gemeinschaftsgerichte sowie des gesamten Rechts der beiden intergouvernementalen Unionssäulen GASP und ZBJI in dem neuen Mitgliedstaat anwendbar wird. Dabei sind Übergangsregeln zwar völlig üblich, sie müssen aber in jedem Fall befristet sein. Zur Anwendung dieses großen Rechtskomplexes müssen die Beitrittskandidaten auch institutionell imstande sein, was u.a. erhebliche Investitionen in die Ausbildung des Personals verlangt. Die Rechtswirklichkeit zunächst des Gemeinschaftsrechts beruht allerdings über die Verträge und das Sekundärrecht hinaus auch auf einer Fülle rechtlich weniger verfestigter Erklärungen, Übungen und Beschlüsse, dem sog. acquis communautaire[13]. Erst aus ihnen läßt sich die Identität und Finalität der Gemeinschaft voll ersehen. Eine umfassende Definition des acquis communautaire hat die Kommission anläßlich der ersten beiden Beitritte formuliert:

„Mit seiner Mitgliedschaft in den Gemeinschaften akzeptiert der antragstellende Staat vorbehaltlos die Verträge und ihre politischen Zielsetzungen, die seit Inkrafttreten der Verträge gefaßten Beschlüsse jeglicher Art sowie die hinsichtlich des Ausbaus und der Stärkung der Gemeinschaften getroffenen Optionen. Insbesondere ist die mit den Verträgen zur Gründung der Gemein-

---

[11] *Meng*, in: G/T/E, Art. 237, Rdnr. 45.
[12] *Meng*, in: G/T/E, Art. 237, Rdnr. 45.
[13] *Meng*, in: G/T/E, Art. 237, Rdnr. 98 ff.

schaften geschaffene Rechtsordnung im wesentlichen gekennzeichnet durch die unmittelbare Anwendbarkeit einiger ihrer Bestimmungen und bestimmter von den Organen der Gemeinschaften erlassenen Rechtsakte, durch den Vorrang des Gemeinschaftsrechts gegenüber ihm etwa entgegenstehenden einzelstaatlichen Bestimmungen und durch das Bestehen von Verfahren, die geeignet sind, die einheitliche Auslegung des Gemeinschaftsrechts zu sichern. Der Beitritt zu den Gemeinschaften schließt die Anerkennung des zwingenden Charakters dieser Vorschriften ein, deren Einhaltung unerläßlich ist, um die Wirksamkeit und Einheitlichkeit des Gemeinschaftsrechts zu gewährleisten."[14]

Die bisherigen Beitrittsakten sehen im übrigen vor, daß sich ein neuer Mitgliedstaat „hinsichtlich der Erklärungen, Entschließungen und sonstigen Stellungnahmen des Rates sowie hinsichtlich der die Europäischen Gemeinschaften betreffenden Erklärungen, Entschließungen und sonstigen Stellungnahmen, die von den Mitgliedstaaten im gegenseitigen Einvernehmen angenommen wurden, in derselben Lage wie die derzeitigen Mitgliedstaaten befindet."[15]

Diese Regeln wird man nach dem Inkrafttreten des Maastrichter Vertrags auch auf die beiden intergouvernementalen Unionssäulen GASP und ZBJI anwenden müssen, so daß dort gefaßte grundsätzliche Positionen, Erklärungen etc. ebenfalls für die beitretenden Staaten verbindlich sind. Die Bedeutung dieser Tatsache darf man trotz der noch sehr begrenzten Effizienz von GASP und ZBJI keinesfalls unterschätzen. Die in der Erklärung der Kommission angesprochenen, verbindlich zu akzeptierenden politischen Zielsetzungen der Gemeinschaftsverträge finden nämlich ihre bislang detaillierteste Ausformung in den Regelungen des Unionsvertrags. Wenngleich das Endziel der europäischen Integration noch für lange Zeit im Nebel zukünftiger Entwicklungen liegt und dieses Ziel auf absehbare Zeit nicht die Schaffung eines europäischen Bundesstaats sein kann, so finden doch die politischen Aspirationen auf eine auf der Weltbühne einheitlich auftretende Einheit der Europäischen Union ihren wesentlichen Entfaltungsrahmen in den Bestimmungen über GASP und ZBJI. Die Gestaltung einer mit den Maßnahmen der drei Gemeinschaften kohärenten Politik in diesen beiden intergouvernementalen Politikbereichen ist auf absehbare Zeit die zentrale Aufgabe der europäischen Politik. Dies verlangt allerdings in seiner Gesamtheit von den beitretenden Staaten die Bereitschaft, dauerhaft einen gewaltigen und weiterhin steigenden Anteil ihrer erst vor so kurzer Zeit wiedererlangten Souveränitäts- oder zumin-

[14] *Meng*, in: G/T/E, Art. 237, Rdnr. 99.
[15] NW. bei *Meng*, in: G/T/E, Art. 237, Rdnr. 100.

dest Gestaltungsbefugnisse an die europäischen Gemeinschaften abzugeben bzw. in das Koordinationsgeflecht der intergouvernementalen Säulen einzubinden. Dieser Pflicht müssen sich die Beitrittskandidaten in aller Konsequenz bewußt sein.

e) Fähigkeit zur Teilnahme am Binnenmarkt

Über diese allgemeinen Beitrittsbedingungen hinaus, hat die Kommission in ihrem Weißbuch über die Beitrittsvoraussetzungen der mittel- und osteuropäischen Staaten[16] ausgeführt, daß die Angleichung der Wirtschaften der Beitrittskandidaten an die Bestimmungen über den europäischen Binnenmarkt eine noch vor dem Beitritt zu erfüllende Aufgabe ist. Unabhängig von der Frage nach der Kompetenz der Kommission zur Formulierung verbindlicher Beitrittsvoraussetzungen, dürfte dies auch der Auffassung der Mitgliedstaaten entsprechen, die die Kommission mit der Erstellung des Weißbuchs beauftragt hatten. Diese Anpassung an den Binnenmarkt, der nur einen, wenn auch wesentlichen Teilbereich der Gesamtregeln des Gemeinschaftsrechts ausmacht und der im wesentlichen die Realisierung der Grundfreiheiten des Waren-, Personen-, Dienstleistungs- und Kapitalverkehrs verlangt, fordert die weitestgehende Übernahme der Rechtsregeln der Gemeinschaft über Produkt- und Produktionsregelungen sowie für die anderen Freiheiten relevanter Rechtsregeln. Hier wird die gewaltige Dimension der Aufgabe besonders deutlich. Dies verlangt nämlich von den Staaten Mittel- und Osteuropas die vollkommene Umkrempelung ihrer bisherigen Rechtsordnungen. Selbst wenn man davon ausgeht, daß diese Anpassung zum Zeitpunkt eines Beitritts vielleicht noch nicht völlig vollendet sein muß, so muß man sich doch vergegenwärtigen, wie weit entfernt die derzeitige Situation noch von einer auch nur als Ausgangsbasis akzeptablen Angleichung ist. Insofern ist an die Europa-Abkommen zu erinnern, die bei den Grundfreiheiten äußerst zurückhaltend sind. Für einige Beitrittskandidaten, insbesondere die Tschechische Republik und Polen, muß dabei klar sein, daß am Ende aller Übergangszeiten auch ein unbeschränktes Aufenthalts- und Niederlassungsrecht sowie der freie Kapitalverkehr aller EG-Staatsangehörigen, also auch von (Sudeten-)Deutschen, mit allen dazu gehörenden Rechten, etwa auf nichtdiskriminierenden Grunderwerb, verwirk-

---

[16] Weißbuch der Kommission Vorbereitung der assoziierten Staaten Mittel- und Osteuropas auf die Integration in den Binnenmarkt der Union vom 3.5.1995, Dok. KOM (95) 163 endg.

licht sein muß. Eine politische Entschärfung dieser Problematik bereits im Vorfeld eines Beitritts wäre fraglos sinnvoll.

Sämtliche dargestellten Beitrittsbedingungen haben letztlich die Aufgabe, die Identität der Gemeinschaften und der Union zu wahren. Sie sollen sicherstellen, daß der Bestand an gemeinsamen Regeln auch von den neu aufzunehmenden Staaten akzeptiert wird und diese sich ihnen unterwerfen. Von daher dürfte es abstrakt gar keinen Gegensatz zwischen Erweiterung und Vertiefung der Gemeinschaften bzw. der Union geben. Faktisch bedeutet allerdings jede Erweiterung, daß das Spektrum der mit zu berücksichtigenden Interessen bei der Entscheidungsfindung größer wird und die Ausgleichsbemühungen komplizierter und schwerfälliger. Wenn der Europäische Rat von Kopenhagen die Erhaltung der „Stoßkraft der europäischen Integration" über die selbstverständlichen Beitrittsbedingungen hinaus zur Voraussetzung der Osterweiterung gemacht hat, dann beruht dies auf der zutreffenden Erkenntnis, daß die bisherigen Beitrittskriterien allein nicht ausreichen, um die Aufnahme der mittel- und osteuropäischen Staaten verkraftbar zu machen. Die Sicherung der Funktionsfähigkeit der Gemeinschaften bzw. der Union durch wichtige innere Reformen ist daher als entscheidendste Beitrittsvoraussetzung anzusehen, die zu erfüllen aber nicht in der Gestaltungsmacht der Beitrittskandidaten liegt.

IV. Die Erweiterungsfähigkeit der EU

1. Institutioneller Reformbedarf

Der Bedarf an institutionellen Reformen hat seine Ursache nicht allein in der grundsätzlich beschlossenen Osterweiterung. Er rührt vielmehr auch schon aus unterlassenen Reformen bei den vergangenen Erweiterungen her. Das rein additive Verfahren der steten Ausweitung der Organbesetzung bei jeder Erweiterung hat schon jetzt zu einer Schwerfälligkeit und vielfachen Ineffizienz geführt, die der Bewältigung der Aufgaben der Gemeinschaften und der Union sehr abträglich sind. Die Fortführung dieser Methode bei der sukzessiven Osterweiterung wäre allerdings das sichere Ende der Handlungsfähigkeit der Organe. Man stelle sich vor: Ein Parlament mit mehr als tausend Abgeordneten, ein immer wieder auf Einstimmigkeit angewiesener Ministerrat mit 25 oder 27 Ministern, eine Kommission mit über dreißig Kommissaren, ein Gerichtshof mit einem Plenum von 25 oder 27 Richtern. Zusätzlich muß eine Ausweitung auf mindestens zwanzig Amtssprachen verkraftet werden. Die Änderung der bisherigen Besetzungsregeln rührt allerdings an tief sitzende

Souveränitätsempfindungen der Mitgliedstaaten. Da sich auch nicht von den Beitrittskandidaten erwarten läßt, daß sie von vornherein eine geringere institutionelle Präsenz als die Altmitglieder akzeptieren, bedarf es einer Revision der Grundregeln. Die entsprechende Diskussion soll knapp nachgezeichnet werden, wobei die Forderung nach einer Reduzierung der vielen unterschiedlichen Gesetzgebungsverfahren nur kurz erwähnt werden soll, ohne sie weiter zu vertiefen.

Hinsichtlich des Rates geht es im wesentlichen um die Forderung nach Durchsetzung des Mehrheitsprinzips - und zwar möglichst in allen drei Unionssäulen - sowie um die Frage der Bestimmung der Mehrheitsbedingungen. Die Forderung nach durchgängiger Realisierung des Mehrheitsprinzips ist einerseits nur zu verständlich in Anbetracht der künftig großen Zahl der Ratsmitglieder. Andererseits können die nationalen Parlamente, wenn ein Rechtsakt auch gegen die Stimme des betreffenden Regierungsvertreters zustandegekommen ist, nicht mehr ihre nationalen Regierungen für ihr Stimmverhalten im Rat zur Rechenschaft ziehen. Wegen des Vorrangs des Gemeinschaftsrechts vor nationalem Recht gilt aber der Rechtsakt - in bestimmten verfassungsrechtlichen Grenzen - in den Mitgliedstaaten in jedem Fall. Das die nationale demokratische Legitimation durch den historischen Zustimmungsakt ergänzende Prinzip der aktuellen mittelbaren demokratischen Legitimation der EG aufgrund der nationalen demokratischen Legitimation der im Rat handelnden Regierungsvertreter hat daher eine strukturelle Grenze. Die umfassende Durchsetzung des Mehrheitsprinzips bei Abstimmungen im Rat der EG würde nämlich diesen wichtigen Legitimationsstrang weitgehend kappen und die Kontrollsubstanz der nationalen Parlamente zunehmend entleeren. Sie stößt daher auf verfassungsrechtliche Bedenken[17]. Den Schwund an demokratischer Legitimation kann auch das Europäische Parlament aufgrund des Fehlens einer Fülle vorrechtlicher Voraussetzungen der Demokratie auf europäischer Ebene - europäische Öffentlichkeit, europäisches Solidaritätsbewußtsein, etc. - nicht kompensieren.

---

[17] Vom BVerfG wurde das Mehrheitsprinzip allerdings zu Recht *grundsätzlich* akzeptiert, die Frage der Grenzen wurde jedoch mit Hinweis auf die Rücksichtnahmeverpflichtung der EG hinsichtlich der Verfassungsprinzipien und elementaren Interessen der Mitgliedstaaten ebenfalls thematisiert, BVerfGE 89, 155 (183 f.); vgl. auch *Huber*, Die parlamentarische Demokratie unter den Bedingungen der europäischen Integration, in: Zur Lage der parlamentarischen Demokratie, 1995, 105 ff. (131).

Da mit Ausnahme Polens nur noch bevölkerungsmäßig kleine Staaten zum Beitritt anstehen, stellt sich auch die Frage nach der Stimmgewichtung bei Abstimmungen im Ministerrat hinsichtlich des Verhältnisses der wenigen großen und der immer zahlreicher werdenden kleinen Staaten im Hinblick auch auf die dahinterstehenden Bevölkerungszahlen[18]. Die großen Staaten, die mit einer bestimmten Haltung u.U. die Mehrheit der Bevölkerung in der EG repräsentieren, wollen sich nämlich verständlicherweise nicht von einer Koalition kleiner Staaten überstimmen lassen. Auch wenn die Wahrscheinlichkeit solcher Koalitionen aufgrund der ganz unterschiedlichen Interessen der kleinen Staaten nicht ganz klar ist, scheint sich hier eine entsprechende Regelung der doppelt qualifizierten Mehrheit herauszubilden, die für eine qualifizierte Mehrheitsentscheidung sowohl die Mehrheit der Staaten als auch die Mehrheit der dahinter stehenden Bevölkerungszahlen verlangt. Im Hinblick auf die begrenzte demokratische Repräsentativität, die das Europäische Parlament vermitteln kann, wäre die Einführung einer entsprechenden Regelung im Rat eine interessante und zu begrüßende Stärkung der Repräsentativität der Völker in der Union.

Die Reform der Komission ist ebenfalls ein dringendes Anliegen, da schon jetzt die hohe Zahl der Kommissare - zwanzig an der Zahl - Probleme der Verteilung annähernd gleichgewichtiger Ressorts mit sich bringt. Die Forderung nach einem Verzicht der großen Staaten auf den ihnen zustehenden zweiten Kommissar ist zwar im Hinblick auf die vertraglich vorausgesetzte Unabhängigkeit der Kommissare legitim und sinnvoll. Sie stößt aber ersichtlich auf Vorbehalte einzelner Staaten und würde auch nicht verhindern können, daß die Gesamtzahl der Kommissare weiter ansteigt. Die Diskussion über rotierende Kommissarsposten, gemeinsame Kommissare etc. ist ersichtlich noch völlig offen.

Auch hinsichtlich des Europäischen Parlaments stellt sich das Problem der personellen Ausweitung. Das Parlament hat selbst vorgeschlagen, seine Größe auf maximal 700 Abgeordnete zu begrenzen. Dies würde einen Verzicht der bisherigen Mitglieder auf ihnen zustehende Sitze verlangen, was zusammen mit dem schon jetzt realisierten Prinzip der absichtlichen Überrepräsentation der kleinen Staaten zu einer weiteren Verringerung des Gewichts der großen Staaten und der von ihnen repräsentierten Bevölkerungen führen würde. Gemessen an dem Grundsatz der Wahlgleichheit wäre dies eine weitere Verschärfung des Mangels der demokratischen Legitimation des Parlaments,

[18] Dazu z. B.: *Poncet*, Wirtschaftsraum oder Weltmacht, FAZ vom 17.9.1994, S. 8.

zumal in den großen Mitgliedstaaten dann ein Abgeordneter mehr als eine Million Wähler repräsentieren müßte. Eine derartige Disproportionalität ist zwar im Rahmen Internationaler Organisationen akzeptabel und üblich, weshalb sie das BVerfG auch vor einiger Zeit erst als derzeit für die EG in verfassungsrechtlicher Hinsicht unproblematisch beurteilt hat[19]. Sollte das Europäische Parlament aber zum wirklichen oder auch nur mit dem Ministerrat gleichberechtigten Träger der Legislativgewalt der Gemeinschaft werden - was die einzige ernst zu nehmende Verbesserung seiner Rechte sein könnte -, so wären solche Verzerrungen der Repräsentativität nicht länger hinnehmbar. Will man die Abgeordnetenzahl aber nicht immer weiter erhöhen, so ließe sich die Repräsentativität allerdings durch eine Stimmgewichtung zumindest annähernd herstellen. Dies würde bedeuten, daß entweder den überrepräsentierten kleinen Staaten nur noch halbe, viertel, achtel oder noch kleinere Stimmanteile pro Abgeordneten zustehen würden, oder, bzw. zusätzlich, daß die unterrepräsentierten großen Staaten zwei, drei oder mehr Stimmen pro Abgeordnetem erhalten müßten. Die politische Realisierbarkeit einer derartigen Stimmgewichtung erscheint allerdings sehr fraglich, wenn man allein an den Streit um die notwendige Erhöhung der Zahl der deutschen Abgeordneten nach der Wiedervereinigung denkt. Die Perspektiven für eine Verbesserung der unmittelbaren demokratischen Legitimation der Hoheitsgewalt der Gemeinschaften sind daher nicht gut, was im Hinblick auf den partiellen Verlust der mittelbaren nationalen demokratischen Legitimation durch umfassende Einführung des Mehrheitsprinzips im Rat erneut zu denken gibt.

Bezüglich des Gerichtshofs ist die personelle Ausweitung fraglos am ehesten zu verkraften. Da der Entlastungseffekt durch die Schaffung des Gerichts erster Instanz offenbar bereits verbraucht ist, kann eine Erhöhung der Richterzahl dem Gericht nur willkommen sein. Anzuraten wäre allerdings die Schaffung von zwei Senaten, nach dem Vorbild des deutschen Bundesverfassungsgerichts[20]. Das bisherige System, demzufolge entgegen dem Wortlaut des Art. 165 Abs. 2, 3 EGV nicht nur ausnahmsweise, sondern regelmäßig in Kammern getagt wird, bedürfte unter dem Gesichtspunkt des gesetzlichen Richters der primärrechtlichen Absicherung.

Hinsichtlich der notwendigen institutionellen Reformen läßt sich jedenfalls festhalten, daß sie empfindliche Grundfragen der Gemeinschaften berühren

---

[19] Kammerbeschluß vom 31.5.1995 - 2 BvR 635/95, NJW 1995, S. 2216.

[20] *Allkemper*, Möglichkeiten einer institutionellen Reform des Europäischen Gerichtshofs, ZRP 1994, S. 301 ff. (305).

und austarierte Kräftegleichgewichte zwischen den Mitgliedstaaten bedrohen. Sollte die Lösung dieser Fragen auf der Regierungskonferenz nicht gelingen, so wäre dies zwar ein schlechtes Zeichen, die Osterweiterung wäre damit aber noch nicht gescheitert. Verfahrensmäßig können nämlich Vertragsänderungen, die durch einen Beitritt erforderlich werden, auch noch als „Anpassungen der Verträge" i.S.d. Art. O Abs. 2 EUV mit dem Beitrittsvertrag vorgenommen werden[21]. Allerdings wäre dies verfahrensmäßig außerordentlich kompliziert. Beinahe noch schwieriger als die institutionellen Änderungen sind jedoch die erforderlichen Modifizierungen einzelner besonders kostenintensiver Politiken der Europäischen Gemeinschaft.

2. Reformbedarf bei einzelnen Politiken

Ein besonderes Hindernis für einen schnellen Beitritt der mittel- und osteuropäischen Staaten zur Europäischen Union ist der Agrarmarkt. Die Agrarpolitik der Gemeinschaft ist immer noch weitgehend von einer Politik der Preisstützung durch Abnahmegarantien für die Landwirte geprägt, auch wenn die Umstellung auf direkte Einkommensbeihilfen weiter vorangetrieben werden soll. Solange dies jedoch noch nicht das prägende Prinzip der EG-Agrarpolitik ist - und diese Umstellung stößt auf den massiven Widerstand der Landwirte -, solange wird zum einen in der EG ohnehin zuviel an Agrarprodukten hergestellt. Zum anderen würde die Einbeziehung allein Polens, der Tschechischen Republik und Ungarns in das bisherige - unveränderte - System praktisch unbezahlbare Kosten verursachen. Das Deutsche Institut für Wirtschaftsforschung (DIW) zitiert insoweit detaillierte Untersuchungen, nach denen mit zusätzlichen Kosten für den Garantiefonds Landwirtschaft von 38 Mrd. ECU jährlich zu rechnen wäre[22]. Dies würde eine Verdoppelung seines bisherigen, für die gesamte derzeitige EG ausreichenden Umfangs bedeuten[23]. Niedrigere Schätzungen beruhen regelmäßig auf der Unterstellung bis zum Ablauf der Übergangsfristen vorgenommener Reformen der Agrarpolitik sowohl in der EG als auch in den Beitrittsstaaten. Diese Annahmen sind allerdings hypothetisch und bei Vergegenwärtigung der bisherigen, politisch äußerst aufreibenden und nur in kleinsten Schritten vollzogenen Agrarreformen

---

[21] *Meng*, in: GTE, Art. 237, Rdnr. 136 ff.

[22] Deutsches Institut für Wirtschaftsforschung, Wochenbericht 4/95, Die Norderweiterung der Europäischen Union, Ende eines Integrationskonzepts, S. 102 ff.

[23] EG-Kommission, Gesamtbericht über die Tätigkeiten der Europäischen Union 1994, 1995, 237: Ausgaben des EAGFL: 36 Mrd. ECU.

wohl nicht sonderlich realitätsnah. Bei einer Politik der direkten Einkommensbeihilfen würden die niedrigen Lebenshaltungskosten in den Staaten Mittel- und Osteuropas diese Kosten allerdings verringern. Da auch dieses Problem sich nur begrenzt in Übergangsbestimmungen regeln läßt, gibt es hier einen zwar sektoriellen, wegen der Bedeutung des Agrarbereichs jedoch außerordentlich wichtigen Zusammenhang von notwendiger Reform innerhalb der EG und möglicher Osterweiterung. Das Thema der Agrarreform steht allerdings nicht auf der Tagesordnung der Konferenz für „Maastricht II", weshalb dieses Problem auch noch schwer auf den Verhandlungen mit den ersten Beitrittskandidaten lasten wird. Vergegenwärtigt man sich den gewaltigen politischen Aufwand bei den bisherigen Versuchen einer Agrarreform und den Zwang, das Problem bis zum Ende der Beitrittsverhandlungen gelöst zu haben, so läßt sich voraussehen, daß dies eine der am schwierigsten zu lösenden Fragen während der Verhandlungen sein wird.

Verschärft wird die Lage im Hinblick auf einen Beitritt noch durch den absehbaren Streit um die zur Unterstützung der schwächeren Mitgliedstaaten bereitstehenden Finanzmittel aus den Regional- und Strukturfonds der Gemeinschaft. Bislang profitieren von den insofern zur Verfügung stehenden Fonds fast ausschließlich die südeuropäischen Staaten Spanien, Portugal und Griechenland, aber auch Irland. Bedenkt man, daß das Bruttoinlandsprodukt - abgesehen von dem Sonderfall Slowenien - in den drei am weitesten fortgeschrittenen Staaten Mittel- und Osteuropas, der Tschechischen Republik, Polen und Ungarn noch immer mindestens ein Drittel unter den durchschnittlichen Werten der zur Zeit ärmsten Mitgliedstaaten der Gemeinschaft liegt[24], so ist klar, daß bei den geltenden Verteilungsschlüsseln die Transferzahlungen mit einem Beitritt dieser mittel- und osteuropäischen Staaten völlig umgelenkt würden. Die derzeitigen Empfängerländer werden aber einen Verlust oder auch nur eine massive Einbuße an Transferzahlungen nicht hinnehmen. Ohne ihre Zustimmung zu einem Beitritt ist dieser aber aufgrund des Einstimmigkeitserfordernisses des Art. O EUV rechtlich nicht möglich. Andererseits können diese Mittel nicht unbegrenzt erhöht werden - allein für Polen, die Tschechische Republik und Ungarn rechnet das DIW mit jährlich mindestens 15 Mrd. ECU. Die entsprechenden Gelder müßten nämlich von den derzeitigen Nettozahlern der Gemeinschaft aufgebracht werden, vor allem also von der Bundesrepublik Deutschland als dem größten unter ihnen. Wegen der Kosten der Wiedervereinigung und des Sparzwangs zur Erfüllung der Kon-

[24] Deutsches Institut für Wirtschaftsforschung, (Anm. 22), S. 103.

vergenzkriterien sind hier die öffentlichen Haushalte allerdings auf lange Sicht hin ausgelastet.

3. Abgestufte Integration als Konsequenz

Selbst bei Durchführung der geschilderten Reformen stellt sich die Frage, ob nicht das ursprüngliche Integrationskonzept zumindest modifiziert werden muß, um die gewaltige Steigerung der politischen und ökonomischen Heterogenität zu bewältigen, ohne die Absicht auf weitere Vertiefungen aufgeben zu müssen? Welche Entwicklungsschritte könnten denn in einer derart erweiterten Europäischen Union noch genommen werden? Wie soll die Union so die dauerhaften weltpolitischen Herausforderungen meistern? Die Antwort kann nur lauten: Effizienzsteigerung durch Differenzierung. Gemeint ist damit die Notwendigkeit von Konzepten abgestufter Integration. Wenn der Supranationalismus wegen seines kaum behebbaren Demokratiedefizits unumgängliche Entwicklungsschranken im Hinblick auf eine echte politische Union hat und der Intergouvernementalismus entweder des Mehrheitsprinzips bedarf - was in zentralen Bereichen nicht möglich sein wird - oder aber bei Teilnahme aller funktionsunfähig wird, dann bedarf es unterschiedlicher Teilnehmerkreise. Entsprechende Konzepte eines Kerneuropas oder eines Europas verschiedener Geschwindigkeiten bzw. eines Europas "à géométrie variable" werden schon seit langem diskutiert[25] und auch die Kommission sieht hierin die einzige Möglichkeit zur Bewältigung der anstehenden Probleme[26]. Ausgerechnet die Wirtschafts- und Währungsunion, das Herzstück der anstehenden Vertiefung, ist exakt Ausdruck dieser Ansätze. Teilnehmen sollen an der Einführung des Euro nämlich nur die Staaten, die spätestens am 1. Juli 1998 die Konvergenzkriterien erfüllen[27]. Die anderen bleiben dagegen außen vor und werden erst dann einbezogen, wenn sie auch diesen Anforderungen genügen. Damit ist auch für die supranational geregelten Integrationsbereiche die Frage nach differenzierten Teilnehmerkreisen grundsätzlich hoffähig geworden. Die Beziehungen zwischen den Teilnehmern verschiedener Integrationsstufen bedürfen jedoch sowohl institutionell als auch materiell-rechtlich der Vermittlung. Dies

---

[25] Vgl. insbesondere *Grabitz* (Hrsg.), Abgestufte Integration, Kehl 1984; *Langeheine*, Abgestufte Integration, EuR 1983, S. 227 ff.; vgl. dazu auch das Papier der CDU/CSU-Fraktion des BT vom September 1994, FAZ vom 8.9.1994, S. 7.

[26] Stellungnahme der Kommission zur Regierungskonferenz 1996 Stärkung der Politischen Union und Vorbereitung der Erweiterung, 1996, S. 21 f.

[27] Zur Zeit erfüllt bei strikter Auslegung allerdings nur Luxemburg alle Kriterien.

bedeutet allerdings eher eine Komplizierung der Verfahren als eine - wie bislang zumeist gefordert wird - Vereinfachung derselben. In den intergouvernementalen Bereichen der GASP und der ZBJI wird das Modell der differenzierten Teilnehmerkreise ohnehin schon seit langem praktiziert, wie insbesondere die keineswegs für alle Unionsstaaten geltenden Schengener Abkommen zeigen[28]. Auch im Bereich der Außen- und vor allem der Sicherheitspolitik gibt es entsprechende Ansätze, etwa das Eurokorps oder auch die Westeuropäische Union.

Entscheidend dafür, daß ein Europa der verschiedenen Teilnehmerkreise nicht in die Beliebigkeit eines Europa à la carte ausartet, ist zweierlei: Zunächst bedarf es der Definition eines Kernbereichs der Integration, an dem alle Staaten teilnehmen müssen, die Mitglieder der Union sein wollen. Dies muß das Binnenmarktkonzept mit der Gewährleistung des freien Warenverkehrs, der Personenverkehrsfreiheiten sowie der Dienstleistungs- und Kapitalverkehrsfreiheiten sein. Auch die begleitende Rechtsangleichung und das gemeinschaftliche Wettbewerbsrecht - inklusive wettbewerbsrelevanter Umweltschutzvorschriften - gehören dazu. Ebenfalls zu diesem Kernbereich wird man die gemeinsame Agrarpolitik und die gemeinsame Außenhandelspolitik rechnen müssen. Als zweites muß sichergestellt sein, daß Europa nicht in zwei Blöcke, einen Süd-West-Block und einen Nord-Ost-Block, zerfällt. Entscheidend dafür ist, daß Deutschland und Frankreich, die gleichzeitig Motor der europäischen Einigung und "Führungsmächte" der potentiellen Blöcke sind, gemeinsam an allen wesentlichen Maßnahmen beteiligt sind[29]. Deshalb ist auch eine zeitliche Verschiebung der Währungsunion einem Beginn ohne Frankreich oder Deutschland vorzuziehen. Ansonsten mögen die Teilnehmerkreise je nach Regelungsgegenstand verschieden sein.

Das Kerneuropa-Konzept ist mithin der einzige Weg hin zu einer sich verstärkenden und gleichzeitig sich ausweitenden Europäischen Politischen Union. Auch die Währungsunion, zu deren Absicherung die Politische Union ja wesentlich benötigt wird, muß bei der Teilnehmerbestimmung streng selektiv die Eignung feststellen, wenn sie funktionieren soll. Weshalb sollte dies bei der Herstellung einer Politischen Union anders sein? Das Grundgesetz der Kerneuropa-Idee ist aber, daß alle Staaten, die dies wollen und können, sich an den Maßnahmen beteiligen und sich auch später noch dem Kern anschlie-

---

[28] Dazu ausführlich *Achermann/Bieber/Epiney/Wehner*, Schengen und die Folgen, 1995.

[29] So u. a. auch *Poncet*, (Anm. 18).

ßen können. Gelungene Lösungen einer Kerngruppe werden auch eine Sogwirkung entfalten, dies haben die Einführung des Europäischen Währungssystems im Jahre 1979 und die Schengener Abkommen bereits gezeigt. Eine entsprechende „Flexibilisierungsklausel" ist ersichtlich gerade Gegenstand der Verhandlungen auf der Regierungskonferenz.

V. Schluß

Der angesichts der geschilderten Probleme vermutlich nicht schon direkt zur Jahrtausendwende anstehende Beginn der Osterweiterung der Europäischen Union bedeutet in seiner Vorbereitung sowohl für die Europäische Union und ihre Mitgliedstaaten als auch für die mittel- und osteuropäischen Staaten ein hartes Stück Arbeit. Die Teilnahme dieser Staaten wird aber die Union genauso bereichern wie die bisherigen Erweiterungen. Das Konzept einer abgestuften Integration wird für sie den Beitritt wohl vereinfachen, da es ihnen ab der Erfüllung bestimmter Mindeststandards die Teilnahme erlauben wird, ohne daß sie schon an allen Ausdifferenzierungen beteiligt sein müssen. Das Konzept eines Kerneuropas, das für die Ausweitung seiner Mitglieder offen ist, stellt dabei keine Gefährdung des bislang Erreichten dar, sondern es ist die einzige echte Chance für Fortentwicklungen in einer zunehmend ganz Europa erfassenden Union.

Diskussion

Geiger eröffnete die Abschlußdiskussion mit der an *Mádl* und *Banaszak* gerichteten Frage, wie diese sich als Vertreter der Beitrittskandidaten Mittel- und Osteuropas die Gestaltung einer gemeinsamen Agrarpolitik in einer erweiterten Europäischen Union vorstellten.

Mádl betonte das Ausmaß der bestehenden Inkongruenz des ungarischen Agrarmarktes mit dem der Europäischen Union. Bei einem Beitritt Ungarns zum jetzigen Zeitpunkt hätten die ungarischen Landwirte große Nachteile zu befürchten. Ein sofortiger Beitritt Ungarns zur Europäischen Union stehe jedoch nicht an, so daß die verbleibende Zeit dazu genutzt werden müsse, durch Reformen eine Angleichung der Agrarmärkte zu erreichen. Dabei sei ein dringendes Reformbedürfnis auf beiden Seiten gleichermaßen zu verzeichnen. Die dann zum Zeitpunkt des tatsächlichen Beitritts Ungarns noch bestehenden Divergenzen seien durch Übergangsregelungen abzufangen, wie dies bei früheren Erweiterungen der Europäischen Union bereits praktiziert worden sei.

Banaszak schloß sich *Mádl* dahingehend an, daß auch in Polen die Strukturreform im Agrarsektor eine der dringendsten Aufgaben darstelle. Nach seinem Kenntnisstand seien jedoch - sofern man der Statistik trauen dürfe - bereits ein Drittel der polnischen Bauern soweit auf einen Beitritt Polens zur Europäischen Union vorbereitet, daß sie den damit verbundenen Anforderungen gewachsen seien. Eine gewisse Enttäuschung mache sich jedoch in Polen insoweit breit, als man feststellen müsse, daß gerade in dem Agrarsektor, in dem das Land wettbewerbsfähig sei, seitens der Europäischen Union Handelsbeschränkungen auferlegt würden. Dies passe nicht in das Bild, das in Polen über die freie Marktwirtschaft, die man ja anstrebe, herrsche. So blockiere die Europäische Union den polnischen Agrarhandel, verlange aber auf der anderen Seite in den für sie interessanten Bereichen eine Abschaffung der Handelsbarrieren durch Polen. Die polnische Regierung stehe aber gerade hinsichtlich der Agrarfrage innenpolitisch unter großem Druck, da der Anteil der von der Landwirtschaft abhängigen Bevölkerung 40% ausmache und eine der großen konservativen Parteien eine Bauernpartei sei. Die Skepsis unter diesem Teil der polnischen Bevölkerung hinsichtlich eines Beitritts des Landes zur Europäischen Union wachse. Eine Wende dieses Trends sei aber solange nicht zu erwarten, wie beispielsweise polnische Lastwagen auf französischen Straßen blockiert würden oder landwirtschaftliche Produkte aus Polen in den Medien der heutigen Mitgliedstaaten der Union zu Unrecht angegriffen würden.

Lambers schloß sich den von *Pechstein* geäußerten Zweifeln an, ob es überhaupt möglich sei, die Agrarpolitik der Europäischen Union zu reformieren. Er wolle jedoch auch daran erinnern, daß konkrete rechtliche Vorgaben die Europäische Union zwängen, Reformen durchzuführen. Denn die Ergebnisse der Uruguay-Runde im Rahmen des GATT legten der Union die Verpflichtung zu einer umfassenden Reform der Außenagrarpolitik auf, was nicht ohne Auswirkungen auf die interne Agrarpolitik bleiben könne. Als solche Auswirkungen auf die interne Agrarpolitik sei die Senkung der Vorratshaltung und der Ausfuhrförderung zu erwarten. Vor allem letztere könne nur durch eine interne Reform des Systems der Agrarbeihilfen erreicht werden. Es werde also deutlich, daß die Europäische Union sich schon aus solchen Gründen einer Agrarreform zu unterziehen habe, die in keinem unmittelbaren Zusammenhang zu der Erweiterung der Union stünden. Eine solche Reform erleichtere aber eine Erweiterung in wesentlichen Fragen. Hinsichtlich der Übernahme des acquis communautaire durch die Beitrittsstaaten merkte *Lambers* an, daß dieser nicht in dem Sinne starr sei, daß er zu keinem Zeitpunkt Änderungen unterliegen könne. Denkbar seien vielmehr Modifikationen vor einem Beitritt oder zum Zeitpunkt des Beitrittes der Staaten Mittel- und Osteuropas, um den Erfordernissen der erweiterten Union und der Situation in den Beitrittsstaaten gerecht zu werden. Schließlich lenkte *Lambers* die Diskussion auf den sogenannten historischen Kompromiß zwischen Deutschland und Frankreich von 1964, der den gegenseitigen Austausch von Agrarprodukten ermöglichte und für diese einen gemeinsamen Preis auf einem Niveau festsetzte, das genau zwischen den sehr hohen deutschen und den relativ niedrigen französischen Agrarpreisen angesiedelt war. Diese Einigung habe die Agrarpolitik der Gemeinschaft zu dem gemacht, was sie heute sei. Denn aufgrund der Tatsache, daß die sehr effiziente französische Agrarwirtschaft höhere Preise erzielte, als dies bis dahin auf dem eigenen französischen Markt der Fall war, konnte sie auch für die Einlagerung und die Ausfuhr produzieren. Bei aller heutzutage angebrachen Kritik an der Agrarpolitik der Europäischen Union dürfe nicht vergessen werden, daß diese Politik einst nur aufgrund deutscher Mitwirkung entwickelt worden sei und damals auch vordergründig deutschen Interessen gedient habe. Es sei den deutschen Bauern nämlich damals erspart worden, mit den Preisen so weit nach unten zu gehen, wie dies die französische Konkurrenz sonst erforderlich gemacht hätte. Inwieweit sich die Deutschen beim Schluß des sogenannten historischen Kompromisses getäuscht hätten, stünde jedoch auf einem anderen Blatt, worüber hier und jetzt nicht zu richten sei.

Dem von *Lambers* geäußerten Gedanken, daß die aus der Uruguay-Runde resultierenden Verpflichtungen der Europäischen Union auch interne Agrarreformen erforderten, schloß sich *Pechstein* nicht an. Diese Verpflichtungen beträfen ausschließlich den Außenbereich der Union und trügen aus seiner Sicht wenig zu der notwendigen Agrarreform bei. Diese Reform bleibe allen Verpflichtungen im Außensektor zum Trotz vor allem deshalb problematisch, weil für die Bauern das System der direkten Einkommensbeihilfen, das das System der produktbezogenen Beihilfen ablösen solle, nicht akzeptabel sei. Hinter der Ablehnung einer umfassenden Agrarreform durch die Bauernverbände stecke deren Sorge, daß ein System direkter Einkommensbeihilfen, das sozusagen einen ganzen Berufsstand für das Nichtstun bezahle, gesamtgesellschaftlich auf längere Sicht nicht tragfähig sei. Eine Bauernschaft, die bestenfalls noch als Landschaftspfleger tätig sei, schaffe sich nämlich selbst ab. Direkte Einkommensbeihilfen, die einer Art Sondersozialhilfe gleichkämen, könnten auch auf Dauer nicht durchgehalten werden, weil ihre Notwendigkeit von anderen Berufsgruppen früher oder später nicht mehr eingesehen werde. Im Hinblick auf den von *Lambers* angesprochenen historischen Kompromiß von 1964 äußerte *Pechstein* die Ansicht, daß dieser vor allem den französischen Interessen gedient habe. Frankreich, das heute unbestritten ein Hochtechnologieland darstelle, sei nämlich in den Gründungszeiten der Gemeinschaften in viel höherem Maße ein Agrarland gewesen als Deutschland. Ausschlaggebender Faktor für die Errichtung einer Agrarpolitik, wie man sie heute in der Europäischen Union kenne, seien die Bemühungen Frankreichs gewesen, seine Agrarwirtschaft zu erhalten, und nicht die Intention Deutschlands, einen Sturz der heimischen Agrarpreise abzuwehren. In Bezug auf die von *Mädl* im Rahmen seines Referates durchgeführte Gegenrechnung der Kosten und der Einnahmen im Falle einer Osterweiterung der Europäischen Union differenzierte *Pechstein* streng zwischen den gesamtvolkswirtschaftlichen Vorteilen und der Bilanz der EG-Kasse. Die Rechnung sei für die EG-Kasse selber insoweit zu relativieren, als nur wenige zusätzliche Einnahmen aus dem gemeinsamen Zolltarif zu erwarten seien. Denn es handele sich im wesentlichen nur um eine Verschiebung der Zollgrenzen. Eine wirklich gegenrechnungsfähige Position stelle seiner Ansicht nach nur die zu erwartende Mehreinnahme der Europäischen Union aus den Abgaben der Beitrittsstaaten dar, die aus der zu erhebenden Mehrwertsteuer resultierten. Wenn man ihn danach frage, ob eine Erweiterung der Europäischen Union seiner Ansicht nach mehr Kosten oder mehr Einnahmen für die Union mit sich bringe, so schließe er für die EG-Kasse selber eine positive Bilanz aus. Schon allein die erhöhten Verwaltungskosten fielen so gravierend ins Gewicht, daß auch eine

Nullsumme nicht zu erwarten sei. Dies gelte insbesondere angesichts der immensen Kosten, die die Erhöhung der Zahl der Amtssprachen nach sich ziehe, wenn man beispielsweise an den erforderlichen Übersetzungsaufwand denke.

Mädl stimmte den Einwänden *Pechsteins* insoweit zu, als bei der Bilanzierung der Kosten und Gewinne im Falle der Erweiterung der Europäischen Union um die Staaten Mittel- und Osteuropas zu unterscheiden sei, welche Gelder die EG-Kasse beträfen und welche Summen sich in der Volkswirtschaft niederschlügen. Ihm gehe es um letzteres, nämlich um die Anerkennung der volkswirtschaftlichen Vorteile einer Erweiterung auch für die heutigen Mitgliedsstaaten, wenngleich sich diese finanziellen Vorteile eher mittelbar bemerkbar machten.

Gärtner richtete die Frage an *Pechstein*, in welchem zeitlichen Rahmen Übergangsfristen bei der Aufnahme der Beitrittskandidaten Osteuropas europarechtlich überhaupt zulässig seien. Diese Frage stelle er vor dem Hintergrund, daß - wolle man die Erweiterung der Europäischen Union um die Staaten Mittel- und Osteuopas nicht bis auf unabsehbare Zeit verschieben - höchstwahrscheinlich mit sehr langen Übergangsfristen zu rechnen sei. Dies gelte nicht nur für den eben angesprochenen Agrarbereich, sondern auch für die Arbeitnehmerfreizügigkeit, bei deren Herstellung mit heftigem Widerstand insbesondere von deutscher und österreichischer Seite zu rechnen sei. Die europarechtliche Zulässigkeit solcher langwierigen Übergangsfristen müsse doch fraglich sein, da dies sonst auf eine dauerhafte Diskriminierung von Vollmitgliedern hinausliefe.

Auf die Frage *Gärtners* benannte *Pechstein* als maximal zulässigen Übergangszeitraum eine Frist von 15 Jahren, wie sie zum Teil in den Fällen des Beitrittes von Spanien und Portugal vereinbart worden sei. In Zusammenhang mit den Übergangsfristen stellten sich aber noch weitere Probleme. So fehle eine Regelung hinsichtlich der Frage, in welchem Umfang und für welche Materien Übergangsregelungen vereinbart werden könnten. Einer solchen Regelung bedürfe es aber, da die Vereinbarung von Übergangsfristen bislang nur dazu gedient habe, Beitrittskandidaten von Pflichten, die die Mitgliedschaft mit sich zöge, zu entlasten. Hingegen könnten die aus der Mitgliedschaft resultierenden Rechte, wie zum Beispiel das Stimmrecht im Rat, vorbehaltslos ausgeübt werden, ohne im Wege von Übergangslösungen eine Einschränkung zu erfahren. Hier sei das sich aus Rechten und Pflichten zusammensetzende Gleichgewicht einer Mitgliedschaft in der Europäischen Union in Gefahr. Man müsse sich fragen, in welchem Umfange eine Störung dieses Gleichgewichtes durch Übergangsregelungen zulässig sei und wie in den einzelnen Bereichen einer übermäßigen Ungleichgewichtung von Rechten und Pflichten begegnet werden könne.

Gärtner wies darauf hin, daß es ihm bei seiner Frage gerade auch um Übergangsregelungen gegangen sei, die die Rechte der Beitrittsstaaten beträfen. Im Bereich der Arbeitnehmerfreizügigkeit oder im Bereich der graduellen Anpassung der Landwirtschaften und den damit verbundenen Transferzahlungen sei doch eine ganze Reihe von Übergangsregelungen zu erwarten, die die Rechte der Beitrittskandidaten, die ihnen aus ihrer Mitgliedschaft erwüchsen, suspendierten.

Pechstein erwiderte auf diese Zwischenbemerkung, daß diese Fälle aus seiner Sicht Ausnahmen darstellten. Ansonsten werde bei der Gestaltung der Übergangsregelungen regelmäßig auf sensible volkswirtschaftliche Bereiche der Beitrittsländer Rücksicht genommen. Solche Vereinbarungen zugunsten der Beitrittsstaaten machten den deutlich überwiegenden Teil der Übergangsfristen aus.

Szmyt stellte unter Bezugnahme auf das Referat *Pechsteins* zur allgemeinen Diskussion, auf welche Weise der Beitritt der Staaten Mittel- und Osteuropas zur Europäischen Union in staatsrechtlicher Hinsicht zu erfolgen habe. Genüge hierzu ein klassischer völkerrechtlicher Vertrag, mittels dessen Ratifikation die Eingliederung des Europarechts in die nationalen Rechtsordnungen der Beitrittskandidaten erfolge, oder bedürfe es einer besonderen Problemlösung, wie diese beispielsweise in den Fällen Spaniens, Dänemarks oder Österreichs getroffen worden sei

Zu der von *Szmyt* aufgeworfenen Frage nach der juristischen Ausgestaltung eines Beitrittes zur Europäischen Union verwies *Pechstein* zunächst auf die Regelung des Art. O Abs. 2 des Vertrages über die Europäische Union. Dieser besage, daß ein Beitrittsabkommen der Ratifikation durch alle Vertragsstaaten gemäß deren verfassungsrechlichen Vorschriften bedürfe. Die Vorschrift stelle damit klar, daß ein Beitritt zur Europäischen Union im Wege eines klassischen völkerrechtlichen Vertrages erfolge. In welcher verfassungsinternen Form die Sicherstellung des Vorranges des Gemeinschaftsrechtes durch die Beitrittskandidaten bzw. durch überhaupt alle Mitgliedsstaaten bewirkt werde, lasse der Vertrag offen. Die juristische Gestaltung der Öffnung der nationalen Rechtsordnung gegenüber dem Gemeinschaftsrecht bleibe den einzelnen Mitgliedsstaaten überlassen. Dabei komme man um eine sogenannte Öffnungsklausel wohl nicht herum. Die Anforderungen des Gemeinschaftsrechts richteten sich nur auf den materiellen Gehalt der Öffnungsklausel, nämlich die Sicherstellung des Vorrangs des Gemeinschaftsrechts, nicht aber auf deren formelle Gestalt. In diesem Zusammenhang sprach *Pechstein* auch das Problem möglicher Kollisionen zwischen dem Gemeinschaftsrecht und den nationalen Rechtsordnungen an, wie es in Deutschland zur Zeit in Zusammenhang mit den Klagen gegen die Bananenmarktordnung schwele. Dieses Problem hänge zwar wie ein Damoklesschwert über dem Vorrang des Gemeinschaftsrechts, dürfe aber seiner Ansicht nach auch nicht überbewertet werden, da es meistens nur einzelne Regelungen betreffe. Solche partiellen Kollisionen zu einer Krise der Europäische Integration hochzustilisieren, halte er für verfehlt. Es handele sich dabei um eine dogmatische Diskussion, die nicht umgangen werden könne.

In Anknüpfung an die Worte des Referenten *Mádl* unterstrich *Tettinger* die Bedeutung der moralischen Herausforderung, die sich mit der Erweiterung der Europäischen Union um die Staaten Mittel- und Osteuropas verbinde. Dies werde am Beispiel der Initiative der französischen Regierung deutlich, die Definition eines „Europe sociale" zu entwerfen. So habe man dieses „Europe sociale" auf ein europäisches Menschenbild, geprägt von Freiheitsrechten und solidarischem Zusammenhalt, gestützt. Ein solches europäisches Menschenbild müsse aber auf den historischen Grundlagen auch in geographischer Hinsicht formuliert werden, um ein „Europe sociale" denkbar zu machen. Es sei beispielsweise dringend notwendig, die baltischen Staaten in das europäische Konzept miteinzubeziehen. Wer einmal an der Newa gestanden und die sich dort gegenüberstehenden Burgen gesehen habe - auf der einen Seite die des schwedischen Königs, auf der anderen die des Zaren - der wisse jedenfalls, daß die Völker diesseits der Newa zu Europa gehörten. Diese Bemerkung richte sich nicht gegen Rußland, sondern solle deutlich machen, daß ein europäisches Menschenbild unter Ausschluß der Staaten Mittel- und Osteuropas nicht vollständig zu formulieren sei. Das Erfordernis eines gemeineuropäischen Menschenbildes bestehe darüber hinaus auch angesichts der Herausforderung eines Islams, der sich teilweise durch sehr aggressive Züge auszeichne. Diese von ihm genannten nichtwirtschaftlichen Aspekte dürften bei der Diskussion der Osterweiterung der Europäischen Union nicht übersehen werden.

Banaszak stimmte den Ausführungen *Tettingers* zu und bezeichnete die Europäische Union als Chance für den ganzen Kontinent, endlich eine Form friedlichen Zusammenlebens zu finden. Polen habe lange Zeit - vor allem während der österreichischen Monarchie - als Bastion gegen Angriffe aus dem Osten gedient. Nicht zuletzt der Zerfall dieser Konstellation habe zwei Weltkriege möglich gemacht, durch die die Spaltung Europas bewirkt worden sei. Die Folgen dieser Spaltung ließen sich vor allem dadurch heilen, daß den

Staaten Mittel- und Osteuropas die Mitgliedschaft in der Europäischen Union ermöglicht werde.

Zu der moralischen Herausforderung, die in der Osterweiterung der Europäischen Union liege, merkte *Pechstein* an, daß trotz der Existenz dieser Herausforderung nicht jedes wirtschaftliche Interesse von vornherein unmoralisch genannt werden könne. Wirtschaftliche Interessen seien vielmehr die Folge der Inanspruchnahme von Freiheit, die als solche selbst ein moralisches Postulat darstelle. Unabhängig von allen moralischen Bewertungen dürften deshalb die wirtschaftlichen Interessen nicht ignoriert werden, sondern seien als Tatsache anzuerkennen. Er sei davon überzeugt, daß der Beitritt der Staaten Mittel- und Osteuropas die Union bereichern werde und eine historische Notwendigkeit darstelle. In dieser Erweiterung liege die größte Aufgabe, die bislang von der europäischen Integration habe bewältigt werden müssen. Trotzdem müsse er die Mahnung aussprechen, daß mit Illusionen und Wunschträumen keiner Seite ein Gefallen getan werde. Deswegen dürfe es auch nicht darum gehen, für die Erweiterung um jeden Preis einen Termin zum Jahrtausendwechsel einzuhalten. Ein solches Verhalten könne eine Vielzahl von Problemen schaffen, die sich möglicherweise vermeiden ließen, wenn man sich für die Beitritte einige Jahre mehr an Zeit nehme.

Stern bat um Verständnis dafür, daß ihm nicht die Aufgabe zufallen könne, im Rahmen des Schlußwortes ein umfassendes Resumee der Referate und Diskussionsbeiträge zu ziehen. Er habe jedoch den Eindruck gewonnen, daß ein Grundgedanke alle Beiträge wie eine rote Linie durchziehe. Dieser Gedanke bestehe darin, daß es zu er Erweiterung der Europäischen Union um die Staaten Mittel- und Osteuropas keine Alternative gebe. Die Nichterweiterung führe nur zu einem Europa der Trennung, indem sie den durch die Spaltung des kalten Krieges bewirkten Zustand festschreibe. So schwierig die sich stellenden Aufgaben auch zu meistern seien- und diese Schwierigkeit treffe die heutigen Mitgliedsstaaten wie die Beitrittkandidaten gleichermaßen - bestehe doch die Möglichkeit, die sich stellenden Probleme zu bewältigen. Die dabei erforderlichen Kräfte könnten gerade durch die gegen Schluß der Diskussion angesprochenen Gemeinsamkeiten eine Stärkung erfahren, nämlich dem gemeinsamen europäischen Erbe, gegründet auf gemeinsame Traditionen und ein gemeinsames europäisches Menschenbild.

Teilnehmerverzeichnis

BANASZAK, BOGUSLAW, Professor Dr., Universität Wroclaw (Breslau)

BAUR, JÜRGEN F., Professor Dr., Institut für Europarecht, Universität zu Köln, Direktor des Rechtszentrums für europäische und internationale Zusammenarbeit (R.I.Z.), Köln

BAUSCH, CAMILLA, Rechtszentrum für europäische und internationale Zusammenarbeit (R.I.Z.), Köln

BLANKE, HERMANN-JOSEF, Dr., Wissenschaftlicher Assistent, Institut für öffentliches Recht und Verwaltungslehre, Universität zu Köln

BRUNNER, GEORG, Professor Dr., Institut für Ostrecht, Universität zu Köln

BURMEISTER, JOACHIM, Professor Dr., Lehrstuhl für Staats- und Verwaltungsrecht, Universität zu Köln

CZESZEJKO-SOCHACKI, ZDZISLAW, Professor Dr., Mitglied des Polnischen Verfassungsgerichtshofes

DIETLEIN, MAX, Professor Dr., Präsident des Verfassungsgerichtshofes und des Oberverwaltungsgerichts für das Land Nordrhein-Westfalen a.D.

DIETLEIN, JOHANNES, Dr., Akademischer Rat, Institut für öffentliches Recht und Verwaltungslehre, Universität zu Köln

DZIALOCHA, KAZIMIERZ, Senator Professor Dr., Institut für Rechts-wissenschaft Abteilung Recht und Verwaltung der Universität Wroclaw (Breslau), Mitglied des Polnischen Verfassungsgerichtshofes a.D.

FINKE, KATJA, Wissenschaftliche Assistentin, Rechtszentrum für europäische und internationale Zusammenarbeit (R.I.Z.), Köln

FREITAG, ULRICH, Rechtszentrum für europäische und internationale Zusammenarbeit (R.I.Z.), Köln

GARLICKI, LESZEK, Professor Dr., Universität Warschau, Richter am Polnischen Verfassungsgerichtshof

GÄRTNER, WOLFRAM, Dr., Wissenschaftlicher Assistent, Rechtszentrum für europäische und internationale Zusammenarbeit (R.I.Z.), Köln

GEIGER, RUDOLF, Professor Dr., Lehrstuhl für öffentliches Recht, Völkerrecht und Europarecht, Universität Leipzig

GORALSKI, WITOLD, Professor Dr., Warschau

GRUBE, MARKUS, Rechtszentrum für europäische und internationale Zusammenarbeit (R.I.Z.), Köln

HALMAI, GABOR, Professor Dr., Universität Budapest und Györ, Akademischer Rat am Ungarischen Verfassungsgerichtshof

HENSSLER, MARTIN, Professor Dr., Institut für Anwaltsrecht, Universität zu Köln

HIRSCH, HANS-JOACHIM, Professor em. Dr. Dr. h.c. mult., Universität zu Köln

HOFMANN, RAINER, Professor Dr. Dr., Institut für Völkerrecht und ausländisches Öffentliches Recht, Universität zu Köln

HORN, NORBERT, Professor Dr., Institut für Bankrecht, Universität zu Köln, geschäftsführender Direktor des Rechtszentrums für europäische und internationale Zusammenarbeit (R.I.Z.), Köln

HOSKOVÁ, MAUHULENA, Dr., z.Z. Max-Planck-Institut für ausländisches öffentliches Recht und Völkerrecht, Heidelberg

HOYER, WERNER, Dr., Staatsminister im Auswärtigen Amt, Beauftragter der Bundesregierung für die Regierungskonferenz 1996

KLAAS, REINER, Dr., Wissenschaftlicher Assistent, Institut für öffentliches Recht und Verwaltungslehre, Universität zu Köln

KLINGMÜLLER, ERNST, Professor em. Dr., Universität zu Köln

KOBAYASHI, HIROAKI, Professor Dr., Nihon-Universität, Tokio

KRISTAN, IVAN, Professor Dr., Staatsratsvorsitzender, Ljubljana

KRÜGER, HARTMUT, Professor Dr., Institut für Deutsches und Europäisches Wissenschaftsrecht, Universität zu Köln

KUSCHNICK, MICHAEL, Wissenschaftlicher Assistent, Rechtszentrum für europäische und internationale Zusammenarbeit (R.I.Z.), Köln

LAMBERS, HANS-JÜRGEN, Dr., Generaldirektor e.h., Juristischer Dienst des Rates der Europäischen Gemeinschaften

LIS, MACIEJ, Dr., LL.D., Vizepräsident International Economic Law Office, Wroclaw (Breslau)

LÜDERITZ, ALEXANDER, Professor Dr., Institut für internationales und ausländisches Privatrecht, Universität zu Köln

LUIG, KLAUS, Professor Dr., Institut für Neuere Privatrechtsgeschichte, Universität zu Köln

MÁDL, FERENC, Professor Dr., Minister a.D. Staats- und Rechtswissenschaftliche Fakultät, Universität Budapest

MEINCKE, JENS-PETER, Professor Dr., Dekan der Universität zu Köln, Lehrstuhl für Bürgerliches Recht, Römisches Recht und Steuerrecht

V. MIRBACH, SOPHIE CHARLOTTE, Rechtszentrum für europäische und internationale Zusammenarbeit (R.I.Z.), Köln

MOERSCH, WOLFRAM, Wissenschaftlicher Assistent, Rechtszentrum für europäische und internationale Zusammenarbeit (R.I.Z.), Köln

MÜLLER-GRAFF, PETER CHRISTIAN, Professor Dr., Institut für deutsches und europäisches Gesellschafts- und Wirtschaftsrecht, Universität Heidelberg

NOWACKI, KONRAD, Priv.-Doz. Dr., Institut für Verwaltungswissenschaften, Fakultät Recht und Verwaltung, Universität Wroclaw (Breslau)

PECHSTEIN, MATTHIAS, Professor Dr., Jean-Monnet-Lehrstuhl für Öffentliches Recht mit Schwerpunkt Europarecht, Europa-Universität Viadrina, Frankfurt / Oder

PLEYER, KLEMENS, Professor em. Dr., Universität zu Köln

RODIN, SINIŠA, Dr., LL.M., z.Z. Max-Planck-Institut für ausländisches öffentliches Recht und Völkerrecht, Heidelberg

SACHS, MICHAEL, Professor Dr., Lehrstuhl für Staats- und Verwaltungsrecht, Heinrich-Heine-Universität Düsseldorf

SCHMALENBACH, KIRSTEN, Dr., Institut für Völkerrecht und ausländisches öffentliches Recht, Universität zu Köln

SCHMITT-KAMMLER, ARNULF, Professor Dr., Lehrstuhl für Staats- und Verwaltungsrecht, Universität zu Köln

SCHULZ, BURKHARD, Rechtsanwalt, Verlag C.H. Beck, München

SCHWOLOW, ULF, Wissenschaftlicher Assistent, Rechtszentrum für europäische und internationale Zusammenarbeit (R.I.Z.), Köln

SOLYOM, LAZLO, Professor Dr., Präsident des Ungarischen Verfassungsgerichtshofes

STERN, HELGA, Dr., Rechtsanwältin, Köln

STERN, KLAUS, Professor Dr. Dres. h.c., Institut für öffentliches Recht und Verwaltungslehre, Universität zu Köln, Direktor des Rechtszentrums für europäische und internationale Zusammenarbeit (R.I.Z.), Köln

SZMYT, ANDRZEJ, Dr., Professor an der Universität Danzig, Dekan der Fakultät für Recht und Verwaltung

TETTINGER, PETER J., Professor Dr., Lehrstuhl für Öffentliches Recht, Universität Bochum

THEISEN, OTTO, Dr., Staatsminister a.D., Präsident der Gesellschaft für Rechtspolitik, Trier

WYRZYKOWSKI, MIROSLAW, Professor Dr., Abteilung Recht und Verwaltung, Universität Warschau

Bibliographie

ALTMANN, FRANZ-LOTHAR/OCHMANN, CORNELIUS, Mittel- und Osteuropa auf dem Weg in die EU, in: Europäische Rundschau 1995, S. 41 ff.

BAHRO, HORST, Zur Verbreitung einer Regierungsform zwischen Parlamentarismus und Präsidentialismus, in: Osteuropa-Recht, 1997, S. 2 ff.

BALDWIN, RICHARD E., Osterweiterung der Europäischen Union, in: Internationale Politik 1995, S. 27 ff.

BANASZAK, BOGUSLAW M., Die Grundrechte in Polen 1989-1995, in: Monatshefte für osteuropäisches Recht 1996 , S. 43 ff.

BARCZ, JAN, Das Verhältnis zwischen Völkerrecht und innerstaatlichem Recht in Polen nach der politischen Wende, in: Zeitschrift für öffentliches Recht 1997, S. 91 ff.

BARTOVCAK, ZDRAVKO, L'effecacité du recours constitutionel pour assurer la protection des droits de l'homme en République de Croatie, in: La protection des droits fondamentaux par la Cour constitutionelle. Ed. du Conseil d'Europe, Strasbourg 1996, S. 204 ff.

BERNARD, LUC D., Considérations économiques sur les conditions de l'élargissement de l'Union européenne aux pays de l'AELE et ceux d'Europe centrale et orientale, Revue du Marché Commun 1995, S. 191 ff.

BERTELSMANN-STIFTUNG (Hrsg.), Mittel- und Osteuropa auf dem Weg in die Europäische Union. Bericht zum Stand der Integrationsfähigkeit, Gütersloh 1995

BIEDENKOPF, KURT H., Problems of German and European polica towards the East, in: Perspectives 1994, S. 19 ff.

BLUMENWITZ, DIETER, „Schlußstrich-Erklärung" und Benesch-Dekrete. Die deutsch-tschechischen Beziehungen im Vorfeld der Osterweiterung der EU aus staats- und völkerrechtlicher Sicht, in: Politische Studien 1996, S. 21 ff.

BOHATA, PETR, Die Tschechische Republik und die Slowakische Republik fünf Jahre nach der Revolution, in: Jahrbuch für Ostrecht 1995, S. 235 ff.

BOHATA, PETR, Die Verfassung der Tschechischen Republik, in: Jahrbuch für Ostrecht 1994, S. 25 ff.

BOMMENSATH, MAURICE, L'Europe au-delà de Maastricht et face àl'élargissement vers l'Est, Revue du Marché Commun 1995, S. 213 ff.

BRUNNER, GEORG, Minderheitenkonflikte in Osteuropa. Bestandsaufnahme und Lösungsansätze, in: Demokratie und Marktwirtschaft in Osteuropa 1995, S. 495 ff.

BRUNNER, GEORG, Verfassunggebung in Osteuropa, in: Osteuropa-Recht 1995, S. 258 ff.

BRUNNER, GEORG/ SÓLYOM, LÁSZLÓ (Hrsg.), Verfassungsgerichtsbarkeit in Ungarn. Analysen und Entscheidungssammlung 1990-1993, Baden-Baden 1995

BRZEZINSKI, MARK F., Polish constitutional law, in: Legal reform in post-communist Europe. The view from within. Ed. by Stanislaw Frankowski and Paul B. Stephan III, Dordrecht 1995, S. 21 ff.

BURGHARDT, GÜNTER, Die Erweiterung der Europäischen Union um die Länder Mittel- und Osteuropas. Politische Aspekte und Perspektiven, in: KAS-Auslandsinformationen 1994, S. 85 ff.

CHALEVINSKAJA, ELENA, The European Bank. A new partnership, in: International Affairs 1994, S. 119 ff.

CIBULKA, LUBOR, Constitutional law of the Slovak Republic, in: Legal reform in post-communist Europe. The view from within. Ed. by Stanislaw Frankowski and Paul B. Stephan III, Dordrecht 1995, S. 95 ff.

CICHY, E. ULRICH, EU-Osterweiterung: Chancen, Risiken, Konvergenzkriterien, in: Wirtschaftsdienst 1995, S. 662 ff.

ZDENEK, JICINSKÝ, VLADIMIR MIKULE, KARIN SCHMID, VLADIMIR HORSKÝ (Hrsg.), Das Ende der Tschechoslowakei 1992 in verfassungsrechtlicher Sicht: Einführung zu den Verfassungstexten von Berlin 1995 (Recht in Ost und West Schriftenreihe, Bd. 3)

DEUBNER, CHRISTIAN/KRAMER, HEINZ, Die Erweiterung der Europäischen Union nach Mittel- und Osteuropa. Wende oder Ende der Gemeinschaftsbildung, in: Aus Politik und Zeitgeschichte B 18-19, 1994, S. 12 ff.

DRABEK, ZDENEK, A call for renegotiations of the Europe agreement, in: Prague Economic Papers 1994, S. 135 ff.

DZIALOCHA, KAZIMIERZ, Probleme der Lustration der Staatsbeamten und der Beseitigung einiger Folgen der kommunistischen Gesetzgebung in der Rechtsprechung des polnischen Verfassungsgerichtshofes, in: Georg Brunner (Hrsg.), Juristische Bewältigung des kommunistischen Unrechts, Berlin 1995, S. 81 ff.

ELCOCK, HOWARD, The Polish ombudsman and the transition to democracy, in: International and comparative law quaterly, 1996, S. 684 ff.

FRANZMEYER, FRITZ, Osterweiterung, Kerneuropa, Währungsunion - Zentrale Weichenstellung in der Integrationspolitik, Integration 1995, S. 125 ff.

GALINOS, ALEXIS, Central Europe and the EU. Prospects for closer integration, in: RFE/RL Research report 1994, S. 19 ff.

GARLICKI, LESZEK, Chroniques [der Verfassungsgerichte und ihrer Rechtsprechung] Prologne, in: Annuaire international de justice constitutionelle 1994: 1995, S. 693 ff.

GARLICKI, LESZEK, Europäische Einflüsse auf die Gestaltung der Grundrechtskataloge und des Grundrechtsschutzes in polnischen Verfassungsentwürfen, in: Europäische Integration und nationale Rechtskulturen, hrsg. von Christian Tomuschat, Hein Kötz, Bernd von Maydell, Köln 1995, S. 169 ff.

GARLICKI, LESZEK, Révision de la Constitution et justice constitutionelle. Prologne, in: Annuaire international de justice constitutionelle 1994: 1995, S. 167 ff.

GÄRTNER, WOLFRAM, Das Wirtschaftsverfassungsrecht Polens, Ungarns, der Tschechischen und der Slowakischen Republik. Ein Vergleich, in: Wirtschaften und investieren in Osteuropa 1994, S. 232 ff.

GÄRTNER, WOLFRAM, Die Eigentumsgarantien in den Verfassungen Polens, Ungarns, der Tschechischen Republik - Verfassungsrechtliche Grundlagen und Verfassungspraxis, in: Recht in Ost und West 1995, S. 75 ff.

GÄRTNER, WOLFRAM, Zu Inhalt und unmittelbarer Anwendbarkeit der Europa-Abkommen der EG mit den ostmitteleuropäischen Staaten, in: Recht in Ost und West 1993, S. 332 ff.

GÉLARD, PATRICE, L'actualitè constitutionnelle en Russie et dans les pays s'Europe de L'Est et de la CEI, in: Revue francaise de droit constitutionnelle 1996, S. 861 ff.

GUMPEL, WALTER, Die Assoziierung der osteuropäischen Länder an die Eurpäische Union, in: Südosteuropa Mitteilungen 1994, S. 179 ff.

HÄBERLE, PETER, Dokumentation von Verfassungsentwürfen und Verfassungen ehemals sozialistischer Staaten in (Süd)Osteuropa und Asien, in: Jahrbuch des öffentlichen Rechts 1995, S. 105 ff.

HÄBERLE, PETER, Verfassungspolitische Maximen für die Ausgestaltung der „Europafähigkeit" Polens. Eine Denkschrift zur aktuellen Verfassungsgebung in Polen, in: Die Verwaltung 1995, S. 249 ff.

HALMAI, GABOR, Auf dem Wege zur Rechtsstaatlichkeit am Beispiel der Verfassungsgerichtsbarkeit. Der Fall Ungarn, in: Europäische Integration und nationale Rechtskulturen, hrsg. von Christian Tomuschat, Hein Kötz, Bernd von Maydell, Köln 1995, S. 195 ff.

HANTKE, CORDULA, The Europe Agreement with Hungary - Trade opportunities and Economic Challenges, Baden-Baden 1995

HARSAY, GEORG, PHARE. EU-Hilfe für Mittel- und Osteuropa unter besonderer Berücksichtigung Ungarns, in: Südosteuropa 1994, S. 593 ff.

HEATH, EDWARD, Completing European Union: the Next Steps, in: Internationale Politik und Gesellschaft 1994, S. 211 ff.

HENDRYCH, DUŠAN, Constitutional and legal bases of Czech public administration, in: Revue européenne de droit public 1996, S. 299 ff.

HERRNFELD, HANS-HOLGER, Recht europäisch - Rechtsform und Rechtsangleichung in des Visegrád-Staaten, Gütersloh 1995

HÖLSCHEIDT, SVEN, Parlamentspraxis, Verfassungsrecht und europäische Integration in Polen, in: Wirtschaft und Recht in Osteuropa 1997, S. 81 ff.

HOŠKOVÁ, MAUHULENA, Legal Aspects of the integration of the Czech Republic and Slovakia into European security and economic structures, in: German yearbook of international law 1995, S. 68 ff.

HOWARD, A. E., Constitutions and rights in Central and Eastern Europe, in: Citizenship and rights in multicultural societies, 1995, S. 221 ff.

INOTAI, ANDRÁS, Die Beziehungen zwischen der EU und den assoziierten Staaten Mittel- und Osteuropas, in: Europäische Rundschau 1994, S. 19 ff.

INOTAI, ANDRÁS, Die regionale Zusammenarbeit der Visegrád-Staaten: Mehr Wettbewerb als Kooperation?, in: Integration 1994, S. 21 ff.

JÄCKEL, HARTMUT, Verfassungsgebung und Demokratisierung in Osteuropa, in: Adolf Kimmel (Hrsg.), Verfassungen als Fundament und Instrument der Politik, Baden-Baden 1995, S. 53 ff.

JASTER, GEORG, Der polnische Beauftragte für Bürgerrechte. Eine Institution zum Schutz der Grundrechte im Übergang vom realen Sozialismus zum bürgerlichen Rechtsstaat, Baden-Baden 1994, S. 162 ff.

JICÍNSKÝ, ZDENEK/VLADIMIR MIKULE, Das Ende der Tschechoslowakei 1992 in verfassungsrechtlicher Sicht, Bundesinstitut für ostwissenschaftliche und internationale Studien, Köln 1994, S. 31 ff.

KEDZIA, ZDZISLAW, Europäische Integration und nationales Verfassungsrecht der mit der Europäischen Union assoziierten Länder Mitteleuropas, in: Europäische Integration und nationales Verfassungsrecht, hrsg. von Ulrich Battis, Dimitris Themistokles Tsatsos, Dimitris Stefanou, Baden-Baden 1995, S. 54 ff.

KENNEDY, D./WEBB, D. E., The limits of integration: Eastern Europe and the European Communities, Common Market Law Review 1993, S. 1095 ff.

KESPER, CHRISTIANE/LAUTH, HANS-JOACHIM/SCHWERSENSKY, SVEN, Europäische Entwicklungspolitik nach dem Vertrag von Maastricht, Außenpolitik 1993, S. 403 ff.

KITHE, KURT/ SCHWAB, MICHAEL, TACIS - Wirtschaftsförderung der Europäischen Gemeinschaften für die „Neuen Unabhängigen Staaten", in: Wirtschaft und Recht in Osteuropa 1993, S. 220 ff.

KLEBES, HEINRICH, Despina Chatzivassiliou: Problèmes d'ordre constitutionnel dans le processus d'adhésion d'Etats de l'Europe centrale et orientale au Conseil de l'Europe, in: Révue universelle des droits de l'homme 1996, S. 269 ff.

KOLANKIEWICZ, GEORGE, Consensus and competition in the Eastern enlargement of European Union, in: International Affairs 1994, S. 477 ff.

KRISTAN, IVAN, Die Bedeutung des Zweikammersystems für die parlamentarische Demokratie am Beispiel der slowenischen zweiten Kammer, in: Verfassungsstaatlichkeit, Festschrift für Klaus Stern, hrsg. von Joachim Burmeister, München 1997, S. 189 ff.

KÜHNHARDT, LUDGER, Der Osten des Westens und die „russische" Frage, in: Europa-Archiv 1994, S. 239 ff.

KUKLIŠ, PETER, Municipality in a society. The case of Slovakia, in: Revue européenne de droit public 1996, S. 339 ff.

KÜPPER, HERBERT, Der Sparkurs der ungarischen Regierung auf dem Prüfstand des Verfassungsgerichts, in: Recht in Ost und West 1996, S. 101 ff.

LAMMICH, SIEGFRIED, Tschechische Republik. Gesetz über den illegalen Charakter des Kommunistischen Regimes in der Rechtsprechung des Verfassungsgerichts, in: Jahrbuch für Ostrecht 1994, S. 183 ff.

LANG, JOACHIM, Das tschechische Verfassungsgerichtsgesetz, in: Recht in Ost und West 1995, S. 27 ff.

LETOWSKA, EVA, Konflikte zwischen Bürger und Staat im Transformationsprozeß. Möglichkeiten und Schwierigkeiten auf dem Wege Ost- und Zentraleuropas zum Rechtsstaat, in: Recht in Ost und West 1995, S. 133 ff.

LETOWSKI, JANUSZ, The Polish Supreme Court on the rule of law and fundamental civil rights, in: Revue européenne de droit public 1996, S. 283 ff.

LIPPERT, BARBARA, The Europe Agreements. Beyond Eurocratic language, in: The International Spectator 1994, S. 109 ff.

LIPPOTT, JOACHIM, Das Eigentum in den osteuropäischen Verfassungen der Gegenwart, Zeitschrift für vergleichende Rechtswissenschaft 1996, S. 227 ff.

MACIAG, ZBIGNIEW A., Polen auf dem Weg zu einem europäischen demokratischen Rechtsstaat, in: Jahrbuch für Ostrecht 1994, S. 11 ff.

MALÍKOVÁ, LUDMILA, The transformation of political power in Slovak local government, in: Revue européenne de droit public 1996, S. 331 ff.

MARESCEAU, MARC/MONTAGUTI, ELISABETTA, The Relations between the European Union and the Central and Eastern Europe: A Legal Appraisal, in: Common Market Law Review 1995, S. 1327 ff.

MATSCHER, FRANZ, Gro Hillestad Thune: Rapport sur la législation de la République de Croatie, in: Revue universelle des droits de l'homme 1996, S. 335 ff.

MAVCIC, ARNE, La protection des droits fondamentaux par la Cour constitutionelle et la pratique de la Cour de la République de Slovenie en la matière, in: La protection des droits fondamentaux par la Cour constitutionelle. Ed. du Conseil d'Europe, Strasbourg 1996, S. 216 ff.

MAVCIC, ARNE, Slovenian constitutional review. Ist position in the world and its role in the transition to a new democratic system, Ljubljana 1995

MOHLEK, PETER/HOŠKOVÁ, MAUHULENA, Der Minderheitenschutz in der Republik Polen, in der Tschechischen und in der Slowakischen Republik, Bonn: Kulturstiftung der deutschen Vertriebenen 1994, S. 158 ff.

MÜLLER-GRAFF, PETER-CHRISTIAN (Hrsg.), East-Central European States and the European Communities: Legal Adaptions to the Market Economy, Baden-Baden 1993, S. 235 ff.

NÖTZOLD, JÜRGEN, Wann werden die Staaten Ostmitteleuropas Mitglieder der EU?, in: Europäische Rundschau 1994, S. 53 ff.

OROS, PAULINA, Hungary: constitutional renaissance in Hungary, in: European public law 1997, S. 1 ff.

PACZOLAY, PÉTER, Constitutional and legal change during the transition from socialism to democracy in Hungary, in: Rechtstheorie 1995, S. 265 ff.

PECHSTEIN, MATTHIAS, Osterweiterung und Zukunftsperspektiven der Europäischen Union, in: Zeitschrift für Rechtsvergleichung 1996, S. 108 ff.

PEŠUT, NENAD, Verfassungsgerichtsbarkeit in Kroatien, in: Osteuropa-Recht 1996, S. 18 f.

PETSCHE, ALEXANDER, Die EU-Reife der ungarischen Verfassung, in: Osteuropa-Recht 1996, S. 124 ff.

PIRAIEN, TIMO (Hrsg.), Change and Continuity in Eastern Europe, Aldershot 1994

RANDZIO-PLATH, CHRISTA/FRIEDMANN, BERNHARD, Unternehmen Osteuropa - eine Herausforderung für die Europäische Gemeinschaft. Zur Notwendigkeit einer EG-Ostpolitik, Baden-Baden 1994

REDOR, DOMINIQUE, Les migrations de spécialistes hautement qualifiés entre l'Europe centrale et l'Union Européenne. Analyse et perspectives, in: Revue d'Etudes Comparatives Est-Ouest 1994, S. 161 ff.

RICHTER, STEFAN, Die Assoziierung osteuropäischer Staaten durch die Europäischen Gemeinschaften, Berlin u.a. 1993, S. 285 ff.

RODIN, SINIŠA, the Constitutional Court of the Republic of Croatia and international law, in: Zeitschrift für ausländisches öffentliches Recht und Völkerrecht 1995, S. 783 ff.

ROGGEMANN, HERWIG, Normalisierung - steiniger Weg auf dem Balkan. Zum Übereinkommen zwischen Kroatien und Jugoslawien vom 23. August 1996, in: Recht in Ost und West 1996, S. 249 ff.

ROGGEMANN, HERWIG, Verfassungsentwicklung und Verfassungsrecht in Osteuropa, in: Recht in Ost und West 1996, S. 177 ff.

SANDSCHNEIDER, EBERHARD, Verfassungsgebung und Demokratisierung in Osteuropa, in: Adolf Kimmel (Hrsg.), Verfassungen als Fundament und Instrument der Politik, Baden-Baden 1995, S. 67 ff.

SCHADE, WULF, Zur Verfassungsdiskussion in Polen, in: Osteuropa 1995, S. 638 ff.

SCHLARP, KARL-HEINZ, Das neue Osteuropa - Umbrüche und Perspektiven, Osteuropa: Geschichte, Wirtschaft, Politik, Bd. 1, Münster 1995

SCHÖN, CORDULA, Der rechtliche Rahmen für Assoziierungen der Europäischen Gemeinschaft. Vor dem aktuellen Hintergrund der Annäherungs- und Mitgliedschaftswünsche der mittel- und osteuropäischen Staaten, Frankfurt am Main u.a. 1994, S. 276 ff.

SEDELMEIER, ULRICH, The European Union's association policy towards Central Eastern Europe. Political and economic rationales in conflict, SEI Working Papers, Brighton 1994

SOKOLEWICZ, WOJCIECH, The relevance of Western models for constitution-building in Poland, in: Constitutional policy and change in Europe. Ed. by Joachim Jens Hesse and Nevil Johnson, Oxford 1995, S. 243 ff.

SÓLYOM, LÁSZLÓ, Meinungs- und Informationsfreiheit in Ungarn, in: Informationsgesellschaft und Rechtskultur in Europa. Informationelle und politische Teilhabe in der Europäischen Union, hrsg. von Marie-Theres Tinnefeld, Baden-Baden 1995, S. 71 ff.

SONNEVEND, PAL, Der verfassungsmäßige Schutz sozialrechtlicher Ansprüche in der jüngeren Rechtsprechung des ungarischen Verfassungsgerichts, in: Zeitschrift für ausländisches öffentliches Recht und Völkerrecht 1996, S. 977 ff.

SONNEVEND, PAL, Verjährung und völkerrechtliche Verbrechen in der Rechtsprechung des ungarischen Verfassungsgerichts, Zeitschrift für ausländisches öffentliches Recht und Völkerrecht 1997, S. 195 ff.

STEIN, ERIC, Transformation and dissolution: The constitutional negotiations in Czecho-Slovakia, in: Grundfragen und aktuelle Probleme des öffentlichen Rechts. Festschrift für Heinz Peter Rill zum 60. Geburtstag, hrsg. von Stefan Griller, Karl Korinek, Michael Potacs, Wien 1995, S. 341 ff.

STEPPACHER, BURKHARD, Der europäische Wirtschaftsraum (EWR) - ein Modell für Mittel- und Osteuropa?, Sankt Augustin, Konrad-Adenauer-Stiftung 1994, S. 27 ff.

SUNSTEIN, CASS R., Approaching democracy: A new legal order for Eastern Europe. Constitutionalism and secession, in: Political restructuring in Europe, 1994, S. 11 ff.

SZABÓ, MIKLÓS, New constitutionalism based on an old notion. The rule of law in the mirror of the decisions of Hungarian constitutional court, in: Rechtstheorie 1995, S. 291 ff.

SZILÁGYI, PÉTER, Verfassungsstaatlichkeit und Veränderungen des Rechts in Ungarn, in: Rechtstheorie 1995, S. 305 ff.

TAMÁS, ANDRÁS, Constitutionalism and changing law, in: Rechtstheorie 1995, S. 329 ff.

TANCHEV, EVGENI, Historical and psychological sources shaping constitutionalism and constitutional performance in the post-communist societies: Reflections on Constituionalism in the transition, or the legacy of transitory constitutions, in: Legal reform in post-communist Europe. The view from within. Ed. by Stanislaw Frankowski and Paul B. Stephan III, Dordrecht 1995, S. 141 ff.

TANGERMANN, STEFAN, Osterweiterung der EU: Wird die Agrarpolitik zum Hindernis?, Wirtschaftsdienst 1995, S. 484 ff.

TEBBE, GERD, Wunsch und Wirklichkeit: Das Problem der Osterweiterung, in: Europa-Archiv 1994, S. 389 ff.

VODICKA, KAREL, Unaufhebbare Grundprinzipien der tschechischen Verfassungsordnung, in: Osteuropa-Recht 1996, S. 225 ff.

WAWRZYNIAK, JAN, Constituzionalismo, Constituzione e scienza del diritto in Polonia. L'attuale fase di trasformazione del modello politico-costituzionale, in: Study parlamentari 1994, S. 19 ff.

WELFENS, PAUL J. J., Die Europäische Union und die mittelosteuropäischen Länder, in: Aus Politik und Zeitgeschichte 1995, B 39, S. 22 ff.

WILKE, MARIA, Das Gesetz über den Erwerb von Immobilien durch Ausländer in Polen, in: Recht in Ost und West 1996, S. 209 ff.

WOLLMANN, HELLMUT, Der Systemwandel in Ostdeutschland, Ungarn, Polen und Rußland. Phasen und Varianten der politisch-administrativen Dezentralisierung, in: Aus Politik und Zeitgeschichte 1997, B 5, S. 3 ff.

WYRZYKOWSKI, MIROSLAW, Die Wege zur Rechtsstaatlichkeit in mittel- und osteuropäischen Staaten, in: Europäische Integration und nationale Rechtskulturen, hrsg. von Christian Tomuschat, Hein Kötz, Bernd von Maydell, Köln 1995, S. 137 ff.

WYRZYKOWSKI, MIROSLAW, Social rights in the jurisprudence of the Commissioner for Citizens' Rights in Poland, in: Social Rights as Human Rights 1994, S. 251 ff.

ZAWADZKA, BARBARA, Aktuelle Streitfragen der polnischen Verfassungsdiskussion, in: Recht in Ost und West 1996, S. 141 ff.

FSC
www.fsc.org
MIX
Papier | Fördert gute Waldnutzung
FSC® C083411

Kolibri 360 GmbH
Ferdinand-Jühlke-Straße 7
99095 Erfurt, Deutschland
produktsicherheit@kolibri360.de